英国新马克思主义哲学研究丛书

乔瑞金　丛书主编

Study on
British New Marxism

多布辩证理性
市场社会主义思想研究

吴　凯　著

A Study on
the Dialecticality and
Rationality in Dobb's
Market Socialism

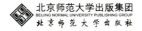

北京师范大学出版集团
BEIJING NORMAL UNIVERSITY PUBLISHING GROUP
北京师范大学出版社

总　序

　　承运时势，潜备十载，此系丛书，应习近平总书记召唤，借深研 21 世纪世界马克思主义之契机，得各方鼎力相助，终究面世，甚幸！所言英国新马克思主义，意指 20 世纪 50 年代以后，在英国新左派运动中勃发的一种新马克思主义类型，涵括诸多思想家、理论家和革命家，著述数百，笔耕不辍。他们关注社会形态变革，追求社会主义在英国的成功，对世事之历史、文化、社会、政治、经济诸领域给出理性理解，开展革命运动，所言所为，均以马克思的思想为基础，以人类解放为目标，以思想批判为手段，以重建符合人的社会生活秩序为己任，独树一帜，颇有影响，不失借鉴之意义。20 世纪末以前，中国对英国马克思主义的理论研究，几近空白，零星所见，也散落在文学评论、历史学或社会学中，不入哲学和马克思主义视域，究其原因，多半在于觉得英国学者似乎也没有写出像模像样的"哲学著作",而是以历史陈述代替了宏大叙事,以话语分析淹没了逻辑论断,以小人物抹杀了"英雄",其著作均缺乏哲学内涵。20世纪末期,情势反转。苏东巨变,全球化的冲突与斗争不断发生,金融危机引发的世界经济危机和社会危机,提出诸多亟待解决的重大问题,马克思主义必须对此做出正确的判断和回答,而英国新马克思主义联系历史和现实,在"回归马克思"的意识指引下,于20世纪50年代中叶以来开展的对发达资本主义和苏联教条主义的两方面批判,理论建构,多有启迪意义,与我们先前的理解大相径庭,促使人们聚焦目光于该领域,迄今,已取得可观的研究进展和成果,集中反映于此系丛书中。此系丛书的面世,必将有助于激发更深入的理论研究,有益于马克思主义的时代发展,有功于推进中国特色社会主义现代化强国建设。

乔瑞金
2019年仲夏于山西大学

目　录

导　论

一、莫里斯·多布的学术历程

　　莫里斯·赫伯特·多布（Maurice Herbert Dobb，1900—1976）是 20 世纪英国杰出的马克思主义经济学家、经济史家和政治评论家。多布的家庭教育和成长环境相对良好，这为他日后广泛的学术涉猎和其大力提倡的跨学科研究方法提供了坚实的基础。同时，中产阶级的家庭背景使多布与劳动人民有着广泛的接触，能够站在工人、农民等底层人民的阶级立场去思考问题，了解他们的生活习惯和所思所想，这种生活经历对之后多布的政治信仰和学术研究产生了深远的影响。

　　1919 年多布进入剑桥大学彭布罗克学院攻读经

济学，受到当时俄国十月革命的巨大影响，这时的多布俨然以社会主义者自居。在剑桥求学期间，多布积极参与社会活动，加入了英国社会主义学会，组织成立了剑桥大学劳动俱乐部，任该俱乐部的书记和主席，并参与编辑学生报纸《青年》。在研读经济学的同时，多布仍对历史学保持着浓厚的兴趣，特别是注重对英国资本主义历史和工联主义历史的研究。1922年多布在剑桥大学就读时正式加入了刚刚成立的英国共产党组织，成为一名共产党员，从此以后，他一直是党内主要的理论家。与此同时，在约翰·梅纳德·凯恩斯（John Maynard Keynes）的引荐下，多布加入了政治经济俱乐部。在此期间，多布积极参与俱乐部的各项活动，经常组织各种学术讨论，学习不同派系的社会主义理论。学术研究与政治实践的结合，使得多布深受社会主义文化的熏陶和洗礼，更加坚定了对自身马克思主义者身份的认同。

在研究生期间，多布面临着专业方向的选择，最终出于对马克思主义政治经济学的强烈兴趣，1922年11月他考入了伦敦政治经济学院，顺利获得博士学位。1924年年底，多布回到剑桥大学，作为经济学讲师开始了教学生涯。在教学过程中，多布毫不避讳地向学生公开了他的共产主义信仰，并开始传播马克思主义思想。据他的学生维克托·基尔南（Victor Kiernan）后来回忆，"尽管剑桥大学拥有像多布这样杰出的马克思主义理论家，但由于马克思主义在英国刚刚开始传播，我们对其的了解还非常有限"[①]。除了在大学里教授知识外，多布在政治上热衷于组织集会，并通过定期组织学术研究的方式来宣传马克思主义。当时多

---

① Victor Kiernan，*London Review of Books*（25 June 1987）.

布位于切斯特顿里的住所——圣安德鲁斯是剑桥共产党人经常交流聚会的地方，他们亲切地将这里称为"红房子"。

1925 年，多布第一次出访苏联，参加了俄罗斯科学院成立 200 周年的庆祝活动，这次特殊的经历激发了多布研究苏联社会状况的兴趣。1930 年，随着欧洲法西斯主义的兴起，多布将时间和精力投向了政治、历史研究领域，并出版了多部著作宣传马克思主义的基本观点和方法，尤其以《政治经济学与资本主义》和《资本主义发展之研究》最为著名，后者作为马克思主义史上第一部系统研究资本主义过渡问题的著作，在马克思主义阵营内部引发了一场一直延续到 20 世纪 80 年代的关于"过渡问题"的大论战。20 世纪 30 年代初，为了反对法西斯主义和战争，多布组织成立了剑桥劳动者发展委员会（后改名为剑桥和平委员会），并两次组织反战、反法西斯的巡回展览。频繁的政治活动，甚至使他无暇顾及当时剑桥围绕着凯恩斯《就业、利息和货币通论》展开的激烈争论。

1951 年，多布应邀访问印度，就不发达国家的经济发展问题进行了多次演讲。1956 年，多布在波兰亲身经历了"波兹南事件"，并与波兰学者就社会主义发展经济问题交换意见。这次交流对他的触动很大，使他第一次相信社会主义也会有矛盾发生的可能性，开始考虑社会主义宏观经济关系中价值和计划的重要性，提出社会主义建设实践中也需要价格和经济刺激。1957 年，多布在英国共产党的代表会议上发表了教条主义是当时党内主要危险的观点。1959 年，多布被剑桥大学任命为经济学高级讲师。1960 年年初，多布赴意大利葛兰西学院讲学。1967 年，多布任职结束，正式从剑桥大学退休，继续从事政治经济理论和经济思想史的研究。

多布的一生都在为宣传和捍卫马克思主义而努力，作为 20 世纪 20 年代唯一一位在英国高等学府取得职位的共产主义者，尤其是当时资本主义社会正处于高速发展的"黄金时代"，能够坚持社会主义和共产主义信仰是难能可贵的。他在 20 世纪 30 年代和 60 年代中期对马克思主义政治经济学理论的研究，对马克思政治经济学在西方的"复兴"产生了极为重要的影响。约翰·卡斯特罗（John Costello）后来评论道，"即使在多布生命的最后阶段，虽然已经白发苍苍行动缓慢，但他仍然坚定地信仰马克思主义，并不遗余力地向他的学生讲述资本主义衰落的必然性"①。他不仅致力于阐述和发展马克思的劳动价值理论、剩余价值论等基本理论范畴，而且力图以马克思主义理论为基础，研究社会主义计划经济和经济增长、不发达国家经济发展以及当代资本主义经济发展的新特点等理论问题，坚信资本主义必然灭亡和社会主义必然胜利的历史发展趋势，是一名坚定的马克思主义者。

二、研究现状

（一）国外研究现状

莫里斯·多布作为 20 世纪西方最具影响力的经济学家、经济史学家和政治评论家，其研究领域非常广泛，为马克思主义理论在西方的传

---

① John Costello, *Mask of Treachery*: *Spies*, *Lies*, Buggery and Betrayal, 1988, p. 165.

播做出了杰出贡献。国外学者对其著作多有研究，主要集中在以下几个方面：

首先是对苏联社会主义经济发展的历史和理论研究。多布是最早将苏联政治、经济和社会状况介绍到西方的学者，坚持用马克思主义观点研究苏联社会主义经济史。这方面的文章主要有：亚历山大·埃尔利赫（Alexander Erlich）在《剑桥经济学期刊》（*Cambridge Journal of Economics*）上发表的《多布和马克思主义—菲德尔曼模型：苏联经济问题》，详细地阐述了多布关注苏联经济发展问题的学术渊源；弗朗西斯·赛顿发表的《多布论 1917 年以来苏联经济发展》，高度赞扬了多布在这本书中呈现的经济学思想；罗纳德·米克在《英国皇家统计学会》杂志上发表了对多布《政治经济学与资本主义》一书的书评，重点论述了他对其中苏联模式的见解和看法；迈克·霍华德所编著的《马克思主义经济学史（1883—1929）》将多布视为第三国际正统的经济学家，通过梳理多布与其他经济学家论证过程中所做的回应，介绍了其危机理论的主要特点，认为多布的立场是保守且折衷的。

其次是关于封建主义向资本主义过渡问题的"多布—斯威齐之争"。这场讨论中的主要论文和材料由英国马克思主义史学家罗德尼·希尔顿汇编为论文集《封建主义到资本主义的过渡》于 1976 年出版；阿斯克·森在《经济与政治周刊》上发表了《封建主义向资本主义过渡》一文，描述了整个争论的经过，介绍了争论双方具有代表性的观点。此外，作为英国共产主义历史学家小组的核心人物，多布在经济史方面贡献颇多。哈维·凯伊在《英国马克思历史学家》一书中将莫里斯·多布列入英国马克思主义史学流派成员，主要介绍了多布在资本主义发展史方面的思想和成就，并对"过渡"问题争论中双方的主要观点进行了简要的回顾。马克·布劳格的《凯恩斯以后的 100 位著名经济学家》一书将多布的主要经济学著作进行了介绍和回顾，凸显了他在英国经济学史上的重要地位和作用。

再次是关于社会主义建设模式和规律的研究。舍曼·达拉斯对多布《经济增长与计划》一书进行了评论，认为多布的这本著作对资本主义制度与社会主义制度进行了探讨，重点研究了两者的差异。在关于社会主义经济关系的问题上，多布以苏联的现实经济问题为研究对象，对国家经济体制改革的趋势和方向做出了具有前瞻性的论述。罗恩·摩根在评论《资本主义的发展和计划论文集》的文章中指出，多布在历史、经济和政治方面的广博知识使他能够提供一种有别于西方经济学家的"非正统"的研究视角和方法，这为资本主义发展开辟新道路提供了有价值的参考。作者认为多布不仅关注经济现象本身的特点，更加着重考察隐藏在社会经济因素背后的财产关系、劳动关系和社会结构。在《莫里斯·多布论文集：社会主义经济思想的发展》一书中，布瑞恩·波利特（Brian Pollitt）对多布的社会主义经济思想进行了介绍、总结和评价。在书中他将多布视为一位非常有影响力的马克思主义政治经济学家和经济史学家，站在维护发展中国家民族利益的立场上，对工业化基础比较薄弱和市场经济较为落后的不发达国家的经济发展问题进行了分析。在多布 50 余年的学术生涯中，一直坚持对马克思主义理论的坚定立场和忠诚信仰。随着世界历史的推进和时代特征的变化，多布的社会主义经济思想也经历了由浅入深的变化，从分析苏联模式起对计划经济的坚持到 20 世纪 60 年代以后重视商品、货币等经济因素对社会主义经济的刺激作用。J. 莱姆博格对多布的《资本主义企业与社会进步》(*Capitalist En-*

terprise and Social Progress)的书评中提到，他的研究方法的独特之处在于对经济体制的重视，强调经济关系的发展和变化依赖于社会阶级的分化程度，超越了主流理论的思维框架。

除此之外，A. F. 尤因、B. D. 比克斯利等学者较为关注多布后期在福利经济学方面的学术贡献，对他的《福利经济学与社会主义经济学》多有评论，认为其思想深受庇古影响，强调社会资源的优化配置与个人收入的平均化。蒂莫西·申克于 2013 年出版了多布的传记——《莫里斯·多布：政治经济学家》，将多布的人生和学术经历分为不同的时期进行了详细而极富个人见解的介绍。科瓦里克发表的《多布经济学思想的结构性框架》一文，将多布的思想与兰格进行了对比，描绘了多布经济学思想的大致轮廓。与多布亦师亦友的罗纳德·米克发表的《莫里斯·多布》一文，对多布的学术生涯和贡献进行了整体性评价，认为多布对价值理论、经济危机、经济发展模式等的研究促进了马克思主义经济学说在英国的本土化发展，全面捍卫了马克思主义的科学性、系统性和开放性，这在西方理论界显得尤为珍贵。

在英国，莫里斯·多布长期从事马克思主义理论研究，一直都是最有影响力的马克思主义政治经济学家和经济史学家。在五十余年的学术生涯中，他撰写了各类作品将近 40 部，内容涉及政治学、经济学、历史学、思想史等众多学科领域。多布始终坚持运用唯物史观来考察社会发展进程，坚持在马克思主义政治经济学原理的前提下研究和探讨问题，并将阶级斗争作为理解现实的个人、现实的社会以及历史总体的切入点。埃里克·霍布斯鲍姆认为，多布最重要的两部著作《政治经济学与资本主义》和《资本主义发展之研究》是马克思主义研究史上的里程碑，事实上，从更广泛的意义上来说，它们对于欧洲经济发展史的研究同样具有重要影响。纵观其一生，多布对社会主义、共产主义的追求是极具个人勇气且受人尊敬的，在长期的政治经济学和历史学研究中所做出的重要贡献以及他渊博的知识、温和而谦虚的为人，受到了剑桥大学同事和西方学界的尊重。虽然在坚持马克思主义信仰的道路上布满荆棘，受人非议，但也正是这不懈的努力和坚定的信念才确立了他在英国马克思主义学派中的核心地位，同时也为后来英国马克思主义的创新发展奠定了良好基础。

（二）国内研究现状

就国内而言，多布是新中国成立以来最早被介绍进来的西方马克思主义理论家之一，我国学界曾在 20 世纪 40 年代至 50 年代集中出版过他的多部著作。当时我国仍处于计划经济时代，急需了解苏联社会主义建设的相关经验，因此多布的思想自然成为学术界关注的重点。以《苏联经济发展史》《苏联经济新论》为代表的一大批相关著作被我国学者翻译成中文，为当时社会主义建设起到了智库作用。目前来看，国内的相关译著主要集中在多布前中期的作品，介绍苏联的政治、经济、文化和社会情况。同时，多布关于经济史的研究也是学界关注的重点之一，除了翻译《资本主义发展之研究》之外，还包括一部分学术期刊和论文。现有的学术期刊和论文主要有程汉大的《多布与封建主义向资本主义过渡问题的讨论》、袁东明的《莫里斯·多布及其对马克思主义经济学的贡献》、方华的《解读莫里斯·多布经济学理论：兼析其经济危机理论的当代启示》、罗峻的《莫里斯·多布的经济史思想探析》、王瑞雪和王葳蕤翻译的罗伯特·布伦纳的文章《多布论封建主义向资本主义的过渡》、闫培宇的《建构马克思主义经济学的当代范式：莫里斯·多布的经济哲学路径》。

此外，由顾海良、张雷声主编的《20 世纪国外马克思主义经济思想史》一书，对多布的理论研究进行了概述，主要介绍了多布的经济学研究历程、对马克思劳动价值论的研究、对马克思资本主义经济危机理论的思考和对苏联社会主义经济发展的历史和理论研究四个方面，大致总结了多布 20 世纪 60 年代之前的学术成就和贡献。在程恩富主编的《马克思主义经济思想史（欧美卷）》中，就社会主义经济核算问题介绍了多布的意见，认为他不仅对米塞斯和哈耶克的右的观点进行了批判，而且反驳了兰格—泰勒—勒纳模式，因而在整个争论的过程中处于第三方。范恒山所著《国外 25 种经济模式》一书，将多布的社会主义思想定义为"中央集权模式"，并对其进行了简要评论。乔瑞金所著《英国的新马克思主义》对英国新左派的代表人物、思想特征、历史背景作了深入介绍和挖掘，也为多布市场社会主义思想的研究提供了重要资料。

可以看出，国内对莫里斯·多布的研究相对较少，而且主要集中于多布早期的学术著作，主要关注其经济史思想。但对他资本主义与社会主义的比较研究、社会主义经济发展模式方面的探索基本处于空白。不发达经济学和社会主义建设规律方面的研究，尤其是 20 世纪 60 年代多布关于市场和计划如何协调、现代化国家治理等新思想基本没有介绍和阐述。因此，无论是研究内容还是解释方法，总体上都需要系统而深入的拓展。

迄今为止，国内外学者对多布的市场社会主义思想进行了初步研究，为本书的整体框架建设和具体写作提供了有意义的思考。但是由于多布广泛而复杂的学术涉猎，使得国内外学者对他的研究呈现离散状态。从整体上看，存在以下三点缺陷：

一是对多布市场社会主义思想的哲学内涵理解不够深刻，定位不够准确，没有认识到其辩证理性的哲学思想。在多布的著述中，很少专门讨论哲学思维和问题，但实际上在市场社会主义的研究中，他始终运用马克思主义哲学的方法和思维进行理论研究，其对资本主义的批判、对社会主义合理性的论述、对社会经济模式的辩证分析，表现出了强烈的辩证理性思想。这种哲学上所达到的思想高度，国内外学者基本没有涉及。

二是忽视了多布市场社会主义思想中的意识形态向度。一般论者主要从经济学角度看待多布的思想，这显然忽略了意识形态问题同样是他学术研究的一个核心对象，并且作为一种方法论贯穿了其市场社会主义思想的始终。多布认为意识形态与每个人的生活息息相关，约束着个人和集体的行为。多布的思想既突出了意识形态的政治功能，同时又强调了意识形态的经济功能，他认为经济形态、经济制度与意识形态是一种共生的关系。然而多布的这些观点，基本处于空白的研究状态，缺乏系统的梳理和分析。

三是局限于计划与市场这类经济手段的探讨，没有上升到国家治理的高度。多布辩证理性社会主义思想主要围绕计划与市场的辩证关系展开，探讨了不同国家的经济运行模式。但归根到底是为了提高现代化国家的治理能力，通过经济手段的调整来完善国家治理体系。只有以国家为切入点分析社会主义国家的体制变革，深刻理解和把握社会主义国家政治经济体制变迁的内在逻辑，才能更好地理解多布辩证理性的市场社会主义思想。

三、研究意义

回顾马克思主义学说的百年发展史，既经历了轰轰烈烈的光辉岁月，也几经波折，受到无数质疑和挑战，但始终保持着强大的生命力、创造力和解释力。没有哪一种学说能够如此科学地诠释人类历史发展规律，如此贴近底层人民的生活实际，并对整个人类社会产生深刻的影响。

20世纪30年代以后马克思主义思想在欧洲大陆的广泛传播，为英国理论界带来了全新的研究视角，极大地拓展了理论视野。在与马克思主义进行"沟通"的过程中，沉寂已久的英国学术界焕发出了新的生命力，在历史学、社会学、经济学、政治学、美学、文化研究等领域涌现出了以汤普森、威廉斯、霍布斯鲍姆、安德森等为代表的一大批杰出的思想家和理论家。他们密切关注当时资本主义国家的最新进展，尝试用马克思主义理论来回答现实问题。这不仅诞生了众多凝结着思想精华的理论巨著，而且在实践领域对资本主义国家的变化和发展产生了重要影响。

在英国马克思主义整体学术谱系中，多布的地位是特殊且重要的。与同时代的英国左派学者相比，其特殊性表现在多布是一位纯正的马克思主义者。从政治信仰看，多布始终坚持共产主义信仰，即使是1956

年秘密报告后，大批共产党员知识分子选择退党，他依然选择继续留在共产党内，坚持着自己的共产主义者身份。从学术观点看，马克思主义为他进行学术研究提供了一种切入视角和理论基础，坚持运用辩证唯物主义和历史唯物主义指导研究工作。这种在政治上带有第三国际色彩的理论家身份，使得多布经常受到西方主流学界的攻击和质疑。其重要性表现在多布作为英语世界中具有马克思主义经济学研究原创性的第一人，促进了 20 世纪中叶以来历史分析与社会科学的兼容发展。多布质疑主流的经济学理论模型，反对计量方法在社会科学中的过度应用，倡导以辩证理性的方法研究社会经济运行模式，在意识形态边界之外探索计划与市场的关系，对制度经济学构成了原创性的启发。多布的市场社会主义思想颇具代表性，不仅坚持了马克思主义的经典理论，而且通过否定资本主义体制，为社会主义经济模式提供了具有现实意义的理论架构，承担着将马克思主义经济学乃至社会主义国家的经济发展推向当代的任务。

本书的研究意义在于：

首先，本书以市场社会主义为核心理念统领多布不同研究领域的思想，对其学术旨趣和身份进行了基本的定义。以辩证理性为关键词，概括出多布市场社会主义思想所呈现出的哲学特征。由于多布学术生涯本身的"转境"色彩，理论和方法本身的逻辑性被掩盖在交错的过程之中。随着世界资本主义和社会主义政治经济局面的不断变化，多布的市场社会主义理念同样随之改变。从早年对苏联政治经济发展的关注开始，多布对计划与市场的把握明显受到意识形态因素的影响：市场＝资本主义，计划＝社会主义。20 世纪二三十年代著名的社会主义经济核算大论战中，多布依然是一个反市场理论者，他强调市场社会主义者忽视了社会主义与资本主义制度之间的根本差别，这应该是两种毫不相同的制度形式，各有其相应的概念范畴。在资本主义经济中，个人决策完全是由不可预见的经济因素所决定的，价格波动的结果往往在很长一段时间之后才会反映在现实的经济活动领域，市场价值关系支配着生产者的决策和生产过程。社会主义市场经济则在本质上完全不同于资本主义经济，生产者是社会经济发展的一个组成部分，行动的过程和目标是已知的，所有物质资源服从于社会的统一调配，因此社会主义比资本主义具有更高的经济效率。另一方面，多布并不是完全地排斥市场的存在。在强调苏联式的计划经济具有显著优越性的同时，他也承认社会主义经济需要保留一部分消费品市场和劳动力市场，需要建立更加分散的经济模式，他对市场的批评主要集中于市场的自发性和消费者主权局限性两方面。此时的多布主张通过国家手段干预社会经济运行，将价格和长期投资的决定权划归中央计划委员会，市场仅仅作为社会主义经济中的补充而存在，因此早期的多布仍是一个极度保守和传统的社会主义者。

随着对历史研究的加深，关于计划与市场在经济发展中的多元化角色逐渐出现在多布的视野中。在 1955 年的《计划与资本主义》一书中，多布开始将计划与市场结合起来，即所谓的"中间路线"（middle way）①。这种计划形式一方面在资本主义国家表现为凯恩斯主义的盛行，英美资本主义国家通过国家力量所进行的工业建设；另一方面则体现在德意等

① Maurice Dobb, *Planning and Capitalism*, London, The Workers' Educational Trade Union Committee, 1955, pp. 25-40.

国家调整价格所进行的经济管制。实际上，从 20 世纪 50 年代起，多布开始重新审视计划在现代经济体中的角色和作用，这也隐含了另一层逻辑，即资本主义通过计划手段来发展自身的可能性。同时，他开始认识到了计划经济中存在的结构性缺陷，强调广义的经济增长是建立在生产力的发展和积累的基础上，而狭义上要将现代化最终落脚在单位时间的产品提升上。他指出苏东的经济模式需要转型，而症结在于"自 1965 年以来就束缚着苏联经济改革的官僚主义"①。对于多布来说，坚持计划经济的最终目的在于优化资源配置，以斯大林模式建立起来的传统社会主义国家，官僚化的管理模式抑制了人的自由，其无效率性危害极大。

同时，多布也认识到社会主义并不是完全反市场的，他十分赞成列宁在苏俄成立初期所推行的新经济政策，其主要内容即"转而采取市场的经济形式"，充分发挥市场和价值规律对经济发展的基础性作用。多布意识到，当落后的生产力同先进的生产关系不相适应时，社会主义经济中保持市场和商品货币关系的存在是发展生产力所必需的。这说明，多布对早期保守的社会主义思想进行了修正，开始注重强调市场在经济运行中的重要作用。从反市场到接纳市场，彰显出多布市场社会主义思想的辩证理性发展过程。

其次，本书以经典马克思主义、西方经济学、英国马克思主义历史学思想传统、列宁斯大林社会主义思想四大理论为研究基础，深入挖掘多布辩证理性市场社会主义思想的核心理念。马克思恩格斯高度抽象的

---

① Maurice Dobb, *Socialist Planning*：*Some Problems*，London，Lawrence and Wishart，1970，pp. 14-27.

所有制理论主张劳动者与生产资料直接结合，通过生产资料公有制来保证劳动者的地位，维持人们之间的平等关系，具有重大的理论和实践意义。消灭私有制和商品货币关系，通过直接的计划调节整个社会生产，充分发展生产力，才能实现个人自由而全面的发展，实现人类社会由必然王国向自由王国的飞跃。可见，马克思、恩格斯正是通过对资本主义生产方式和发展趋势的科学分析，为市场社会主义的核心价值和经济目标提供了最初的理论依据。但由于时间和空间的局限性，导致经济学家们对什么是市场社会主义的回答并不完全一致。因此，在多布的市场社会主义思想中，在确认马克思理论是一种优越的社会思想体系的同时，试图将西方经济学理论同马克思主义经济学的传统理论进行"连接"，用其来分析社会主义和资本主义市场问题。同时，对社会主义经济问题的关注促使多布深入研究了苏联经济发展史，对苏联经济改革和转型进行了独立思考。多布一方面接受了马克思主义政治经济学的核心内容，并试图用其来批判古典、新古典经济学；另一方面苏联、东欧社会主义国家的经济发展实践深化了他对计划与市场、公有制与市场经济的认识。因此，对多布的分析，首先需要确认其市场社会主义思想的多重理论来源，在此基础上分析他试图回答的现实问题。

再次，本书概括了多布辩证理性市场社会主义思想的方法论意义。自从20世纪20年代加入英国共产党以来，多布一直是党内重要的理论家。他始终坚持在马克思主义基本原理之下探讨和研究问题，坚持唯物史观和剩余价值理论。正是坚定的共产主义信仰，支撑着多布不仅在资本主义发展史研究中深化了马克思的历史唯物主义，为理论创新提供了有益的参照视角；同时他的市场社会主义思想也完善了马克思主义政治经济学理论，进一步补充和创新了马克思主义国家理论。多布在研究过程中始终强调将资本主义的经济发展与动态的历史分析结合起来，历史学与经济学这两个根本维度始终贯彻在他对社会结构的总体分析之中，从而形成了一种融合历时性与共时性、时间性与空间性于一体的理论特色。

最后，本书阐释了多布辩证理性市场社会主义思想的终极旨归，即在坚持社会主义核心价值的基础之上，通过正确处理计划与市场的关系、公有制与市场经济兼容的问题，推进突出"人"的价值的生活和生产方式的重建。尽管多布的思想在不同历史阶段各具特点，但始终以社会主义核心价值为基本内核，将其作为保持市场社会主义基本制度属性的必备要素。多布之所以格外强调用阶级分析的方法来解读社会结构，是因为他始终在追求一个摆脱物质束缚和政治压迫，回归人自身的新社会。计划与市场作为推进多布学术研究的理论线索，仅仅是实现社会主义的手段，而不是目的本身。以辩证理性的市场社会主义为核心概念提炼其思想，有助于深入了解他所分析的当代资本主义国家，尤其是英国社会主义理论的发展状况，并对新时代中国特色社会主义建设提供有益见解。

总之，多布以生产力与生产关系、经济基础与上层建筑辩证关系的理论框架为基础，探究资本主义和社会主义的历史和制度演变，体现了他将历史研究与经济分析相结合的理论方法。多布看到了由于资本主义的无政府状态和无限追逐利润的本性，导致经济危机不断，工人阶级所受剥削日益严重。正是基于这种现实状况，他将社会主义作为国家的未来发展方向，将共产主义视为人类解放的价值诉求，充分展现了其积极致力于推进新社会形态的产生，构造一个平等、自由、公平社会的目标指向。

作为英国马克思主义阵营中的一位重要学者，多布以马克思主义基本原理为起点，运用阶级分析方法，重新审视古典政治经济学、马克思主义经济学、新古典政治经济学三者之间的内涵和联系。在他看来，社会主义思想之所以受到无数学者的信仰和追求，成为不同社会运动的旗号，就是因为它承诺实现分配平等、社会公正、自主自由，以最优经济效率的社会制度充分调动社会资源和人的主观能动性，实现社会主义的价值和目标。在多布辩证理性的市场社会主义思想中，真正的社会主义是消除了经济关系上的剥削，政治上能够平等对话的良好而健康的制度。以批判资本主义为手段，实现社会政治经济的良性运行和发展，达到全人类解放的终极目标。多布的市场社会主义思想深化了马克思主义国家理论，为世界范围内社会主义经济改革提供了必要的理论支撑和丰富的思想资料，具有重要的理论意义和现实意义。

四、研究方法和创新之处

(一)研究方法

文献研究法：旨在通过对莫里斯·多布主要著作的研读，在历史唯物主义和辩证唯物主义的指导下，全面展示多布对资本主义、社会主义、经济危机、价值理论等领域的研究，从整体上把握其辩证理性的市场社会主义思想，描述马克思主义政治经济学在长期发展中的高潮与低谷。通过对兰格、米塞斯、哈耶克、布鲁斯、施韦卡特等市场社会主义者相关著作的研读，力图对多布的思想进行一个历史语境的还原。此外，国内外其他学者对多布学术观点的介绍和评价也极为重要，需要进行广泛阅读，充分吸收已有研究成果。

比较研究法：旨在将多布与其他市场社会主义者的思想进行比较，以彰显多布市场社会主义思想的科学性、整体性和实践性。多布的经济思想并不是一个孤立的体系，而是基于马克思主义政治经济学的主要理论范式，在与同时代其他学者的合作与争辩过程中所形成的。在横向对比之外，还要将多布前后期的研究思路进行纵向对比，试图梳理出多布在不同时期、论域中的理论逻辑。

系统分析法：由于多布的学术涉猎较为广泛，其观点分布于马克思主义经济学、经济史和经济学说史等多个领域，对其思想线索的研究需要从整体上进行全面系统的把握。只有将多布的第三国际背景、英国马克思主义经济学家、社会主义者等身份置于一个整体性的框架中进行考察，才能准确提炼多布理论研究的核心思想，厘清其前后期学术思想的内在逻辑。

(二)创新之处

第一，人类社会是一个庞大复杂的有机体，有着自身运行的动力机制。本书着重指出多布辩证理性市场社会主义思想内含着社会动力机制，将物质生产力的发展作为基本前提，上层建筑如意识形态等因素作为精神动力，人民群众则是两大动力的载体。在社会形态转化的历史过程中，两种动力同时存在，发生密切作用，导致社会发展呈现出程度和形态上的不同，体现出多布对社会发展辩证理性的思考。

第二，本书将多布辩证理性市场社会主义思想提升到国家治理的高度，这既是多布思想的应有之义，也是当前人类社会试图解决的关键问题。国家治理是一项系统工程，是深化改革背景下走向现代化的必由之路。通过对国家治理主体、治理能力、多维价值的系统阐述，凸显出多布市场社会主义思想的前瞻性。

第三，本书以人民主体作为多布辩证理性市场社会主义思想的出发点和落脚点，深刻揭示出多布对社会主义本质的科学认识。社会主义以人与人、人与社会、人与自然的整体发展为价值取向，以人民根本利益的实现为最终目标，试图构建各尽所能的和谐社会。通过对多布以人为本理念的阐释，体现出其对资本主义批判的深刻性，同时也是对马克思科学社会主义思想的继承和发展。

第四，本书以辩证理性作为多布市场社会主义的理论特征，将他的思想提升到哲学高度，这是之前研究所未曾触及的。在研究资本主义与社会主义历史和逻辑关系中，多布始终以发展的视角看待社会运行，以一种整体性的眼光分析社会结构和秩序。通过总结多布市场社会主义辩证理性的思想特征，能够避免对其思想理论的片面认识，以哲学的高度审视他对社会发展所做的论述，从而说明多布将社会主义作为自身的政治理想，是理性思考下得出的客观结论。

五、核心理念

市场社会主义是当代马克思主义研究的一个重大主题，尤其是 20 世纪 90 年代以来，随着国际形势的风云突变，研究主题从批判资本主义发达国家转向了市场社会主义研究。市场社会主义代表了世界社会主义运动的一种重要思潮，为社会主义运动的发展作出了突出的理论贡献。它的核心问题是探索社会主义与市场如何有机结合，在实现经济发展的基础上兼顾效率与公平。在几十年的发展变化过程中，市场社会主义研究为 20 世纪 50 年代至 80 年代的社会主义经济改革提供了理论指导，在实践领域产生了积极影响，为未来社会主义的经济体制构建和发展方向提供了极具参考价值的理论框架。

英国是世界上最早开始社会主义活动的国家之一，19 世纪 20 年代英国空想社会主义者欧文创建了"新拉纳克"社会主义试验基地，将最初的社会主义构想在实践中加以推广。之后"新费边主义"主张渐进式的社会主义，提倡阶级合作和平等对话，坚决反对通过激进主义政治和暴力革命方式实现社会主义。在《资本论》中，马克思将两个商品生产者之间最简单的交换活动指认为资本主义的逻辑起点。商品关系是私有制的产物，生产资料的私人占有是市场关系中不平等地位产生的根源。资本主义固有的矛盾无法克服，只能通过周期性的经济危机强制实现平衡。因而未来的社会应该是建立在生产资料公有制之上、没有货币和商品交换关系的社会。"一旦社会占有了生产资料，商品生产就将被消除……社会生产内部的无政府状态将为有计划的自觉的组织所代替。"①马克思关于社会主义条件下不存在商品货币关系的观点成为多布早期社会主义思想的主要来源，尤其是 1925 年出访苏联的经历，极大地加深了他对社会主义经济制度优越性的认识。同时，苏联社会主义经济建设的巨大成就在实践中证明了马克思主义经济理论的真理性，多布坚信社会主义社会的生产过程应该在直接的计划调节下进行。因此，他认为资本主义与社会主义完全属于不同的经济范畴，不能简单地将价格、市场、竞争等概念应用于社会主义研究中。此时多布认为社会主义应该保持纯而又纯的单一公有制，以苏联中央计划委员会为社会经济运行核心的计划经济，能够避免资本主义国家由于无序竞争而带来的经济破坏性，较之由市场或者由消费者"选择自由"来决定的自由主义经济模式，具有无可比拟的优越性。

如果说 1956 年之前多布将苏联的计划经济模式看作是马克思社会主义思想在国家层面的完美呈现，那么"波兹南事件"之后他的社会主义思想开始发生转变。波兰工人罢工运动的爆发让他不得不重新思考社会主义经济问题，认识到完全依赖中央计划的经济模式实质上是对经济发展规律的背离，社会主义经济需要一定程度的分权。多布认为，20 世纪五六十年代苏东经济发展的历史事实证明，虽然计划可能控制了"关键性"的消费产品，但是生产资料应该通过企业的自由意志、通过签订合约来分配。在社会主义经济核算问题的争论中，多布曾坚决反对兰格以资本主义市场经济运行的方式来抽象概括社会主义的资源配置过程，

---

① 《马克思恩格斯文集》第 3 卷，564 页，北京，人民出版社，2009。

但此时他已经意识到，社会主义经济可能存在不同的经济运行模式。他进一步指出，1970 年匈牙利关于"新经济机制"的讨论是对苏联计划经济模式的进一步探索，在社会主义国家如何正确处理计划与市场的问题上进行了创新。

总体来说，多布以发展的角度看待社会经济运行，反对用静止、教条的思维研究社会主义，坚持以整体性的视角理解社会经济秩序，力图构建一个以人为本的理想社会形态，形成了以辩证理性为特征的市场社会主义思想，主要呈现出以下四个特点：

第一，坚守马克思社会主义理论的基本立场。

一方面，多布辩证理性市场社会主义思想的核心价值观与马克思主义的理论硬核保持一致，体现了以人为本的价值导向，是对绝大多数无产者和被剥削者的同情。它与利己主义、个人主义、功利主义和建立在"理性人"假设基础之上的西方经济理论是格格不入的，其理论本质上是为了人类追求更高层次的"幸福"而建构。他认为市场社会主义是对以物为本的资本主义的扬弃，在实现生产力高度发达、物质财富极大丰富的同时，不能抛弃社会主义的基本价值观，如平等、公平、正义和社会关怀等，社会主义对以人为本的落实不仅要有雄厚的物质基础，还要重新确立人与物的正确关系，实现人的自由而全面发展。

任何一种生产方式都具有历史性和暂时性的特征，资本主义制度亦无法超越历史发展规律本身。随着科学技术的进步和生产力的极大提高，社会主义对资本主义的取代是人类社会发展的必然趋势。20 世纪50 年代西方学者大力宣扬"意识形态终结论"，试图论证资本主义的永恒性和合理性，多布对此回应道，资本主义和社会主义之间的对比是既简单而又最重要的："在前一种经济中，最重要的东西莫过于财产的权益，人类的利益只是次要的甚至不重要的；而在后一种经济中，人类生活的利益是至高无上的，财产价值的维持才是不值得重视的东西。"①资本主义积累的历史趋势证明，当生产资料的过度集中与劳动社会化达到了资本主义本身无法相容的地步，那么资本主义私有制就走到了尽头。多布认为社会发展是一个动态过程，要以发展的眼光看待当前社会存在，必须限制无限追求物质财富和物质享受的资本主义价值指向，并将人自身的全面发展作为社会经济生活的最终旨归。社会主义对资本主义的取代是不可阻挡的历史趋势，从而彰显出作为社会主体的人的自由个性。

另一方面，马克思在《政治经济学批判》一书中指出，历史唯物主义是"我所得到的，并且一经得到就用于指导我的研究工作的总的结果"②。运用历史唯物主义的方法来看待和分析问题，是判别马克思主义者的根本点。多布对资本主义和社会主义的分析自觉运用了这一方法论原则，他将社会经济形态的发展看作一个自然历史进程，强调政治经济学的目的在于揭示客观存在的经济运动规律，并为社会发展提供先进的理论指导，生产力与生产关系的辩证运动是理解历史整体的根本线索。相对于斯大林模式下的苏联经济发展，多布更加推崇列宁在建国初期对苏俄社会主义经济发展所作的贡献。特殊的历史条件促使当时并不具备社会基础的布尔什维克建立了社会主义国家，面对严峻的国际形势

---

① ［英］莫里斯·多布：《政治经济学与资本主义》，282 页，北京，生活·读书·新知三联书店，1962。

② 《马克思恩格斯文集》第 2 卷，591 页，北京，人民出版社，2009。

和随时可能爆发的国家间对抗，列宁坚持生产资料国家所有制发展社会主义经济，有利于增强苏俄应对世界范围内竞争的主动性。而后来他所推行的"新经济政策"，则是面对变化了的国情，通过国家政策促进生产力的提高，利用市场来实现资源的优化配置。多布指出人类社会发展是一个动态的演进过程，生产关系的调整一定要适应生产力的发展，这决定了社会主义未来发展的前途和方向。

第二，凸显逻辑与历史相统一的理论品质。

过去的一个世纪里，东西方学者对社会主义的发展道路与方向进行了探索，各种市场社会主义模式反映了他们对资源配置方式和经济运行机制的深入思考。但事实上，大多数学者对市场社会主义的研究更多地侧重于理论的规范分析，能够紧密结合社会主义实践发展的著作并不多见，而多布不仅从社会主义国家层面的剖析中获得了理论的生命力，而且在与之相对应的资本主义经济现实反思中取得了前进的动力。

多布首先将社会主义的早期思想萌芽与马克思的社会主义思想进行对比，尤其是注重历史上社会主义思想家所提供的哲学和方法论基础。他对马克思的历史唯物主义做了简明的解读，认为无论是农奴制、封建制度还是资本主义制度，统治阶级都对劳动生产者进行着剥削，通过生产方式占据了剩余产品。对于马克思来说，资本的大规模集中和生产单位的扩大化必然会带来生产过剩的危机和愈加尖锐的阶级矛盾。后果是爆炸性的，会直接带来革命和社会主义。但是，正如多布所强调的，马克思和恩格斯都明确表示拒绝预测社会主义的未来社会形态。早期社会主义者总是试图去描绘未来社会的具体面貌，这正是马克思和恩格斯所批判之处。对于马克思来说，无论哪一种社会形态的生产力，在它初级或者开始阶段，都是相当低下的。只有当社会生产力和道德标准达到一个比较高的标准时，即所谓的共产主义社会，国家才能实现马克思所说的"各尽所能，按需分配"。圣西门、傅立叶、欧文等思想家试图建构一个没有剥削、没有贫困、实现社会公平和共同富裕的理想社会，都是建立在资本主义道德批判和对未来世界的空想基础之上，之后渐进式的费边主义和英国工团主义亦没有从根本上摆脱与实践脱节的弊端。从某种意义上说，长期以来学者们所提出的市场社会主义模式具有的"乌托邦"色彩，是理论难以付诸实践的重要原因。市场社会主义者不仅应该回答"什么是社会主义"的问题，更重要的是实践层面解决"怎样建设社会主义"的问题。

市场社会主义思想的演进总是与实践的发展紧密结合在一起的，这是多布对苏联和东欧国家社会主义发展的理论概括和总结，这一思想历程为社会主义国家在公有制条件下，利用市场进行资源配置提供了科学的理论支撑。随着苏联模式在 20 世纪 60 年代经济发展出现疲态，以指令性计划为特征的大规模投资难以为继，他开始反思这种体制的内在矛盾，并在此基础上提出改革的可能性。多布辩证理性的市场社会主义思想建立在马克思主义政治经济学基础理论之上，20 世纪 30 年代以来世界资本主义和社会主义在生产力、阶级斗争和科学技术的发展上均产生了巨大的变化，正是这种不断变化的实践，推动着多布逐步完善对计划和市场关系的认识。

因此，通过批判资本主义经济体制的弊端，同时也看到社会主义经济体制在国家建设上无可比拟的优越性，多布把握到了一个经济转向的时代：资本主义制度无法克服社会化生产与生产资料私人占有之间的矛盾，必将为更加先进的社会主义制度所取代。主流政治经济学基于自身资产阶级意识形态的维护，试图从理论层面构建一个资本主义制度永续存在的思维逻辑。资本主义与社会主义现实运动的推进为多布的研究提供了重要的场域，他敏锐地洞察到新自由主义学者与经典社会主义者之间的争论实质上是经济学转向在理论领域的映射，资本主义经济学逐渐显露出疲态，而马克思主义经济学却表现出对现实愈来愈强的解释力。

第三，以整体性视角研究马克思主义理论。

整体性不仅是马克思主义最主要的特征，同时也是多布辩证理性市场社会主义思想的主要特征。通过研究多布对马克思主义学说的继承和创新可以发现，他不仅关注马克思主义学说中最为基本的劳动价值论，还对剩余价值论、危机理论、不发达经济学等问题进行了深入探讨。他始终坚持认为，马克思主义学说是一个系统的整体构成，每一部分都是相辅相成、不可或缺的。

长期以来多布一直致力于研究马克思主义政治经济学，早期研究由于受到学术环境的影响，在坚持马克思主义理论是一种科学客观的社会理论体系的同时，实际上他仍然相信以马歇尔为代表的新古典政治经济学在逻辑上可以解释国家与社会的新变化。同琼·罗宾逊在 20 世纪 40 年代试图"沟通"马克思主义政治经济学与凯恩斯经济学的主张一样，多布早期也尝试把马克思的剩余价值论与剥削概念同马歇尔均衡价格论结合起来，目的是批判西方学术界流行的马克思主义政治经济学已经停滞、无法对资本主义世界新变化进行解释的论调，力图恢复马克思主义政治经济学的生命力。他认为对待国家和社会的发展不应着眼于片段、孤立的部分或被人为分割出的事物的某一或某些要素，而应着眼于系统整体，揭示出整体内各部分之间的相互作用方式，并从整体出发给出解释。西方学者之所以认为马克思主义理论失去了"实用"价值，就是因为他们没有认识到资本主义社会的本质问题，无法达到科学性、系统性与完整性的高度。多布密切联系当时经济社会发展的新情况、新趋势，在《政治经济学与资本主义》《资本主义企业和社会进步》等著作中对资本主义和社会主义政治经济的基本理论做了深入探讨，对当时流行的"批判"马克思主义政治经济学基本原理的种种观点作了深刻的反批判，又从多个角度对马克思的劳动价值论、剩余价值学说和经济危机理论进行了阐述，体现了一种系统思维规范。

第四，坚持经济分析与历史研究的科学结合。

历史主义是 18 世纪末 19 世纪初兴起的、与普世主义相对立的哲学思潮。历史主义强调将历史看作是不断演化的进程，每个时代都有自己独有的特征和趋势。整个人类世界的发展是动态的，任何个人、民族和国家的演变都与具体的历史、社会背景或条件相联系。恩格斯在《反杜林论》中提出："政治经济学不可能对一切国家和一切历史时代都是一样的……政治经济学本质上是一门历史的科学。"①英国古典经济学家们正是忽视了历史的特殊性和各国之间制度的差异性，将脱离实际的"经济人"假设作为整个理论体系构建的前提，才受到了马克思的强烈批判。

多布看到了古典经济学在经济研究中的局限性，有意识地将经济分析与历史研究科学结合起来。这种偏重历史的经济研究方法注重不同时间和空间的差异性，在论证过程中则要回归真实的历史进程，以事实来

———————

① 《马克思恩格斯文集》第 9 卷，153 页，北京，人民出版社，2009。

验证理论的科学性和真理性。他在《资本主义发展之研究》中明确提出："如果经济分析不能与历史的发展相结合，是毫无意义的，同时不能有所成就，当前经济学家所面临的许多问题，都各有其历史背景。"[①]由此看出，多布注重历史方法在经济学中的运用，以历史与事物本质为依据来看待问题。

实际上，多布经济学的历史主义研究范式是一种与普世性主流经济学相对立的非正统经济学。基于古典学派、新古典学派、新古典综合学派的西方主流传统经济学认为经济学理论的普遍适用性是解释国家社会发展的核心所在，以演绎法为基本研究方法的西方经济学在数百年的学术发展实践总结中已经形成了一套完备的体系，以至于大部分学者认为这种"成熟"的理论体系可以解释政治经济生活中出现的所有问题。然而19世纪德国历史主义学派的兴起，一度与西方主流经济学分庭抗礼。这一学派不仅在德国备受推崇，而且在美国、英国都产生了深远的影响。由于19世纪80年代英国的经济发展缓慢，工业霸权受到了美德等新兴资本主义国家的强势挑战，原有的经济理论已经无法适应实际需要，英国本土的历史经济学应运而生，出现了一批优秀的经济学家，多布是其中极具代表性的一位。他将历史看作是动态的演进过程，人类社会处在不断变化当中，每个民族和国家都处在不同的发展阶段，因而不存在统一的、广泛适用于各民族和国家的经济规律。多布强调各国经济发展道路不同，水平参差不齐，在世界上还存在着先进和落后国家的情况下，自由贸易显然对先进国家更为有利。他并不是简单地反对国家之

---

① ［英］莫里斯·多布：《资本主义发展之研究》，1页，北京，新民书店，1951。

间的自由贸易制度，而是提倡一种公平互惠的国际贸易环境。

正是在这种强调时空特殊性的思想引领下，多布在 20 世纪 50 年代同美国经济学家巴兰一起开始了不发达国家政治经济学的理论研究，坚定地站在维护落后国家民族利益的立场上，对落后国家的经济发展做了独到的分析。这种研究既是对经济学的历史主义研究方法的传承和发扬，对高度简化的普适性理论的正面挑战，同时也丰富和发展了马克思主义不发达政治经济学。

第一章 | 莫里斯·多布辩证理性
市场社会主义思想的形成

任何一种思想的产生必然有其特殊的时代背景，
同时也是特定时代的产物，对这特定背景的研究是分
析一种经济思想的前提和基础。长期以来，由于多布
坚持马克思主义立场，主流经济学领域一直将他视为
一名具有浓厚意识形态色彩的正统马克思主义经济学
代言人，甚至被当作苏联式社会主义的"卫道士"而饱
受争议；而在马克思主义经济学家眼中，多布具有明
显的李嘉图主义的痕迹。作为英国马克思主义经济学
的传播者，他的研究对于 20 世纪马克思主义经济学
的发展与捍卫是不可或缺的。在其长达 50 年的学术
生涯中，他经历了 20 世纪 30 年代至 40 年代西方经
济大萧条到战后长期繁荣的历史演变：30 年代马克
思主义经济学家们通过对资本主义危机理论的研究形

成了正统经济学的全面优势；二战结束到 50 年代末的 15 年间，资本主义经济显著复苏和繁荣，国际政治经济态势日益严峻，东西方两大阵营在政治、经济、军事和意识形态上剧烈对抗，西方发达国家对马克思主义学说和思想的遏制显著加剧；经济学理论的演变和国家经济的发展，都处于日新月异的时代——多布对资本主义和社会主义的认识正是在这种历史土壤中应运而生，而这样一个复杂的时代背景却往往是为人们所忽视的。

一、对经典马克思主义立场的坚守

作为一名坚定的马克思主义者，多布始终坚信共产主义必然实现和资本主义必然灭亡的历史趋势。他将马克思的历史唯物主义和劳动价值论作为分析历史和社会政治经济结构的基本方法，对历史、现实与未来进行着一种独具特色的研究和探索。多布认为马克思留下了极其珍贵的经济学理论遗产，对现实的市场社会主义经济理论与实践问题的研究具有重要价值，直至现在依然闪烁着真理的光芒。因此，马克思对市场理论、社会主义理论的探索，为市场社会主义在当代的发展提供了深刻的理论内涵和广阔的理论空间。

(一)坚持唯物主义历史观

马克思在《哲学的贫困》一书中表达了作为生产力与生产关系一体的物质资料生产方式的重要性，将历史发展着眼于物质资料的丰富程度，不再以神的意志、英雄人物的领导作用或者某种神秘的不可知力量来认识和解释世界。作为一种区别于旧唯物主义哲学的"现代唯物主义"，它既是历史的唯物主义，同时也是辩证的唯物主义，不仅为人们提供了正确认识社会现象和社会历史发展规律的钥匙，更以生产力与生产关系的辩证统一关系来描绘人类社会发展的真实过程。

对于一名研究资本主义的学者来说，运用历史唯物主义的观点和方法来看待问题才是真正的马克思主义者。在西方理论界，有一些激进的学者针对资本主义社会出现的各种问题，批判性地提出了独具特色的观点。如皮凯蒂在《21世纪资本论》中揭露了资本主义国家财富分配不均、贫富差距拉大等问题，引起了人们的广泛关注和热烈讨论。但作者并没有运用历史唯物主义方法分析和看待问题，其中还充斥着对《资本论》肤浅的认识和误读，这对于变革资本主义生产方式没有任何实践价值，因此皮凯蒂不是一个马克思主义者，《21世纪资本论》也不是《资本论》在21世纪的当代发展和延续。相比之下，多布在《资本主义发展之研究》中明确说明，"我们的目的不是在争辩（资本主义）各种定义的得失优势，只是要说明，我所有的工作是以马克思对生产方式的解释为基础的"[①]。在多布看来，生产力与生产关系的辩证运动构成了马克思主义历史唯物论的主要内容，阐释了人类社会历史发展的一般规律。如果说历史唯物主义在提出时还是一种设想和假定，那么《资本论》的出版则使其成为真正科学的理论，它正确解释了资本主义社会运行规律，系统研究了整个资本主义生产方式的产生和发展过程。历史唯物主义从假设发展到科学

---

① ［英］莫里斯·多布：《资本主义发展之研究》，6页，北京，新民书店，1951。

证明，明晰界定了唯物史观的基本原理，实现了思想史上的伟大变革。

多布指出，各种类型的经济社会都具有很多共同的特点，这些特点在适当的情形下是值得加以研究的。但对于经济社会的研究很显然不能从忽视现实而重视一般性原则的资产阶级经济学那里得到任何答案，只有跳出资产阶级经济学的领域，将经济因素、社会因素和历史因素纳入研究范围，才能得到科学的解读。资产阶级经济学不只是对某些问题无法回答，而且因其研究的对象仅仅局限于市场范围，在提到资本主义本质时便含糊其词，偷换概念，混淆了经济思想史中的节约理论与生产力等概念。仅以市场的角度看问题，所有可交换的商品，包括无产阶级的劳动力在内都被视为相同的商品。停留在这个水平上的经济分析，资产阶级剥削剩余劳动的资本主义本质便被巧妙地掩饰起来。因此，"经济分析的注意力，从以一般的交换社会为对象，转移到以资本主义社会之生理与成长为对象，必然要走到各种经济形态生产方式比较研究的路上，这是一个重点的转变。在英国直至今日才走上这条道路，似乎已经较晚了"①。

(二)以阶级分析为基本方法

马克思在总结大量思想资料和资本主义发展现实材料的基础上，运用从抽象上升到具体的方法，对资本主义制度进行深入剖析，将社会生产关系规定为基本研究对象，为人类历史发展规律的解释提供了科学依据。在古典经济学家那里，政治经济学的研究对象局限于物质财富本

---

① ［英］莫里斯·多布：《资本主义发展之研究》，25 页，北京，新民书店，1951。

身，有意忽视对生产过程的研究，停留在商品的流通和分配环节。在他们眼里，以"理性人"为基本前提的经济理论为资本主义的存在提供了坚实的解释基础，将资本主义生产关系描绘为实现自由平等的永恒制度，本质上都是在为资本家无限追逐利润的本性和资本主义制度的普遍性辩护。多布指出，生产关系的本质是阶级关系，社会经济问题与各阶级、各社会集团之间存在着极为密切的联系。资本主义社会以雇佣劳动为一般特点，资本家无偿占有劳动者的剩余价值而产生了阶级对立。马克思主义政治经济学体现了对工人阶级和被压迫人民利益的深切关注，将生产力的发展、社会的发展和人的发展有机统一起来。

在多布这里，马克思主义政治经济学与古典政治经济学的最大区别在于，"在各种政治经济学规律所构成的平等、契约自由和自然机制等词句背后，现实社会被划分为资产阶级和无产阶级"①。也就是说，脱离现实社会生产方式和阶级关系的政治经济学不可能客观解释真实的历史过程，资本主义生产的历史根源在于把人的生产行为本身转化为一种商品，劳动力成为某种分离出来、可以买卖的具有价值的东西。在《资本论》中，"马克思从这种阶级关系的特点上找到了了解资本主义社会运动规律的钥匙……和权力平等比起来，我们看到的是经济地位的不平等；和契约自由比起来，我们看到的是经济的依赖和强制"②。多布的这一理解触及了资本主义生产关系的本质，揭示了商品和货币背后人与人之间的关系。马克思对"人"的考察从生产组织方式和生产关系的角度入手，

---

① ［英］莫里斯·多布：《政治经济学与资本主义》，49 页，北京，生活·读书·新知三联书店，1962。

② 同上书，50 页。

赋予了人具体的历史的内涵。不同的阶级制度在发展过程中都经历过进步阶段，每一种制度都产生了与之相应的生产方式，同时又受其制约。建立在不同生产资料所有制基础上的阶级冲突，是一种社会形态过渡到另一种社会形态的基本动力。多布认为资本主义社会中人与人之间的差别不在于社会分工，更重要的是生产关系中相对地位的高低划分，这意味着"人"不是独立的抽象个体，而总是隶属于资产阶级或者无产阶级。

以斯密、李嘉图为代表的古典政治经济学家在探讨提高生产力和增加国民财富的研究中，发现了一定生产关系在财富增长中的决定性作用，在当时的历史条件下具有重要意义。但他们没有将人与人之间社会地位差异所决定的经济差别作为研究重点，而是始终停留在物与物之间的关系上，研究目的在于论证资本主义制度的合理性与永恒性。多布指出："在马克思看来，这仅仅是一个重要问题的开始。他对这个问题的解决，在于揭示了劳动与劳动力之间的关键性区别。"①正是对"劳动力"概念的考察，《资本论》确立了一种关于人在生产中的相互关系、现实的人及其历史发展的科学分析。资本主义社会是一种复杂而发达的生产组织，不仅仅是人与自然的简单关系，更是特定的资本主义生产方式所构建出来的社会现实结构。古典经济学家所强调的物质财富生产无疑是社会存在和发展的基础，这是永恒的自然性。但在马克思看来，经济学"一开始就以系统地概括经济科学的全部复杂内容，并且在联系中阐述资产阶级生产和资产阶级交换的规律为目的"②。资本主义生产方式是

---

① ［英］莫里斯·多布：《政治经济学与资本主义》，52 页，北京，生活·读书·新知三联书店，1962。

② 《马克思恩格斯选文集》第 2 卷，600 页，北京，人民出版社，2009。

一种对抗性的社会存在，其本质被歪曲的假象和颠倒的经济具象所遮蔽，抽离掉物与物之间发生关系的历史情境，任何经济范畴都失去了现实意义。

多布认为马克思提出了一个以往经济学家都未曾解决的问题，即"劳动者与资本家之间的交易既是而又不是一种等价物的交换"①。作为资本主义社会最直观领域的市场和流通，资本主义占有行为被称之为"平等的发财权利"，工人和资本家之间的交换确实完全符合商品市场规律。事实上，商品货币关系向资本关系转变的每一环节都是按照商品交换规律进行的，但结果却是资本家无偿占有工人创造的剩余价值，劳动者却不能拥有自己的产品。古典经济学家只分析商品交换关系，有意地遮蔽了问题的本质。多布指出，隐藏在经验直观下的秘密是劳动力这种特殊商品的出现，在资本主义所有制关系下，劳动者失去了生产资料，劳动力作为商品出卖并与生产资料结合，工人阶级的剩余价值被占有就是不可避免的结果。

(三)《资本论》理论价值再考察

多布辩证理性市场社会主义思想的形成，很大程度上受到了《资本论》的启发。在多布看来，《资本论》对资本主义市场经济的阐述，对社会化大生产一般规律的论述，以及对社会主义经济一般特征的理解，不仅揭示了资本主义经济运动规律，还通过比较研究的方法论述了社会主

---

① ［英］莫里斯·多布：《政治经济学与资本主义》，52页，北京，生活·读书·新知三联书店，1962。

义经济的特点。其中一些科学社会主义的重要观点如"未来社会是一个自由人联合体""社会主义必须实行生产资料公有制""社会主义必须执行有计划的运行模式"，在多布的市场社会主义思想中得到了很大程度的继承和丰富。因此，对于多布来说，《资本论》不仅揭示了资本主义生产方式的产生、发展以及必然被社会主义生产方式所替代的客观规律，而且还为社会主义的经济建设提供了科学的理论构想。

《资本论》浸透了马克思长达 40 余年的思考和探索，深刻影响了社会历史发展进程。其一经出版，便引起了学术界和整个社会的强烈关注。《资本论》所构建的是一个开放、有机的总体性逻辑体系，既有坚实的理论基础，又能够给予现实关怀。多布认为马克思在诠释和透视社会变迁深层动因的时候，是将其看作一个复杂的有机总体，而《资本论》则是对这一判断的最好注解。作为对现代经济生活的科学揭示，《资本论》宏大的视野、严谨的逻辑和完整的结构，为科学解释经济现象和本质之间的联系提供了正确的桥梁和纽带。《资本论》对人类社会经济发展的一般规律的揭示具有普遍意义，并一再地展现着生命力。

关于政治经济学的研究对象，马克思曾做过不止一次的论述。在《〈政治经济学批判〉导言》中他指出："摆在面前的对象，首先是物质生产。"[1]在《资本论》第 1 卷序言中马克思进一步说明："我要在本书研究的，是资本主义生产方式以及和它相适应的生产关系和交换关系。"[2]多布认为，对政治经济学研究范畴的扩展是马克思能够超越古典经济学，

---

[1]　《马克思恩格斯文集》第 8 卷，5 页，北京，人民出版社，2009。
[2]　《马克思恩格斯文集》第 5 卷，8 页，北京，人民出版社，2009。

形成科学理论的关键所在。传统经济学普遍着重于对经济现象表层的分析，马克思并不满足于此，而是要"透过外表假象深入到市场现象后面的资本主义生产过程的内在本质和内部形式"①。因此，多布以马克思关于生产力与生产关系、经济基础与上层建筑的思想为基础，将生产方式作为决定社会结构的核心因素，从而说明了资本主义社会的对抗性特征。

一方面，《资本论》作为对社会经济生活的总体性质的研究，物质资料生产方式是马克思准确把握现实世界的关键。马克思在《资本论》中全面、详尽地分析了资本主义生产方式，将其作为区分不同社会形态的根本标准，认为社会结构调整也要随着生产方式的变迁而进行。历史唯物主义作为一种认识和解释世界的科学方法，正是通过说明生产方式的差异和变迁，才使历史的真实面貌显现出来。从整体上辩证地看待社会结构和社会秩序的运行，是马克思与西方资产阶级学者的最大区别。拉克劳、墨菲否认生产力是决定社会发展的根本力量，将马克思主义简化为一种经济决定论，主张对政治和经济进行严格的刚性划分。阿尔都塞认为经济因素所起的决定性作用，是通过经济、政治、意识形态等交替起第一位作用而实现的。马克思则极力反对脱离特殊、具体的社会形式而只对物质生产做一般抽象论述的庸俗经济学者，他强调生产方式不是一个僵化的理论概念，它在动态的历史进程中决定着社会的性质和面貌，其本身就带有一种内在对抗性的历史张力。

---

① 外国经济学说研究会编：《现代国外经济学论文选》第3辑，5页，北京，商务印书馆，1982。

　　多布指出，马克思极度重视生产力的发展，特别是生产工具和自然科学的发展，把它看作一种在历史上起推动作用的革命的力量。但马克思并没有将生产方式局限于生产力的范围之内，而是格外注重生产方式所固有的社会性质。"对于马克思来说，政治经济学范围包括'社会生产关系'，也包括'生产力'和交换条件。这是从他对资本主义生产分析的历史研究方法以及从他把生产方式作为一定社会的基础和一切历史的真正根源和活动场所的历史概念所推断出来的。"①实际上，"资本主义的生产过程，实质上就是剩余价值的生产"②，资本家对剩余价值的贪欲，促使其总是渴望无限度地压榨和剥削工人。资本主义生产方式所带来的技术进步，并非为了提升工人的物质生活水平，而是为了获得更多的剩余价值，技术也成为强化剥削的手段。

　　另一方面，生产方式的变革必然带来社会形态的改变。多布认为生产方式所具有的历史性特征，决定了社会形态会随着生产方式的变迁、社会的发展而不断变化，总体趋势是上升、进步的。马克思在《资本论》中分析了资本主义生产方式随着社会生产力发展而不断变革的历史过程，从简单协作到工场手工业、再到机器大工业，随着新的劳动资料和生产技术的出现，生产社会化程度不断提高，催生了新的社会组织形式及生产者之间新的社会经济联系形式。工业资本主义条件下的市场经济彻底打破了旧的生产方式，也深刻地改变了人类社会的存在状态。以亚当·斯密为代表的古典经济学家以生产关系为研究对象，目的是论证资

---

　　①　外国经济学说研究会编：《现代国外经济学论文选》第3辑，5页，北京，商务印书馆，1982。

　　②　《马克思恩格斯文集》第7卷，272页，北京，人民出版社，2009。

本主义制度是最合理的、最能推动国民财富增长的永恒社会制度，马克思则认为"资本主义生产方式是一种特殊的、具有独特历史规定性的生产方式"①，他通过阐释资本主义社会的经济运动规律，揭露了资本主义生产方式的历史暂时性和向更高级社会形态过渡的必然性。

多布指出，马克思通过《资本论》科学说明了资本主义社会走向自我灭亡的必然过程，论述了共产主义的必要性和可能性。表面上看，《资本论》探讨的是各种经济现象，但其根本是商品、价值的社会关系维度不断展开和实现的过程，是"现实的个人"的处境及其未来，是"人与人之间"的关系。在社会主义条件下，社会结构要素是和谐有序的，人的发展与社会的发展是一致的，不存在根本的对立和冲突。社会主义生产的目的不再是剩余价值，而是生产更多、更好的产品，用于直接满足全体社会成员的生活需要。由于社会主义社会不存在有经济剥削关系的对立阶级，所以能够充分调动和发挥社会各要素的活力，实现社会生产力的解放和发展，这正是社会主义优越性的根本体现。

总之，多布对《资本论》当代价值的再考察，目的是通过揭示资本主义社会的内在矛盾，调整社会结构要素，实现社会的有序化发展。他强调《资本论》阐明了马克思主义政治经济学的基本理论，完成了政治经济学史上划时代的伟大革命。《资本论》关于资本主义的理论，不仅没有过时，而且会随着资本主义的发展愈加显示出强大的生命力和科学价值。

---

① 《马克思恩格斯文集》第 7 卷，994 页，北京，人民出版社，2009。

二、对苏联社会主义建设道路的历史反思

俄国十月革命的胜利，开始了社会主义取代资本主义的历史进程，为世界各国无产阶级和劳动人民彰显了革命胜利的光明前途。列宁依据马克思恩格斯关于无产阶级在取得政权后如何向社会主义过渡的理论，运用科学的世界观、方法论分析了俄国十月革命胜利后的经济发展实践，进一步丰富和发展了马克思主义政治经济学。对于多布来说，列宁不仅是布尔什维克革命取得胜利的关键所在，更为苏俄经济发展奠定了基础，指明了未来社会主义的发展方向。在他眼中，马克思与列宁是一种互为补充的存在。马克思为解释世界和改造世界提供了必要的理论工具，而列宁则在实践中将无产阶级领导的社会主义国家变为现实，雄辩地证明了马克思主义的科学价值和生命力。列宁通过运用马克思的理论分析方法，建立了世界上第一个社会主义国家，深刻改变了历史的发展轨迹。[1]

(一)对列宁社会主义经济理论的客观评价

在马克思、恩格斯对未来社会的探讨中，"自由人的联合体"将是共产主义社会的政治理想，但共产主义的实现是一个长期的历史过程，"在资本主义社会和共产主义社会之间，有一个从前者变为后者的革命转变时期"[2]。列宁本人十分重视马克思关于过渡时期的理论表述，对

---

[1]　Maurice Dobb, *On Economic Theory and Socialism：Collected Papers*，London，Routledge & Kegan Paul，1956，p. 157.

[2]　《马克思恩格斯选集》第 3 卷，445 页，北京，人民出版社，2009。

布尔什维克党内否认资本主义和社会主义之间存在过渡期的论点进行了反驳，并且指出"这恰恰意味着在思想上'偏离了方向'，离开了'演变'的真正道路，不懂得这条道路；而在实践上，这等于是向小私有者的资本主义倒退"①。他反复强调，不能离开生产力及其发展规律去谈论社会形态的转变，单凭一腔改造、建设社会主义的热情，或者借助于国家政策和法令，想要马上在一个生产力低下的小农国家按照社会主义原则实现社会主义目标是不现实的。在这一时期，列宁不仅始终坚持马克思恩格斯关于过渡时期的理论，而且以俄国建国初期的具体国情为基础，进一步丰富和发展了这一理论，为后来取得无产阶级革命胜利的经济落后国家向社会主义过渡提供了重要的启示。

列宁在多布的心中毫无疑问占据着重要地位。尽管他对列宁主义的宣扬和赞赏在剑桥大学引发了很大的争议，有时候甚至被视为布尔什维克的卫道士。但多布始终秉持着一种中立且谦和的态度，试图将西方的国家制度同苏俄的社会主义建设经验结合起来，以一种更加开放和自由的角度来探讨经济发展。在《苏联经济发展史》一书中，多布将经济史研究与经济理论分析两种方法结合起来，以时间为线索阐述了从第一次世界大战前到第二次世界大战结束后复兴建设这段时期，苏俄政治、经济、社会等方面发展的具体情况。一般来说，多布会首先给定一个特定时间内的主要经济问题，根据现实的情况列举出可能采取的不同措施，然后给出他自己的建议，最后再公布列宁所制定的国家政策和发展方略。在这本书中，他主要说明了从列宁、托洛茨基到马歇尔、欧文·费

---

① 《列宁专题文集：论社会主义》，125 页，北京，人民出版社，2009。

雪的基本经济理论。在列宁去世一年后，多布首次访问了苏联，其间苏联社会建设的伟大成就深刻地影响了他的经济思想，并坚定地认为社会主义"是人类社会新的希望"①。因此，列宁对俄国社会经济发展特点和未来社会发展道路的分析，以及在此基础上形成的过渡时期经济理论，对多布的市场社会主义思想产生了深远的影响。

首先，国家经济政策的制定需要根据实践发展不断改革。多布指出，在布尔什维克建党初期，列宁面临着国家政权巩固与经济建设的双重挑战，严峻的国内外形势更是将这种挑战不断放大，为了挫败国外敌对势力的武装侵略，战胜国内的反动势力，保卫和巩固十月革命的既有成果，列宁随即放弃了分权，开始实行战时共产主义政策：取消自由市场贸易，大规模征粮，将大中小型企业收归国有，实行国有化，以期在最短时间内增强国家军事力量，确保能够击退国内外武装干涉。1920年年底国内战争基本结束之后，战时共产主义政策被进一步加强，苏维埃政权面临着严重的执政危机。当时一些学者认为战时共产主义政策是实现马克思愿景的最好手段，但列宁对此持反对意见，他科学地分析并论证了由战时共产主义政策向新经济政策过渡的必要性。历史事实证明，新经济政策的实施重新建立了工农业之间的正常经济联系，巩固了工农联盟，生产力也得到了提高。

多布认为新经济政策是苏俄对经济体制改革的一次伟大探索，有着极为重要的理论价值和现实意义。多布指出，列宁充分意识到战时共产

---

① Maurice Dobb, *Russian Economic Development since the Revolution*, London, Routledge & Kegan Paul, 1928, p. 290.

主义政策与农民的利益发生了矛盾，城镇对农村的过度压迫严重影响了无产阶级政权的统治基础，而新经济政策则完美体现了列宁的政治智慧。"要想正确理解新经济政策，就必须理解被称为列宁主义的社会思想体系，同时也就掌握了俄国未来发展的关键要素。"①战时共产主义政策在争取战争胜利方面确实起到了巨大的历史作用，但也存在着很大的弊端，这项以集中管理和高度集权为特征的政策在短期内可以最大限度地调动资源，同时也付出了巨大代价。战争结束后，"整个社会的生产陷入了不正常的局面，劳动积极性严重下降，每个人都想转移责任，如果考虑到这种情形，列宁可能做了一个错误的决策"②。但新经济政策的实施，满足了农民渴望改善生活状况的愿望，给予了农民独立经营、发展城乡流转的自由，在推动农业进步的同时为大工业的发展奠定了良好基础；商品货币关系和市场机制的充分应用，通过市场行为实现社会主义工业与农民小商品经济之间的良性互动，不仅利用资本主义经济成分促进了俄国经济发展，而且以城乡、工农之间的商品交换满足农民的要求，进一步巩固了无产阶级政权。多布在讨论新经济政策时，反复运用"希望"一词来强调这项政策的重要性，是它平衡了农民和工人之间的利益关系，保护了苏俄政权的合法性地位。③

在对新经济政策的性质理解上，多布认为，新经济政策所建立的复杂经济制度，不能纳入教科书所通常引用的任何一种经济制度范式之

---

① Maurice Dobb, *Russian Economic Development since the Revolution*, London, Routledge & Kegan Paul, 1928, p. 4.

② Ibid., p. 142.

③ Ibid., p. 196.

内，它具备了两方面的新特点：一方面，几乎全部大型和中型的工业都收归国有，"社会主义成分，在苏维埃政权的最初八个月中，尤为显著"①；另一方面，非社会主义的成分仍然占有很大的优势。例如，农业经济以个人主义为主，除国家和集体农场所承包的少数面积以外，大部分耕地属于自耕农的小规模生产，而且多是为了维持生存而非市场贸易。农业与工业主要通过市场来联系，但同时私人资本在乡村与城市之间、生产和消费之间的贸易范围内占有重要地位，这显然不能称作是一种完整意义上的社会主义经济。因此，多布将新经济政策所建立的经济模式称之为一种"过渡的混合制度"，也就是列宁所说的国家资本主义。

其次，工人阶级的领导地位可以保证新经济政策的社会主义走向。根据列宁对 20 世纪初俄国国情的基本判断，多布认为处在过渡阶段的俄国经济制度，实际上是一种资本主义与社会主义成分并存的特殊局面，"不论在农业或手工生产中，小型生产构成一种土壤，使复活的资本主义可以很容易很迅速地由此中生长"②。因此，如何在保证国民经济发展的同时稳固无产阶级政权，是摆在俄国领导人面前的最大挑战。多布强调，此时经济效率乃至工业化都不是苏俄制定和实施政策的主要目的，对旧阶级的改造才是苏维埃政权的最大任务。幸运的是，改革过程中二者基本没有发生冲突，甚至是相辅相成的。在实现生产资料公有制的过程中，通过经济政策达到工人和农民之间阶级结构的"临时平衡"，是通向无阶级社会"最终平衡"的有效手段。"工人阶级执有政权，

---

① ［英］莫里斯·多布：《苏联经济发展史》，170 页，北京，商务印书馆，1950。
② 同上书，171 页。

苏维埃国家可以在政治上和经济上'居高临下',控制附近平原的行动。"①社会过渡通过一系列经济决策的随时调整来实现,在通往社会主义的道路上,以逐渐的、审慎的、迂回的方式来改造私人资本主义和小商品经济,利用"国家资本主义"的形式为发展社会主义经济、巩固无产阶级政权服务。

虽然列宁在苏联的具体建设中提出了很多不同的政策,但他的中心思想是建立一个没有阶级的社会,"这与马克思没有任何区别"②。多布认为,由于劳动分工的不同,人类社会存在着不同程度的差异性,如职业、知识、地理、种族和民族等,但最终凌驾于所有差异之上的,是阶级属性的分化。列宁将马克思的思想作为执政的理论基础。经济计划不仅仅为了提高效率或促进生产而进行,而是从属于一个更大的政治目标——巩固社会主义国家政权。实质上,通过赎买和没收将大企业收归国有的做法,在一定程度也从属于这一政治目的。

列宁多次强调,新经济政策只是"暂时的退却",目的是引导苏维埃走向社会主义。"现在我们处于必须再后退一些的境地,不仅要退到国家资本主义上去,而且要退到由国家调节商业和货币流通。这条道路比我们预料的要长,但是只有经过这条道路我们才能恢复经济生活。"③列宁利用商品货币关系和市场机制来盘活农民经济和苏维埃经济,实现国家利益与个人利益的结合,从而使城乡经济得到了活跃和发展。但由于列宁过早的离世,新经济政策并没有在实践中得到检验并作出系统论

---

① [英]莫里斯·多布:《苏联经济发展史》,171 页,北京,商务印书馆,1950。
② 同上书,160 页。
③ 《列宁专题文集:论社会主义》,283 页,北京,人民出版社,2009。

述。当时的大部分领导者并没有认识到新经济政策的实践意义，如托洛茨基虽然承认市场机制确实有一定作用，但无可奈何地称其为"魔鬼"，斯大林则完全不承认新经济政策的创新性，仅仅将其作为一种"具体政策"。多布认为，这是一种对社会主义的根本性误解，混淆了目的（无阶级社会）和手段（经济政策）之间的关系。

多布指出，当前在新经济政策指导下的经济运行，不同程度上的经济不平等仍将保留。以占有土地和资本而发生的财产所得，会随着社会经济的向前推进而消失，相应的阶级划分和不平等现象也随之废除。实际上，这种经济状况"本身包含两种可能：如果富农和'新经济政策人'和其他资本主义分子（或孕育中的资本主义分子），都任其生长繁衍，则资本主义必将复兴；如果政府遵循一种正确的经济政策，则将趋向社会主义的发展"①。多布认为，工人阶级在工农联盟中的领导地位，使用其保有的政治权力，可以保证后一发展由可能变为必然。这种发展的第一必要条件是"推广农业合作"，第二则是实施 1920 年 12 月第八届苏维埃大会所通过的"全国电气化"计划。这种措施，将增强并推广混合经济中的社会主义成分，并奠定大规模的技术基础，这是社会主义的应有之义。

（二）以经济计划性为社会主义的基本特征

马克思、恩格斯认为在未来社会由于生产资料的集中和劳动的社会化，整个社会可以作为一个大型企业进行有计划的集中统一管理。有计

---

① ［英］莫里斯·多布：《苏联经济发展史》，171 页，北京，商务印书馆，1950。

划、自觉地分配劳动时间，所有劳动成果由社会成员集体占有。社会主义社会实行全面的计划经济，商品货币关系不复存在。未来社会生产按照社会需要，有计划按比例地组织起来，是马克思、恩格斯的基本观点，也是未来社会的一个基本特征，贯穿于共产主义社会理论的始终。

斯大林按照他所理解的马克思主义，结合当时苏联的实际国情，形成了以计划管理为特征的经济体制。列宁的新经济政策，在过渡时期调动了广大群众的生产积极性，促进了国民经济的发展。列宁逝世之后，斯大林在经济实践中逐渐抛弃了新经济政策，开始有计划地全力推行工业化和农业的集体化政策，形成了中央高度集权、排除市场的经济体制。这种计划思想在社会主义建设初期，确实体现了极大的优越性，巩固和发展了社会主义生产关系，促进了人民生活水平的提高，为反法西斯战争的胜利提供了物质和人员保障。

因此，对于多布来说，一方面马克思关于社会主义计划的思想深刻影响了他对社会主义的认识，另一方面苏联初期的建设成就在实践中将这种认识加以强化，形成了对社会主义经济发展的独特见解。他认为，资本主义与社会主义是两种完全不同的经济模式，用中央计划局少数专家的决策来替代消费者的"选择自由"，会产生较大的优越性。"消费者选择自由""消费者主权"等主张同市场、竞争有着密切联系，都属于资本主义的经济范畴，不适用于社会主义经济发展。

1929年资本主义世界的"大萧条"引发了关于资本主义制度的反思和探讨，苏联却在社会主义建设过程中取得了令人瞩目的成就，这极大地促进了多布对马克思主义政治经济学真理性的坚持，同时也加深了对苏联计划经济模式优越性的认识。多布认为，科学的计划性是实现跨越

"卡夫丁峡谷"的必要条件，是苏联社会主义经济发展的关键所在。

　　一方面，生产资料公有制是社会主义生产关系的基础。多布指出，研究社会主义制度要从一个根本的事实出发，"社会主义的根本性质在于通过对有产阶级的剥夺以及土地和资本的社会化，来废除资本主义生产所依据的阶级关系"[①]。从这种所有制基础的转变，社会主义具备了一种有别于资本主义社会生产方式的特殊社会性质。区别于资本主义国家的私人所有制，在苏联计划经济模式下土地和资本是属于社会的而不是私人占有，不仅国家对于全部生产资料有完全的支配权，而且由所有权所获得的利润或其他所得都不能够作为一种收入范畴而存在。

　　多布清楚地认识到，苏联政权的巩固和发展不能长久地建立在公有制和私有制两种所有制的基础之上。生产资料公有制是社会主义经济的基本特征，这是马克思主义的基本原理。列宁在建立苏维埃政权时，提出社会主义在生产资料公有制的基础上，将整个社会组织变成"一个全民的、国家的'辛迪加'"，"成为一个管理处，成为一个劳动平等和报酬平等的工厂"[②]。多布认为，任何一个国家在不同发展阶段都必须根据国情制定特殊的政策。尽管苏联在不同历史阶段形成了多种经济成分，在经济的恢复阶段都起到了各自积极的作用，但是社会主义最终的走向仍然应该是单一的生产资料公有制。为了加速农业集体化和工业化的进程，以社会全体成员共同占有生产资料的公有制为经济基础，能够确保国家拥有强大的调动和配置资源的能力。建立在社会主义公有制基础上

---

　　① Maurice Dobb, *Political Economy and Capitalism：Some Essays in Economic Tradition*，London，Routledge and Sons，1937，p. 228.

　　② 《列宁专题文集：论马克思主义》，271—272 页，北京，人民出版社，2009。

的苏联计划经济，是当时的历史条件、社会环境和国际境遇所决定的，具有逻辑上的历史必然性。

另一方面，计划性是社会主义经济建设的基本特征。多布首先对苏联计划经济产生的历史条件做了分析。他认为正确理解苏联政府的计划经济模式，要将其放置于历史发展的动态视角之下，才能够看清楚经济体制的演变过程。在苏维埃政权建立之初，经济计划仅仅是"一种宣传的语句，并不是一种经济力量，在演说词和纸面上出现的意义远大于实际"①。在中央设计机关成立若干年之后，面临的现实客观环境和计划人员的主观能动性都不足以支撑建立起一套科学、完整、统一的经济计划。1920年3月，由列宁所倡导建立的国家电气化委员会是国家专设计划机关的雏形，"苏维埃政权加电气化等于共产主义"就是在当时的历史环境下所提出的。在此后的两个月，国家电气化委员会并入国家计划委员会，这一新机构并不具有执行能力，是属于劳动国防委员会的一个咨询机构。当时托洛茨基主张赋予国家计划委员会以执行权力，但列宁强调专家机构与政治机关要警惕职权混淆的危险，因此政策和颁行法令的权力仍属劳动国防委员会。直至联共（布）第十五次代表大会，斯大林提出社会主义经济是"指令性计划"的思想。② 至此，苏联在思想理论和组织建构上形成了高度集中和无所不包的以指令性计划为特征的计划经济模式。可见，多布对苏联社会主义经济的探讨与思考是以基本史料的分析为事实依据的。他强调，这种模式能够集中物力、财力、人力突击实

---

① ［英］莫里斯·多布：《苏联经济发展史》，373页，北京，商务印书馆，1950。
② 参见《斯大林全集》第10卷，280页，北京，人民出版社，1954。

现国家工业化，是苏联从一个落后的农业国迅速发展成为世界上第二工业大国的关键所在。

多布将计划性作为社会主义经济的基本特征，他坚持认为以苏联中央计划委员会为社会经济运行核心的计划经济，能够避免资本主义国家由于无序竞争而带来经济破坏性，较之有市场或者由消费者"选择自由"来决定的自由主义经济模式，具有无可比拟的优越性。资本主义经济发展的不平衡是市场自发调节的结果，周期性爆发的经济危机是对社会经济运行的一种强制调节。他不否认资本主义国家也有计划，但那只是"集体主义与经济无政府主义调和下的奇怪产物"。基于古典学派、新古典学派、新古典综合学派的西方主流传统经济学认为经济学理论的普遍适用性可以解释任何国家社会的经济发展问题，资产阶级学者则认为支配着资本主义经济的规律也一定同样支配着社会主义经济，在这两种制度下经济问题必然具有同样的一般形态。奥地利学派的代表米塞斯甚至将市场、价值、货币等经济范畴与社会主义对立起来，认为社会主义经济制度下不可能存在合理的经济核算。多布对此进行了反驳，他强调：资本主义经济和社会主义经济在制度建设上存在着巨大的差别，不能简单地用支配着资本主义经济发展的经济规律来抽象类推出社会主义的发展规律。西方传统经济学中"理性人"假设不能直接运用于社会主义经济中，在实行中央计划的社会主义经济中，完全能够建立一种保证资源合理配置和经济平稳运行的机制。

三、融合近代经济学传统

多布作为一位成长于英国本土的经济学家，不可避免地受到古典政治经济学的浸染。在早期的理论研究中，多布试图将马克思的剩余价值理论与剥削概念同马歇尔的综合经济体系结合起来。但在 20 世纪 30 年代后期，他放弃了这种理论倾向，提倡以古典政治经济学和马克思经济学的"传统"理论来批判马歇尔的新古典经济学理论。[①] 对于多布来说，整个古典政治经济学就是一个经济思想宝库，虽然它始终受到质疑和批评，但不可否认的是，面对人类不确定的未来，古典政治经济学总是能给予人启迪，帮助时下的经济学家解释新现象和新问题，甚至一些曾经被人们认为无用、错误的异端思想，在资本主义社会表现出新特征时，反而会重新焕发出解释力和生命力。

(一)对古典政治经济学的吸收和批判

自 1776 年亚当·斯密发表五卷本的《国富论》以来，政治经济学的发展进入了一个全新的理论时期，为之后经济学理论的演进起到了重要的奠基作用，成为衡量经济学新范式的理论标尺。更为重要的是，古典政治经济学之所以受到公众和政府的普遍重视，就在于它反映了当时社会经济政治状况、价值观念的走向，具有强烈的现实性色彩。

从 16 世纪到 19 世纪初，英法两国在政治上已经摆脱了中世纪的封建状态，建立了统一的民族国家。追求国家富强、王室和政府财政收入

---

① 顾海良、张雷声：《20 世纪国外马克思主义经济思想史》，199 页，北京，经济科学出版社，2006。

的充足，成为统治者关注的首要问题。因此，此时经济学家的研究主线是富国裕民、发展经济。英法两国的重商主义政策，英国从威廉·配第到亚当·斯密的早期古典主义，法国从布阿吉尔贝尔到重农主义再到西斯蒙第（指出版《政治经济学新原理》之前）、萨伊和巴斯夏，他们要解决的课题一直以增加财富为中心。

直到 20 世纪初，工业革命之后的英国确立了自己一流强国的地位，但是广大劳动人民却并未享受到经济发展的成果，生活状况日益恶化。资本主义生产方式带来了社会结构的分化，资产阶级与工人阶级的对抗成为政治生活的主要特征。如何分配社会财富、缓和阶级矛盾是政府关心的重要问题，同时经济学家们也将关注点由富国转向了收入分配的公正。李嘉图、穆勒、麦克库洛赫、西尼尔等人对以财富增长为目标的理论体系提出质疑，强调探讨社会产品在各阶级之间的分配法则。总体来说，古典政治经济学始终将资本主义社会的现实发展作为思想来源，不断在研究重点和方法上进行着变革，尝试解释新的社会现象，解决新的社会问题。

对于多布来说，古典政治经济学对传统的观念和实践都产生了革命性的影响，"在社会的思想史上，它的产生是划时代性的，因为它建立了一种概念，将经济社会视为因果决定论支配的体系：这个体系由它自己的规律所支配，并对社会发展做出计算和预测"[1]。这意味着，工业革命改变了人在自然面前的卑微地位，确认了人类理性在生产实践中的

---

[1]　Maurice Dobb, *Political Economy and Capitalism*: *Some Essays in Economic Tradition*, London, Routledge and Sons, 1937, p. 29.

决定性作用，而古典政治经济学则"第一次证明了，在人类事务方面也存在着决定性的规律"①。它在强调经济社会整体性、统一性的同时，又着重指出这种体系中不同因素之间相互依赖的关系。这些相互关联的变动形式和数量，表现在古典价值论各个公式所说明的一系列函数关系中。

首先，古典政治经济学最伟大的贡献是奠定了劳动价值论的理论基础，而这正是多布多年来从事政治经济学研究最关注的论题。早期的学术生涯中，多布已经意识到劳动价值论在马克思主义政治经济学中的基础性作用。进入 20 世纪 30 年代，他开始和皮罗·斯拉法合作编辑 11 卷本的《大卫·李嘉图的著作和通信集》，对李嘉图在劳动价值论上的贡献和缺陷有了更加深刻的理解，在此基础上对马克思劳动价值论的科学性有了新的认识。

李嘉图认为对经济学的探讨，应该以收入分配问题为中心，这是实现社会稳定、公平、正义的核心所在。与亚当·斯密等经济学家不同的是，他主张从阶级对立的角度来研究分配问题，不仅扩大了经济学的研究范围，还使经济学带有了明显的社会性质。李嘉图正是在批判亚当·斯密价值论的过程中，发展了古典政治经济学的劳动价值论。他始终坚持商品的价值由劳动时间所决定，认为工资、利润和地租仅仅是产品价值的分割形式，相互之间存在此消彼长的关系。在资本主义社会里，商品的价值与所花费的生产劳动成正比这个原理依然有效。

---

① Maurice Dobb, *Political Economy and Capitalism*: *Some Essays in Economic Tradition*, London, Routledge and Sons, 1937, p. 29.

在对资本主义社会收入分配现象分析考察的过程中，李嘉图充分运用了抽象演绎分析的方法。将复杂的现实经济问题进行高度抽象，归结为几个变量之间的关系，通过演绎推理的方法，寻找各个变量之间相互对比、相互依存的关系。20 世纪 30 年代，多布坚持和发展了李嘉图和马克思的劳动价值论，充分展现了他试图用抽象演绎方法解决现实问题的理论特征，实现了对劳动价值理论内涵的丰富和发展。多布认为，经济学说史上的各种主观价值论，在形式上尽管也是在价值体系之外寻找价值决定因素，但最终却归结到了主观的心理欲望这一类因素。只有李嘉图和马克思将劳动作为"生产活动中的客观因素"，并且具有"实际的维度"①。

其次，古典政治经济学是资产阶级作为历史主体，在社会政治和经济思想领域的自我映现和观念确证。作为一个整体的社会转型过程，资本主义制度的形成与现代世界的兴起不仅是生产方式的变革和社会结构的转型，更是涉及思想理念的巨大变化。古典政治经济学是伴随着现代机器大工业模式的确立而逐步发展起来的，反映了资产阶级在意识形态方面的诉求。从 14 世纪开始，作为对资本主义生产关系萌芽以及资产阶级兴起的理论反映，宗教改革运动、社会契约论、思想启蒙运动、重商主义、重农主义等社会思潮先后涌现。诞生于 18 世纪后期的古典政治经济学，在继承和批判上述思想的基础上，为资本主义发展清理了经济理论和政治理论方面的思想障碍，建构起一系列全新的经济理论

① Maurice Dobb, *Political Economy and Capitalism: Some Essays in Economic Tradition*, London, Routledge and Sons, 1937, p. 12.

体系。

在经济上，"古典政治经济学已经创立了一种经济社会的概念，是一个独立自主的体系，受其自身规律制约……它的中心论点是：自由放任主义的基本原则"①。古典政治经济学中的自由主义思想，源于中世纪的经院哲学，但在 17 世纪发生了根本性的变化，逐渐演变为一种具有革命性的理论观念。以格劳秀斯、霍布斯、洛克等为代表的一批思想家，试图从人类本性出发推演出"自然法理论"，强调人的自由和财产的私有权。在 18 世纪这样一个理性的年代，自然法观念直接作用于资产阶级的革命实践，具有强烈的理论批判性，直接推动了法国大革命的爆发。因此，自然法理论真实地反映了资产阶级在上升时期的思想和利益要求，在个体的自然权利和社会的自然秩序两个层面都表现出革命性的特征，而这正是古典经济学家用来反抗封建主义、论证资本主义合理性的理论武器。它主张人与人之间的平等关系，不论性别、种族、宗教信仰、经济状况方面的差异性，任何一个公民都享有平等的权利。

亚当·斯密把充满利己主义精神的"经济人"作为分析社会问题的首要前提。他认为基于社会分工的交换活动是促成社会和谐的关键因素：每个人都试图利用自己的劳动或者财产实现个人利益的最大化，就不得不为了交换而生产；也就是说，客观上每个人亦在为了实现社会上所有其他成员的目的而生产；于是，同时满足自己与社会其他成员的个人利益成为可能。虽然资产者所考虑的不是社会利益，而是他们的自身利

---

① Maurice Dobb, *Political Economy and Capitalism：Some Essays in Economic Tradition*, London, Routledge and Sons, 1937, p. 41.

益，但这种自然秩序的最终结果必然会引导他们选择最有利于社会的用途。在经济自由放任主义的条件下，个人利益与社会利益体现了高度的一致性，因而斯密反对任何形式的政府干预。从斯密的基本立场出发，再经过社会政治领域边沁思想的中介，基于功利原则的自由主义成为工业资本主义时期的主流思潮。边沁主义被詹姆斯·穆勒、大卫·李嘉图进一步发展，形成了一种特殊的自由思想："财产、自由经营和市场的自由活动应保证世界上一切可能的最佳利益。"[1]

不难看出，这种功利主义的个人观根源于工业革命以来资本主义生产方式的飞速发展。在工业社会中，资产阶级日益成为经济社会的主导力量，技术手段的变革和世界市场的形成带来了巨大的利润。古典政治经济学家们逐渐意识到，人类主体与外部自然现象的逻辑对峙已经转型为人类主体与社会历史过程中客观力量的冲突。这只"看不见的手"是不以人的意志为转移的客观规律，是现代社会中人类主体受制于自己创造出来的客观经济力量这一深刻的主客体矛盾。[2] 资本主义现实经济运行方式以市场对资源的自动配置为基础，引导人们将社会资本按照最适合全社会利害关系的比例，分配到国内一切不同的用途，从而消除了个人利益与社会利益之间的矛盾。从伦理道德上讲，也使得个人对利益的追求正当化。正如多布所说，"当启蒙运动开始后，人类不再被虚幻的想象所奴役和蒙蔽，社会的理想秩序自然会出现，因为人本质上是理性的存在。亚当·斯密和边沁等作家进一步论证了这一点，即当个人完全是

---

① ［法］米歇尔·博德：《资本主义史》，96 页，北京，东方出版社，1986。

② 张一兵、周嘉昕：《资本主义理解史》第 1 卷，63 页，南京，江苏人民出版社，2009。

为追求私利而活动时，尽管可能并非是他本意想要达到的目的，这种‘看不见的手’指导下的经济活动往往使他比在出于本意下更有效地促进利益。这一观点的结果必然导致对自由秩序追求的最大化以及人从旧秩序的解放”①。

在政治上，“作为同时反对专制国家的独裁主义与地主贵族特权势力的一种批判，古典政治经济学在它的初期，起到了一种革命的作用”②。1688 年光荣革命之后，英国资产阶级在追求经济自由的同时，提出了政治自由的原则，要求取消特权，颁布宪法，实行平等。他们的目标是推翻封建君主专制制度，为资本主义发展清理障碍，从而建立以人类理性为主导的现代国家。从英法等国家的历史来看，古典政治经济学在政策层面推演出对国家经济发展模式的主张——自由放任主义政策，常常被执政者作为制定某些政策的依据。例如，英国首相兼财政大臣腓特烈·诺斯在编制 1777 年和 1778 年预算草案时，就是以《国富论》中有关税收的论述作为立案依据；1783 年上台的英国托利党领袖、年轻的首相威廉·皮特，在执政的最初几年完全贯彻了斯密的自由放任政策；一些法国的资产阶级学者认为，法国大革命所确立的法兰西原则根源于经济自由思想。时至今日，西方国家仍将自由主义看作是现代文明的基本原则，主张自由贸易和自由竞争，认为经济自由保证了个人利益与社会利益的结合，为生产力的永续发展创造了条件。

多布认为古典政治经济学家在政治上对旧秩序的对抗尤其体现在大

---

① Maurice Dobb, Marxism and the Social Sciences, *Monthly Review*, 2001(1).

② Maurice Dobb, *Political Economy and Capitalism: Some Essays in Economic Tradition*, London, Routledge and Sons, 1937, p. 45.

卫·李嘉图的分配理论中，即工业资产阶级与贵族地主阶级之间争夺社会纯收入的份额而展开的激烈竞争。在李嘉图的经济理论体系中，明确地指出了地租与利润之间的矛盾，以及地主与资本家之间的对立。他论证了贵族地主阶级的利益不仅和资产阶级的利益对立，而且和全社会的利益对立，从而把资产阶级和贵族地主阶级在《谷物法》等具体问题上的斗争提升到了理论高度，为资产阶级反对贵族地主阶级的斗争提供了理论武器。多布强调在李嘉图的传统中，除了劳动之外，生产上唯一一个积极的要素就是资本，因为它促进了技术和分工的进步。工资养活了工人和他们的后代，而利润则是"勤勉阶级"资本积累的源泉和刺激。地租则是从生产的果实中，攫取一部分来维持一个消极和不生产的阶级。"这个阶级只会提取利益，而没有做出任何生产贡献……只要它的势力支配着国家的议事机关，就会成为一种桎梏和障碍。"[1]因此，以李嘉图为代表的古典政治经济学家通过探讨全部产品在地租、工资和名义下，在土地所有者、劳动者以及资本所有者这三个社会阶级之间如何分配，论证了资产阶级是推动历史进步、创造社会财富的真正力量。

　　再次，尽管资产阶级在封建主义向资本主义过渡的历史进程中起到了进步作用，但一旦占据了统治地位，"资产阶级从谴责和限制特权转而为私有制辩护"[2]。当资本主义制度逐渐走向成熟，最终掌握了国家机器主导权之后，便积极地为资本主义的合理性、永恒性作价值辩护，为资产阶级政权提供合法性证明，力图彻底扫除封建残余势力，缓和资

---

[1]　Maurice Dobb, *Political Economy and Capitalism：Some Essays in Economic Tradition*, London, Routledge and Sons, 1937, p. 42.

[2]　Ibid., p. 45.

产阶级与无产阶级之间日益激化的矛盾。由于其鲜明的阶级局限性，不可能完成消除剥削、消灭阶级的历史使命。在古典政治经济学的理论框架中始终存在着一个根本的缺陷，即将资本主义的生产方式和其他经济范畴视为一种超历史观念，把资本主义生产方式看作自然的、永恒的，这种对社会历史发展的片面理解贯穿于每一位经济学家的理论当中。

多布正是在对古典政治经济学进行了剖析之后，深入到资本主义生产方式的内部，发现了隐藏在交换、流通等经济运行环节背后的阶级关系。他指出："古典政治经济学仅仅假定了资本家与劳动者之间的阶级关系而没有进行深入研究，只止于叙述这种阶级关系并把它包括在政治经济学条件之内而未进一步加以分析，把阶级的划分不是当作自然秩序的一部分，就是只当作在自由社会中分工所自然形成的一种形态，而不是作为特殊类型的历史产物。"[1]以斯密、李嘉图为代表的古典政治经济学家在探讨提高生产力和增加国民财富的研究中，发现了一定生产关系在财富增长中的关键性作用，在当时的历史条件下具有重要意义。但他们没有将人与人之间社会地位差异所决定的经济差别作为研究重点，而是始终停留在物与物之间的关系上，研究目的在于论证资本主义制度的合理性与永恒性。多布指出："在马克思看来，这仅仅是一个重要问题的开始。他对这个问题的解决，在于揭示了劳动与劳动力之间的关键性区别。"[2]正是基于对"劳动力"概念的考察，马克思确立了一种关于人在

---

[1] Maurice Dobb, *Political Economy and Capitalism*：*Some Essays in Economic Tradition*, London, Routledge and Sons, 1937, p. 46.

[2] ［英］莫里斯·多布：《苏联经济发展史》，52 页，北京，商务印书馆，1950。

生产中的相互关系、现实的人及其历史发展的科学分析。资本主义社会是一种复杂而发达的生产组织，不仅仅是人与自然的简单关系，更是特定的资本主义生产方式所构建出来的社会现实结构。古典政治经济学家所强调的物质财富生产无疑是社会存在和发展的基础，这是永恒的自然性。资本主义生产方式是一种对抗性的社会存在，其本质被歪曲的假象和颠倒的经济具象所遮蔽，抽离掉物与物之间发生关系的历史情境，任何经济范畴都失去了现实意义。

(二)传承与发展经验主义传统

自近代以来，英国学术研究始终散发着浓郁的经验主义气息，以历史事实为建构理论的依据，反对任何纯抽象的理论研究。在多布所生活的 20 世纪，注重对真实具体事件的观察，遵循科学的经验研究方法，这些品质仍然贯彻在他辩证理性的市场社会主义研究当中。多布作为一位学科跨度较大、知识涉猎广泛的政治经济学家和经济史学家，传承了这一良好的学术传统，同样没有忽略理论指导实践的重要性。他非常重视历史经验对当代资本主义社会历史的借鉴作用："首先，任何经济情势的预测都是对某些趋势的变化作某种假定，如果不依据过去的经验，未来的可能性是无从估计的；其次，任何理论所要回答的问题，是否有助于实践活动，必须要靠过去的事实同发展的形态去衡量。"[1]多布对经验主义的传承是在对世界历史的研究活动中展开的，《资本主义发展之

---

[1] Maurice Dobb, *Studies in the Development of Capitalism*, London, Routledge & Kegan Paul, 1972, p. 1.

研究》《苏联经济发展史》这两部著作充分展现了这一理论特征。他并不着重进行抽象的理论建构和从概念到概念的教条式演绎，甚至排斥理论体系的构建。在其学术著作中，总是不断地参照具体的历史经验叙述，从对历史事实的调查出发，通过具体的历史研究和分析，来丰富自身的学术思想。在对工业革命、资本主义和帝国主义形成和发展的分析当中，以历史哲学的思维与宽阔的眼光，始终关注特殊的历史经验与历史证据，用经验为理论的构建寻求依据，强调历史研究必须从历史事实出发而不是从抽象的原则出发。

一般来说，英国马克思主义的发展大致经历了三个历史阶段，即"早期向苏联学习形成的理性主义特征的马克思主义、中期的历史主义和 20 世纪下半叶的马克思主义"①，多布的学术生涯恰好开始于早期向中期的转换过程中。在斯大林主义盛行的年代，他始终坚持独立思考，反对苏联教条式的马克思主义，这与经验主义的思想传统是不可分割的。由于苏联共产党在国际共运组织中的独特地位，斯大林对马克思主义的教条式理解被西欧共产党奉为理论正统，将马克思主义凝固为可以脱离具体实证分析研究而独立存在的绝对真理。多布强烈反对这一思想倾向，形成了一套与英共领导层从斯大林主义全盘接受而来的教条主义迥然不同的马克思主义观，他在 1932 年写的题为《今日之马克思主义》的小册子中对历史唯物主义进行了相对系统的阐发。他强调，历史知识只有通过对历史经验的研究才能实现。也就是说，它不能在"直觉"或"先验逻辑"中获得，这并不是要退回到经验主义中去，而是为了反对愈

---

① 乔瑞金：《英国的新马克思主义》，4 页，北京，人民出版社，2013。

演愈烈的经济决定论。在他看来，当马克思主义者开始用唯物主义的术语解释历史时，并不打算把史实抽象地分为"物质"和"理想"两个部分，前者起着积极的作用，而后者只是在历史因果关系中扮演被动的角色。这样的历史观可能满足经济决定论者的要求，但对马克思主义者来说，这是"完全贫乏和不真实的"①。历史并不存在经济决定论所主张的铁的规律性，而是由现实社会关系中活动的现实的个人所创造的，历史唯物主义的方法论内涵只有在具体的历史研究中才能展示。多布经验主义的研究方法很大程度上体现在他对资本主义经济史与苏联社会主义经济史的研究当中，他强调无论是经济学家、历史学家还是社会学家都应该以历史的实践经验为起点，用经验证实和检验理论。

四、英国马克思主义历史学的总体理论环境

20世纪20年代，随着向左转的学术气候、经济危机以及法西斯主义的出现，在知识分子群体之中，产生了资本主义行将崩溃、社会主义的春天即将到来的看法。伟大的实践催生伟大的理论，伟大的理论又必须随着实践的不断变化而与时俱进。正是当时英国在社会、政治、经济、文化等领域发生的重要变化，英国马克思主义史学家们开始远离对古代、对早期资本主义和原始共产主义的研究，试图重新思考欧洲资本主义发展的历史与现实，丰富和发展传统的马克思主义史学。在这一过

---

① Maurice Dobb, *On Marxism Today*, London, Hogarth Press, 1932, pp. 14-20.

程中，由于历史学家们的关注点不尽相同，学术涉猎领域较为宽泛，诞生了众多有价值的思想和著作。如罗德尼·希尔顿主要分析中世纪史和农民斗争、多纳·托尔关注"人民"作为历史运动的主要动力、克里斯托弗·希尔着眼于英国革命史、埃里克·霍布斯鲍姆则注重对劳动和农民史的研究，等等。在这些研究工作中，人民创造历史、革命斗争的文化差异性、资本主义腐朽性、社会结构、社会主体等问题受到高度重视。这些工作表明，一个综合的、历史分析的马克思主义传统的基本原则，已经构建起来。[①]

英国马克思主义史学家向来注重历史研究的实践，多布也不例外。因此他的研究多从具体的历史事实的调查出发，将经济理论与历史背景相结合，以严密的史学论证作为其理论的支撑点。同时，多布认为基于史学的分析方法依赖于理论家所处的特殊的理论环境，从方法论的角度来看，如果历史学家忽视了理论的建设，那么历史的论证则缺少了科学性；同时，经济学家如果沉迷于从空洞的概念到概念的纯粹抽象，其论述不免就有了故弄玄虚之嫌。作为坚定的马克思主义者，多布认为马克思的唯物观不属于历史上任何一个流派的思想。虽然 20 世纪是新古典经济理论占主导地位的历史时代，但他认为马克思主义政治经济学才是真正总结了旧的历史、开启了新的研究路径。多布在著作中多次提到，马克思已经为我们提供了理解 20 世纪西方世界社会经济发展的重要方法。因此，多布的历史研究不仅促进了英国马克思主义史学的发展，同时英国马克思主义史学本身也为其提供了一个良好的理论环境支撑，使

---

① 乔瑞金：《英国的新马克思主义》，5 页，北京，人民出版社，2013。

他能够以理性作为研究活动和科学思维的基础，深入思考市场社会主义的未来发展走向，并尽可能地应用到社会实践和社会活动当中。

(一)人民阵线运动的时代契机

回顾历史，在英国的左翼阵营当中，英共并未长期占据核心地位，而最为高光时期则是人民阵线运动时期。英共成立于 1920 年，最初仅仅是由一部分具有共产主义信仰的激进分子所组成，在英国这样一个传统的资本主义国家中，英共在人数和影响力上是天然弱势的。1926 年英国工人阶级为反抗资产阶级的剥削和压迫，支持煤矿工人联合起来维护自身合法权益，举行了声势浩大的总罢工。英共积极参与了这次罢工，并积极指导工人阶级的斗争运动，从而提升了英共在政治领域的号召力。多布将这次罢工称为"自宪章运动以来英国工人历史上最伟大的事件"[1]。因为它提供了"一个典型的例子，工人阶级不是为了自己的利益而战，而是为了整个阶级的利益"[2]，工人们意识到他们的共同利益高度契合，只有团结一致才能向资产阶级政府证明自身的力量。

尽管工会运动初步提升了英共的影响力，但其真正意义上成为一类政治力量的核心是源于人民阵线的成立。20 世纪 30 年代中期德国法西斯主义在欧洲范围内迅速泛滥，改变了英共一直所秉承的"阶级对抗阶级"的政治立场，不仅广泛团结了英国国内的反法西斯力量，同时也使得国际上反法西斯运动的联合成为可能。当时许多青年学生，尤其是积

---

[1]　Timothy Shenk, *Maurice Dobb*, *Political Economist*, London, Palgrave Macmillan, 2013, p. 63.

[2]　Ibid., p. 63.

极参与人民阵线活动的一些激进知识分子，后来都成为共产主义历史学家小组的成员，由此可见其巨大的影响力和号召力，"他们成为共产主义者，很大程度上是因为这个运动在反法西斯主义的人民阵线中所起的突出作用"①。正是人民阵线所秉承的这种不分阶级、团结一致对外的共产主义精神，对英国马克思主义者产生了深远的影响，以至于每一代新左派的思想家都在为建立这种广泛而强大的联盟不断努力。

然而这种乐观情绪随着第二次世界大战的结束、冷战的开始迅速土崩瓦解。分裂的危机首先源于左翼阵营内部在意识形态方面的分歧，之前共同的敌人——法西斯主义已经被打倒，次要矛盾上升为了主要矛盾，由于立场不同而导致的冲突重新凸显出来；而冷战格局之下共产主义不断地受到激进势力的攻击，"工党和工会发起了旨在抵抗共产主义影响的运动"②。人民阵线运动时期暂时形成的打破阶级隔阂、空前统一的精神力量在政治现实面前不堪一击。历史学家们曾经幻想这样一个开放、自由的环境将在战后发挥更大的作用，有助于英国加快向社会主义转化的步伐。但对于多布等人而言，由于英国加入世界冷战格局，人民阵线已经走到了崩溃的边缘。其次，瓦解人民阵线的动力不仅来自外部，同时还要面临来自共产主义阵营内部的诘难，其中最大的限制来自标榜为"正统马克思主义"的斯大林教条主义。斯大林所倡导的高度集中的管理方式，体现在对别国共产主义政党的严格管控。英国共产党作为被领导者之一，不免受到这种大国沙文主义的影响和浸染。因此，英国

---

① ［美］丹尼斯·德沃金：《文化马克思主义在战后英国》，20页，北京，人民出版社，2008。

② 同上书，12页。

马克思主义历史学家群体一直处在奇特的矛盾状态，这点在多布身上表现得尤为明显。

一方面，直接受第三国际领导的英共传统构成了多布理论研究的一个重要维度，在他身上呈现出了英国左翼内部的宗派主义色彩。这种立场促使他袒护、回避苏联和斯大林主义的种种历史错误，选择性地遗忘了苏联在二战历史当中与德国缔约、瓜分波兰、武装入侵芬兰的事实。对苏联社会主义模式的推崇，使得多布格外强调国家对政治经济发展的干预，通过行政手段避免市场失灵，以提高资源的配置效率。他在《社会主义计划：一些问题》一书中集中讨论了中央计划中的投资率、技术手段等选择计划经济项目方式的问题。多布在政府与市场关系问题上的立场招致了新古典经济学的围攻，甚至被认为是斯大林模式的"卫道士"。1931 年他为英国广播公司（BBC）做了一次演讲，描述了最近的一次苏联之行，引起了上议院的强烈谴责。他们将多布称为"苏联政府的付费官员"，并指称他为"布尔什维克主人"宣传。尽管多布对这种批评提出了强烈抗议，但也从侧面证明了带有人民阵线记忆的历史学家，有时过度夸张地提升了斯大林主义在国家管理中的地位和作用。

另一方面，多布所认同的并不是苏联所谓"正统的马克思主义"，而是"相对开放的历史唯物主义观念"。如同当年英国许多从事马克思主义研究的学者一样，多布注重马克思主义思想中的理论与实践的结合，主张开放包容的研究方式，极力避免学术上的自我封闭意识。虽然在每一个场合，多布都坚定地为苏联和斯大林作辩护，但其逐渐意识到宗派主义和教条主义已经成为阻碍英共前进的障碍。他认为英国共产党员要摆脱苏联"父亲式的束缚",即斯大林的个人崇拜主义,开始重新思考并把党推向新的未来。当时负责英共意识形态管理的帕尔姆·杜特认为,"党内的知识分子要忘记他们原本的面貌,然后扮演好共产主义者的角色"①。知识分子与共产主义者的身份无法共存,反映了斯大林教条主义模式在英国共产党内的负面影响,"要么是正统,要么什么都不是"成为判断一名党员是否合格的唯一标准。多布对这种武断的判定标准表达了强烈的不满,他认为政治信仰与学术研究是可以共存的,二者应当是相得益彰、相互促进的关系。"马克思主义是一个开放的体系,随着时代的进步、实践的推进而不断地丰富,绝不能将它看作是一种教条主义的哲学。"②但这与当时英共的政治路线严重不符,多布被党内的领导人描述为"资产阶级的辩护者、被误导的实用主义者、庸俗的康德主义者——除了马克思主义者以外什么都不是"③。

总的来说,以多布为代表的历史学家身上带有两种分裂的角色:既是忠诚的共产党员,遵循苏联对马克思主义的基本解读,秉承着资本主义必将被社会主义所替代的坚定信念;同时又试图挣脱教条主义的束缚,以学术自由为原则探讨经济基础、上层建筑、意识形态等一系列概念范畴,是对新的历史形势下如何应用历史唯物主义的持续发问。但在这一挣扎的过程中,"他们的思想有时被基础/上层建筑关系的还原论理解所限。但是他们重视历史过程的极度复杂性,并认识到在运用马克思

---

① Timothy Shenk, *Maurice Dobb*, *Political Economist*, London, Palgrave Macmillan, 2013, p. 69.

② Ibid., p. 71.

③ Ibid., p. 72.

主义范畴时产生的许多困难"①，不仅人民阵线组织形式不复存在，为历史学家所推崇的精神气质也已丧失，英国共产党对左翼的团结与领导能力大幅下降。

(二)共产主义历史学家小组的政治功用

冷战时期，曾经与左翼知识分子及其他进步团体共同团结于人民阵线阵营中的英国共产党陷入了日遭孤立的困境。而正是在这样四处遭受排斥的背景下，共产主义历史学家小组建立起来，直面冷战所带来的巨变和挑战。在这个小组中，那些最积极的成员都曾经亲身参与人民阵线运动，其最重要的目的是在继续保有人民阵线的传统的同时，克服冷战带来的艰苦和逆境。共产主义历史学家小组的产生虽然是迫于冷战的巨大压力，但是也标志着人民阵线精神的顽强存续和胜利。它组建的起因是为了集体阅读和讨论 A. L. 莫顿的著作《英国人民史》的修订版，这本书的贡献在于总结了大量的历史事件，并在整个英国社会史上阐明各种结构组织，这一切都是在马克思主义的理论框架内进行的。

共产主义历史学家小组的成员包括了一大批 20 世纪著名的英国历史学家：莫里斯·多布、克里斯托弗·希尔、罗德尼·哈里森、罗德尼·希尔顿、埃里克·霍布斯鲍姆、维克托·基尔南、约翰·莫里斯、乔治·鲁德、拉斐尔·塞缪尔、乔治·汤姆森、约翰·萨维尔、E. P. 汤普森和多纳·托尔等。这个时期很多西方马克思主义者都将研究重点

---

① ［美］丹尼斯·德沃金：《文化马克思主义在战后英国》，14—15 页，北京，人民出版社，2008。

转向了历史学，事实上，这种对历史的回溯确实是有必要的。19世纪30年代，资本主义世界爆发了第一次经济大危机，苏联工业化和经济发展成就瞩目全球，法西斯主义逐渐兴起，正是在这样的政治经济背景下，共产主义历史学家小组基本形成了极具马克思主义特色的理论形态和政治观点。历史学家们亲身经历了自由放任的资本主义意识形态理论的崩溃，苏联的马克思主义迅速兴起，资本主义走向垄断和霸权阶段，随着金融监管和失业现象的盛行，凯恩斯国家福利政策受到普遍欢迎。

在共产主义历史学家小组成立早期，历史学家们非常渴望与非马克思主义者之间进行平等和开放的对话，试图与有着共同兴趣和立场的非马克思主义者建立沟通的桥梁。1952年创办的社会历史杂志《过去和现在》，被认为是历史学家们努力建立沟通桥梁的成功典范，"我们试图在战后继续或者复兴广泛团结的政治，这种政治是我们在战前反法西斯主义时期得到的"①。杂志编委会在与共产党和共产主义历史学家小组的合作中有一点是非常明确的，始终坚持学术的独立性和自由性，绝不受英共等政治权威的领导和影响。但在私下的生活里，杂志编委会的大部分成员都与历史学家们保持着亲密的个人友谊。《过去与现在》创办的目的是广泛传播社会历史知识，因此政治话题必然不是杂志的主旋律，马克思主义者与非马克思主义者之间内容丰富而极具学术价值的交流对话是杂志的根本所在，这种以社会历史研究为重点的传统也为共产主义历史学家小组所沿袭。

---

① ［英］克里斯托弗·希尔、罗德尼·希尔顿、埃里克·霍布斯鲍姆：《过去和现在：起因和早年》，载《过去和现在》，第100期，pp.4-5.

虽然《过去与现在》杂志编委会的大部分成员都是公开的马克思主义者，如莫里斯·多布、克里斯托弗·希尔、罗德尼·希尔顿、约翰·莫里斯以及埃里克·霍布斯鲍姆，但小组从建立之初就有意识地丰富杂志内容，从一开始就试图涵盖所有的历史。每一位撰稿人都有着不同的学术背景、不同的学术观点。因此，编辑委员会对撰稿人的意见不承担责任，也不谋求将自己的意见强加于他们。即使在某些观点上达成一致，也不能忽视那些分歧者的贡献。

这个杂志首先是由约翰·莫里斯提议创办的，起初被命名为《马克思主义历史研究期刊》。然而其他的历史学家强烈反对这个名称，认为它会扩大马克思主义者和非马克思主义者之间的裂痕。他们坚持认为创办杂志的基本前提是将政治影响排除在外，进行纯社会历史研究方面的交流和讨论。因此历史学家们宣称真正的敌人并不是全部非马克思主义者，而是"少数立场坚定的历史学（和政治学的）保守主义者，并不是指反共产主义的社会主义运动参与者"①。受马克·布洛赫的鼓舞，杂志编委会展示了他们在历史研究方面与激进历史主义者和政治保守派的区别，不是依赖于空想理论和逻辑推演，而是着重于历史事实和真实社会情况。作为非正统的历史学家，他们力图确保杂志的专业性。然而最重要的是，他们希望杂志所表达的观点和理论能够服务于社会，达到改变世界的目的。编委会力图继续共产主义历史学家小组关于马克思历史解释的讨论，扩大历史研究的范围。在他们的作品中，历史学家们展现出

---

① ［英］克里斯托弗·希尔、罗德尼·希尔顿、埃里克·霍布斯鲍姆：《过去和现在：起因和早年》，载《过去和现在》，第 100 期，pp. 4-5.

对未来马克思主义历史理论发展的强烈关注，这种提升只有在开放式的和非教条式的对话中才能实现。而且，仅仅理论的提出是远远不够的，必须依靠"生产历史"。辩证地来看，马克思主义恢复了被隐藏和掩盖的历史本质，而历史事实的进程又会反过来发展和深化理论本身。

正如希尔、希尔顿和霍布斯鲍姆所说，共产主义历史学家小组的成员（大多数人自 20 世纪 30 年代末就彼此认识）"拥有相似的历史背景，同样的政治信仰和对历史的激情，经常性的讨论增强了相互之间的了解"①。一部分马克思主义者曾经试图孤立这个小组，然而，这种孤立却反而增强了小组的内在凝聚力，共同对抗外部力量。在政治上，小组成员都来自英国共产党。霍布斯鲍姆后来回忆道，"共产党成员将他们自己与'异端者'划开严格的界限，无党派马克思主义者的作品在小组基本没有产生影响"②。此外，最初为了深化发展对历史和社会理论马克思主义式的理解，小组规定了一系列议题来实现这一目的。这些议题的提出不仅为主流的历史观和社会分析提供了一种新的视角，而且对历史的发展提出了新的问题。在探寻新问题答案的过程中，历史个体的深层作用被挖掘出来，在历史自身总体性存在的高度上，建构起人与客观世界的关系。

霍布斯鲍姆曾指出，共产主义历史学家小组在早期确实存在一定程度上的宗派主义作风，类似于布尔什维克官员那种严峻和教条的风格。但他们始终不承认共产党的政治立场对于历史学家的中立性、客观性有

---

① Timothy Shenk, *Maurice Dobb*: *Political Economist*, London, Palgrave Macmillan Press, 2013, p. 170.

② Ibid., p. 156.

所影响，相反，他们都认为自己是布尔什维克主义历史学家。例如，在编辑《绝对主义和英国革命》的过程中，霍布斯鲍姆描述了小组共同的政治态度，"所有的共产党员都是忠诚、具有革命精神的，作为党员，信仰马克思主义是重要的标志，对马克思主义的批判就是对共产党的批判"①。

尽管他们坚定的共产主义态度并不受到大部分人的欢迎和接受，但需要说明的是，共产主义历史学家小组成员的学术水平和专业态度并没有受到政治信仰的影响。尽管初期小组对深化和发展马克思主义理论带有教条主义的成色，然而作为杰出的历史学家，在学术研究上他们竭力保持严肃性和独立性。在共产主义历史学家小组的存续期间，每一次论述和争辩都具有相当的价值，这种非教条式的学术交流对于历史研究非常重要。

共产主义历史学家小组之所以能够避免政治上的教条主义，一个重要的原因就是英国历史基本没有"党的路线"，而且苏联对英国共产主义历史学家小组也所知甚少。此外，小组研究的主要焦点在于批判非马克思主义历史和主流历史学的保守性。这种对研究目的的界定不仅扩大了历史学家的视野，而且与英国共产党保持了某种程度的一致性。1956年之前的共产主义历史学家小组毫无疑问充满了忠诚和战斗性，正因如此共产党格外支持他们的工作。该组织深化和发展马克思主义理论的能力进一步得到了"某种老式现实主义"的促进，这种"老式现实主义"是英

---

① Timothy Shenk, *Maurice Dobb：Political Economist*, London, Palgrave Macmillan Press, 2013, p. 168.

国共产党的特征，允许对正统马克思主义学说进行某些批评和修改。可以说，正统的马克思主义往往是模棱两可的，在体系上需要进一步的诠释和补充。马克思并没有明确表示过"历史理论"的概念，而是散落分布在他与恩格斯的大量著作中，这尤其为历史学家在解释历史时提供了广阔的发挥空间。在这个过程中，他们逐步修正了正统马克思主义的解释，这意味着共产主义历史学家小组的观点对正统马克思主义者关于历史唯物主义的观点提出了巨大挑战。

(三)1956年危机的历史影响

1956年，东方社会主义世界发生了重要的历史变革：苏共二十大召开，赫鲁晓夫在会上抛出"秘密报告"，不仅使苏联社会受到了巨大的冲击，引起人们思想上的极大混乱，而且在社会主义阵营和国际共产主义运动中产生了强烈反响。社会主义国家除南斯拉夫表示支持之外，其他国家均处于疑虑、震惊和茫然的状态。同年年底，"波兹南事件"爆发，苏联武装入侵匈牙利。这两个重要的历史事件标志着战后国际格局演变的开始。对于英国共产党来说，1956年是建党以来的最危急时刻，同时也是英国新马克思主义诞生的"元年"。

赫鲁晓夫对斯大林问题的揭露使各国共产党在政治信仰上产生了自我怀疑，曾经他们心目中"神"的真实面目原来如此狰狞不堪，苏联模式下的政治制度和经济制度是否值得推广和借鉴也打上了沉重的问号。在英国共产党内，"秘密报告"以及苏联入侵匈牙利的政治事件引发了党内的激烈争论。英共领导人极力压制对苏联二十大所揭露问题的讨论，试图继续维护斯大林的神圣形象，并倡导此时工人阶级应该团结起来，无条件地信仰共产主义。英共意识形态领导者帕尔默·杜特在 1956 年 5 月的《劳工月刊》中，以"大辩论"为标题写道：

> 这场伟大辩论的主题是什么？不应该是关于斯大林的。任何太阳上都应该有斑点，这只会使一个太阳神崇拜者感到惊吓。想象一下，一场伟大的革命将会在没有任何艰难困苦、反对意见、不公正的情况下发生，这仅仅是一种美好的错觉，只适合于生存在仙境的象牙塔居民，他们仍然需要了解到这一点，人类社会前进的荆棘之路，不仅需要无与伦比的英雄主义，而且伴随着泪水和鲜血。①

英共党内的部分知识分子对杜特的言论表达了强烈的不满情绪，他们认为苏联的所作所为与共产主义理想相去甚远，许多人民阵线时期入党的人再也无法接受莫斯科强加的独裁主义。共产主义历史学家小组要求实事求是地讨论斯大林问题，以免英共重蹈覆辙。他们在《新政治家与论坛》等刊物上发表一系列文章，对党内领导层提出了公开的批评。1956 年苏联武装入侵匈牙利，英共立即发表声明表示支持，这更加激化了领导层与历史学家们的矛盾，流失了将近四分之一的党员。在赫鲁晓夫的演讲被公开之后，多布在《工人日报》上撰文指出，如果知识分子在这时离开了共产党，那么英国共产党最需要的改革倡导者的地位将会被剥夺，但这一言论并没有引起重视。离开共产党的很多人都是多布最亲

---

① John Saville，The Twentieth Congress and the British Communist Party，*Socialist Register*，1976，p. 5.

密的战友，如克里斯托·福山、汤普森夫妇、希尔、塞缪尔、希尔顿、维克托·基尔南等人。以历史学家为代表的大批知识分子的离开，逐步使英共领导层意识到了英共所面临的危机。但这种代价却是惨重的，英共再也没有力量在政治领域发出自己的声音，共产主义的政治诉求也渐行渐远。

同一些年轻的党员学者不同，多布并没有选择退出英国共产党，他同霍布斯鲍姆、莫顿仍然保持着共产党员的身份，但他们同样认为自身也是斯大林主义的受害者。正如霍布斯鲍姆所说，1956 年"英国共产党员集体处于一个政治和精神崩溃的边缘"①。虽然多布继续留在党内，但同大多数离开党的知识分子一样失去了政治认同感和归属感，成为英共的同情者。在这段艰难的时期，多布写了一本《社会主义的内在危险》的笔记，其中有一些关于他的思想线索。他写道，1949 年中国革命标志着社会主义历史的一个转折点。直到现在，对于社会主义的首要威胁源于一种保守主义的倾向，即"大事化小"的做事风格，而不是采取快速有力的行动，尤其是在苏联表现得很明显。随着中国加入共产主义国家行列，社会主义已经成为"一个世界体系。一种被占世界三分之一人口的国家所接受的意识形态，已经不再需要 1916 年列宁和他的支持者所采取的策略。党员们应该自由地辩论而不是害怕它会削弱我们的党组织，或者让我们在关键的时候抓不住革命的主动性"，"我们可以更加像他们的政党——传统的民主政党——'更加地面向外界'，更少的秘密性，更加准备好承认一些错误而不担心给敌人提供口实"。强有力的、

---

① Timothy Shenk，*Maurice Dobb*：*Political Economist*，London，Palgrave Macmillan Press，2013，p. 159.

坦诚的交流对话将是整治党内最大威胁——"宗派主义和教条主义"的最好措施。①

小　结

多布辩证理性市场社会主义思想的建构并不是偶然，而是有着深刻的社会历史背景和多重理论渊源。他以前人的思想成果为理论基础，现实运动的推进又为其思想形成创造了介质，通过理性分析和深入思考建构起了独具特色的辩证理性市场社会主义思想体系。马克思主义、苏联社会主义理论、近代经济学传统、英国马克思主义史学，它们共同构成了多布辩证理性市场社会主义思想的理论资源。

首先，马克思主义是多布辩证理性市场社会主义思想的理论内核。他始终坚持历史唯物主义和辩证唯物主义的世界观和方法论，以生产方式为核心考察社会发展，注重对社会经济关系、阶级结构的分析。在社会经济运行上，多布继承和丰富了马克思主义商品经济理论，明确提出社会主义要以生产资料公有制为基础，肯定市场机制对于国民经济发展的重要作用，需要充分发挥价值规律在经济运行中的作用。为了避免资本主义下的无序竞争，社会主义国家要加强对社会资源的宏观调控能力。同时，多布指出资本主义生产方式的基本矛盾会导致周期性的经济

---

① Timothy Shenk，*Maurice Dobb：Political Economist*，London，Palgrave Macmillan Press，2013，pp. 159-161.

危机，坚信社会主义比资本主义更具有优越性，资本主义必然被社会主义所取代。

其次，苏联社会主义建设的经验和教训是多布辩证理性市场社会主义思想的理论基点。俄国的建立意味着社会主义理论由理想变为现实，其经济运行模式深刻影响了多布的理论观点。苏联工业化的成就加深了多布对经济计划的认可，而苏联后期的改革实践则促使他走向集权与分权的结合。在对苏联经济发展的研究中多布逐渐接受了计划与市场作为分析生产的重要维度，更加清晰地认识到国家治理对经济发展的重要作用。

再次，近代经济学传统是多布辩证理性市场社会主义思想的理论源泉。在多布的学术理论发展中，古典政治经济学和经验主义扮演了重要角色。其中，古典政治经济学对多布的学术研究起到了先导性作用，社会结构、经济关系等范畴影响了多布思想的发展，加深了他对马克思主义的认识；经验主义则促使多布注重对真实而具体事件的观察，遵循科学的经验研究方法，反对社会科学发展的数字化、模型化倾向。

最后，英国马克思主义史学是多布辩证理性市场社会主义思想的理论支撑。英国马克思主义史学家以历史唯物主义为指导，秉承"从下到上"的历史观。在英国马克思主义史学的影响下，多布注重吸收、学习其中的理论成果，将经济理论与历史背景相结合，以严密的史学论证作为其理论的支撑点。

多布以上述理论资源为基础，考察现代世界的市场社会主义发展，以马克思主义为理论内核，借鉴苏联社会主义发展经验，秉承近代经济学的研究传统，内化英国马克思主义史学的合理因素，形成了一种独具特色的辩证理性市场社会主义思想。

第二章 | **莫里斯·多布辩证理性**
市场社会主义思想的逻辑起点

众所周知，资本主义制度与社会主义制度的比较在历史进程中早已出现。早期的空想社会主义者如傅立叶、欧文，在资本主义产生初期，就抱着深切同情无产者的态度，深刻分析了资本主义制度日益加深而又不可克服的矛盾，揭露了资本家的腐败、贪婪和残暴，代表无产阶级和广大劳动人民诉说了遭受剥削和奴役的重重苦难。由于历史和时代的局限性，空想社会主义者更加倾向于从道德和人性上对资本主义制度进行批判，其哲学思想大多是唯心主义或旧唯物主义性质。到了20世纪初期，对社会主义和资本主义两种社会制度进行比较研究成为理论界一个新的课题，如1902年意大利经济学家帕累托和他的学生巴罗内在《社会主义体系》一书中对资本主义和社会主义的生产制度和分配制度进行了对比。直至 1917 年俄国十月革命的胜利，列宁领导下的布尔什维克建立了历史上第一个社会主义国家政权，社会主义从理论走向了现实。斯大林领导下的苏联建立起了高度集中的政治经济制度，短时期内取得了举世瞩目的建设成就，这与西方以自由主义为特征的经济制度形成了鲜明对比。1921 年奥地利经济学家冯·米塞斯发表《社会主义制度下的经济计算》一文，学术界普遍开始重视资本主义制度与社会主义制度之间的对比研究。第二次世界大战后，美苏两大阵营在世界范围内的对抗与竞争为两种制度的比较提供了现实素材，一些亚非拉国家在取得了民族独立运动之后，开始逐步探索适合本国发展的道路与模式。从理论界的研究对象、研究方法、研究阶段来看，社会主义对资本主义的替代是一个必然的历史趋势，两种社会制度将长期处于比较、共存和演化的阶段之中。直至今日，经济全球化在极大推动各国文化、经济交流的同时，也历史性地为人们更加深入思考不同社会制度的孰优孰劣提供了平台。

关于社会主义制度与资本主义制度之间的关系，本质上是相互区别又相互联系的，正确认识两种制度的辩证关系是进行比较的理论前提。早期传统社会主义者对资本主义的态度主要是批判与否定，带有强烈的意识形态色彩，采用"主义"的分类法进行比较研究，二者只有对立没有联系。后期学者们开始对经济运行机制和运行体制进行区分，特别是对资本主义经济体制和社会主义经济体制的不同模式开展了深入研究。社会主义国家在经济转轨的过程中，在多种市场体制模式中如何进行选择，这是一个需要解决的重要理论问题。

因此，多布辩证理性的市场社会主义思想是在历史唯物主义的指导下，以资本主义制度整体发展为理论视角，对资本主义社会关系整体结构进行深入剖析，科学说明了资本主义经济关系的历史暂时性，揭示了资本主义私有制的历史命运。在分析了资本主义经济运行的历史事实、基本矛盾、发展趋势之后，多布以苏联社会主义的经济现实为理论论域，论述了社会主义与资本主义之间具有决定性意义的差别及其目标指向，揭示了社会主义的特点和运动规律，是对科学社会主义的继承和发展。在理论模式设计和建构的基础上，多布考察了苏联和东欧国家市场社会主义的改革与实践，为市场社会主义者所争论的原初问题，如消除剥削、限制财富分配不均、经济运行的组织方式等提供了新的认识视角和思路。

一、以科学社会主义为市场社会主义的基本原则

作为一种科学理论体系的社会主义概念，是由马克思和恩格斯两位伟大的思想家所共同创立的。他们以历史唯物主义为理论基础，深入考察了人类社会发展的历程，并以资本主义社会为研究对象，在揭露其矛盾运动的同时预测了未来社会的基本走向，实现了社会主义从空想到科学的伟大转变。马克思和恩格斯一方面通过理论研究和实践经验对未来社会作出预测，坚决地否定不可知论，认为人类社会发展必然有着自身的客观规律。他们试图从运动着的经济形式中寻找能够消除资本主义不合理因素、实现人类美好生活的社会制度，将揭示社会主义运动的实质和一般规律作为科学社会主义的理论目标。另一方面，以唯物史观为基

本的研究视角，使他们能够摆脱空想社会主义者从人类理性和公平正义等伦理道德观念出发去定义理想社会主义的倾向。因此，在对未来社会发展做预测时，马克思和恩格斯的态度既是积极的，又是谨慎的。既承认人类社会是一个有规律可循的客观存在，又不盲目地对未来社会进行详细预测。同时，马克思和恩格斯的理论预测必然不是完美的，其基本原则是建立在对资本主义社会批判之上，通过抽象思维概括出社会主义社会最一般的特征，并不具有直接的现实性。从世界社会主义运动的发展历史来看，社会主义国家的具体实践以科学社会主义原则为思想指导，在实践中不断检验理论的科学性，并加以丰富和发展。

经过近百年的探索和实践，社会主义理论获得了巨大的发展，完成了从反市场向亲市场的转变，市场社会主义理论内涵得到了极大丰富。当然，这一过程并不是一蹴而就的，而是经历了政治经济实践中的各种挫折和磨难，甚至一些社会主义国家曾遭受沉重的打击，付出惨痛的代价。理论是时代的先导，从市场社会主义理论的演变中，可以反映出市场与社会主义这个矛盾统一体中，二者是此消彼长的关系。不同时代的经济学家提出了形式各异的经济模式，有的提倡平等与效率，有的关注劳动者利益，有的则强调企业自主权。尽管这些模式设计者的侧重点不同，但都在深刻批判资本主义社会种种弊端的基础上，试图寻找一种能够替代资本主义制度的方案，建立一个可行、有效的社会主义体系。

在多布看来，市场社会主义是一个复合概念，它具有双重质的规定：一重就在于它是社会主义的，另一重则在于对市场作用的重视。对比这两重规定，显然社会主义性质处于根本性的决定地位。正是因为坚持了科学社会主义的基本原则，市场社会主义才是一个社会主义的理论体系，区别于其他性质的理论体系。因此，对于市场社会主义的理论建构，必须从科学社会主义的基本原则出发赋予其新的内容。多布始终坚持马克思与恩格斯所提出的社会主义基本原则，以资本主义国家和社会主义国家的现实发展为理论依据，在科学社会主义的总框架内论述它们在当代世界的具体展现形式，并在这个过程中逐步扩大社会主义基本原则的作用范围，朝向马克思与恩格斯所构建的理想社会形态迈进。

（一）高度发达的生产力是社会主义的首要动力

多布认为，高度发达的生产力是实现社会主义的基本前提。科学社会主义与空想社会主义的最大区别是不空谈社会主义"应该是什么样子"，而是聚焦于社会主义的物质前提。马克思和恩格斯通过对资本主义社会经济发展状况和阶级关系的研究，发现以机器大工业为基础的社会化大生产与生产资料私人占有之间存在着根本矛盾，表现为资本家占有全部生产资料，劳动者除了自身劳动力以外一无所有。随着生产社会化程度的日益提高，这个矛盾不仅不会缓解，反而愈加激烈，当资本主义的生产关系不再能容纳社会化生产力的时候，那么私有制的丧钟就要敲响了。在这种情况下，马克思和恩格斯认为只有消灭资本主义私有制，建立起能够使劳动者在全社会范围内实现与生产资料结合的社会所有制，在此基础上社会对生产过程实行直接的有计划的调节，才能使社会主义从空想变为科学。从资本主义经济发展实践来看，运用计划手段调节生产、干预经济运行已经成为各个国家的必要举措，这说明马克思主义理论对于资本主义经济运行同样具有重要的指导意义。

多布强调，对于马克思主义的研究一定要明确反对教条化和庸俗化立场。通过对苏联计划经济和第三世界经济发展的考察，多布认识到经济发展模式必然受到具体的社会历史条件制约，理论建构要让位于对现实问题的关怀。[①] 科学社会主义是一种指导原则，在实际的经济建设过程中，需要根据各国具体实际进行大胆创新。马克思、恩格斯对未来社会的设想是建立在生产力高度发达、物质财富极其丰裕的基础之上的。但苏联等社会主义国家建立了生产资料国有制，劳动者没有直接掌握生产资料，这与他们的设想并不完全一致，根本原因在于生产力水平的不发达。传统社会主义模式强调社会所有制结构升级，必须以生产力高度发展为前提，脱离现实生产力状况，只谈生产关系的更新换代，仍是一种空想的社会主义。

正是基于马克思生产力决定生产关系、经济基础决定上层建筑的基本原理，多布认识到经济文化比较落后的国家走社会主义道路是有条件的。作为成长于英国的经济学家，多布肯定了缘起于英国的工业革命对资本主义社会生产力的提高作用。社会主义作为比资本主义更加优越的社会制度，基本目标是消除经济贫困、满足人民日益增长的物质文化需要，谋求社会成员的经济自由、经济平等。那么，社会主义同样应该重视技术和工业的革新，将科学技术革命作为巩固物质基础的重要条件。

多布认为，工业革命所带来的机器化生产方式是对传统生产方式的重要突破，工业革命的完成对人类社会发展产生了深远的影响。从技术条件上看，以机器大工业发展为标志的资本主义生产方式获得了巨大发

---

① Maurice Dobb, *Theories of Value and Distribution since Adam Smith*, Cambridge, Cambridge University Press, 1973, p. 36.

展，整个自然界成为生产对象。科学与理性在生产过程中发挥了主导性和决定性的作用，为之后的新科技革命奠定了良好的基础。回顾人类历史的发展，多布肯定了工业革命催生下的资本主义具有历史进步性。在资本主义出现之前的几百年时间里，欧洲大陆普遍盛行以土地为基础的自然经济生产方式。在这种人依附于自然界的历史条件下，生产活动受到空间和时间的限制，人只能局部地、非对象性地改造客观世界，生产力水平难以快速提高。随着市场和商业贸易的扩大化以及城市的兴起，在简单的工场手工业基础上发展起来的、摆脱土地局限的资本主义生产方式开始出现。在工业革命中，以机器生产和机械化为主导的工业创立了社会劳动分工基础之上的经济体系，人类生活的时空界限被彻底打破，旧时代人与人之间牢固的宗法式依附关系也最终被解构。"工业革命引领了人类第一次机器革命——我们的社会发展第一次主要由技术创新驱动，这一次机器革命堪称是我们整个世界最深刻的社会大转折。"[①]因此多布强调，尽管资本主义内部存在着难以克服的矛盾，但不可否认在与封建主义对抗的历史进程中，其仍然扮演着进步角色。

因此，多布认为尽管资本主义与社会主义是两种不尽相同的经济范畴，但仍然可以借鉴资本主义发展中的经验和教训，汲取其中积极合理的因素。社会主义制度的建立和巩固，必须以生产力的解放和发展为前提条件，社会主义的改革和实践同样需要建筑在高度发展的物质基础之上。相较于自由资本主义，在社会主义条件下，社会生产和社会需求紧

---

① ［美］埃里克·布莱恩约弗森、安德鲁·麦卡菲：《第二次机器革命》，9 页，北京，中信出版社，2014。

密结合在一起，可以减少资源的闲置和浪费，利用最少的社会资源生产出更多的社会产品，达到提高社会经济效益和劳动生产率的目标。社会主义能够更加广泛地调动社会力量参加经济建设，促进生产专业化、协作化的发展和劳动组织的改善。科学技术具有更加合适的生长土壤，新机器和新技术可以得到更加广泛的合理利用，发展前景更为广阔。社会主义与科学技术的结合，能够更好地推动经济发展，促使人们更有效地利用生产资料，从而提高利用和改造自然的能力。

(二)生产资料公有制是社会主义的基本特征

社会主义与资本主义的本质区别是什么？这始终是社会主义理论与实践发展中的一个核心话题，这里首先涉及的问题就是生产资料公有制在社会主义经济制度中的地位问题。透过现象看本质的思维方法，贯穿于马克思主义理论体系的始终。在《哥达纲领批判》中，马克思指出对资本主义的研究不应该只停留在流通、消费领域，在生产和分配关系中起决定性作用的是生产资料所有制。资本主义生产关系的基础是生产资料资本主义私有制，"资产阶级生存和统治的根本条件，是财富在私人手里的积累，是资本的形成和增殖；资本的条件是雇佣劳动"①。马克思将生产资料所有制从一般性的财产关系中抽离出来，将其作为整个社会生产关系和经济关系的基础，从根本上对社会主义和资本主义作了区分。社会主义所有制力图实现全部社会劳动者与生产资料的结合，每一个社会成员之间都是平等关系，从而避免了资本主义制度下严酷的阶级

---

① 《马克思恩格斯文集》第 2 卷，43 页，北京，人民出版社，2009。

对抗。显然，社会主义作为一种独立的社会制度，必须具有区别于其他社会制度的所有制形式，即建立在生产社会化基础上的生产资料公有制。

市场社会主义作为流行于欧美发达资本主义国家的一种社会思潮，其目标导向仍然是试图为资本主义过渡到社会主义寻找解决方案。但具体分析来看，当代市场社会主义的诸多模式实质上是建立在资本主义的现实经济环境和私有制之上的，并没有将生产资料公有制作为实现社会主义价值目标的根本保障。罗默直言不讳地表明了自己的态度："公有制是否如社会主义运动中一直认为的那样，是一种政治—经济制度中实现社会主义者需要的东西所必不可少的。我的答案是否定的。"[①]阿贝尔同样认为，"受制于平等的人类自由得以充分的实现，才是社会主义的本质，不是通常所认为的生产资料社会所有制"[②]。因此，当代社会主义倡导者主张淡化公有制的必要性和主体地位，试图通过产权形式的调整实现社会的公平正义。从马克思主义基本原理来看，这种想法显然是不现实的，充满了空想色彩。离开生产所有制基础，只在产权分配、产权交易环节做文章，幻想着资本家将利润按照社会分红的方式平均分配给全体公民，这在以资本逻辑为特征的资本主义国家更加难以实施。

将资本主义作为典型的社会形态进行"人体解剖"，正是多布从历史反观现实、从现实透视历史的研究工具。在他看来，"马克思把生产方式作为主要的决定因素时，并没有像一些评论家所假定的那样，对社会

---

① ［美］约翰·罗默：《社会主义的未来》，5—6 页，重庆，重庆出版社，1997。

② ［英］索尔·埃斯特林、尤里安·勒·格兰德编：《市场社会主义》，87 页，北京，经济日报出版社，1993。

发展仅仅提供简单的技术解释。历史发展不仅是生产力的普遍关系，而且是阶级之间尖锐对立的形式，导致了旧生产方式的瓦解和最终向新社会形态的过渡"①。资本主义社会，从一开始就不仅仅是技术进步的代名词，而是一种复杂而发达的生产组织，由特定的资本主义生产方式所构建出来的社会现实结构。资本主义以建筑在私有制基础上的自由竞争市场经济为根本特征，存在着自身难以克服的严重弊端和矛盾，生产资料私有制与社会化大生产之间的矛盾直接导致了剥削、压迫和收入的两极分化。多布认为资本主义社会中人与人之间的差别不在于社会分工，更重要的是生产关系中相对地位的高低划分，这意味着"人"不是独立的抽象个体，而总是隶属于资产阶级或者无产阶级。因此，面对这样一种社会结构和制度基础，当代市场社会主义者想要离开所有制谈分配，是远远无法实现社会主义的。

同样是市场社会主义者，多布显然是以科学社会主义原则为指导，始终坚持以生产资料公有制为社会主义的基本原则。多布认为，在社会主义条件下，生产资料为社会或集体所共有，全部经济活动由国家集中管理和控制，这样的一种经济组织方式必然要求生产资料所有制以公有制为基础。资本主义私有制条件下经济发展很不稳定，不能保证在同时重视其他经济活动原则的情况下实现所规定的整个社会偏好。多布指出传统经济学家的所有错误和不可救药的盲目性都源于对生产所有制的忽视，人类社会的发展轨迹实质上是社会结构要素的冲突与融合，基于异

---

① Maurice Dobb, Marxism and the Social Sciences, *Monthly Review Press*, 2001, p. 41.

质经济关系所形成的新型资本主义体制，在生产关系上即体现为资产阶级与无产阶级的对立。而且，社会主义生产资料公有制能够保证社会主义基本制度和资源配置的优势，确保经济改革始终保持社会主义方向，有助于社会公平、成员平等等社会主义价值目标的实现。

资本主义文明为人类提供了一种配置资源、传递信息、形成人与人之间平等关系的途径，即市场机制。在市场经济中，每个人都是平等的个体，拥有独立的政治人格，通过签订契约的方式进行商品交换。市场本身所具备的竞争、开放、自由等特征，创造出多元性的利益结构，生产方式和生活方式充满活力，专制体制所赖以生存的保守和封闭体系被逐渐瓦解。同时，由于市场主体分布在不同地域，这就造成了决策的多样化和分散化，避免了国家集权所可能导致的官僚化，体现在政治上即是相互制衡的权力关系。时至今日，依然不能找出一种完全替代市场作用的社会机制。苏联在特殊历史时期曾建立起自上而下的计划经济体制，随着社会经济实践的发展，最终导致了官僚主义泛滥。人类思想深处的本性决定了人不可能永远作为一个稳定的社会零件进行运动，无限制的权力很有可能导致一个人走向腐败的深渊，而制度的确立某种程度上是为了限制人性中自私的一面，约束自己的欲望和行为。如果一个社会全部的经济和政治事务都集中到由一个机构计划、协调，在制度上没有制约、没有平衡，一部分的权力毫无限制，这就为官僚主义的产生提供了温床。在社会发展的初级阶段，充分利用商品货币关系和市场化手段，对于发展经济是非常重要的。

但是，市场主导的经济运行模式并不意味着要放弃生产资料公有制，建立资产阶级社会的政治结构及其所有制基础。1994年布莱尔任工党领袖之后，提出了"新工党、新英国"的口号，开始大刀阔斧地改革。尽管这种改革博得了英国中产阶级的好感和支持，成为工党在1997年大选获得胜利的重要因素，但本质上依旧是在资本主义制度的框架内进行改革。为了进一步减少改革道路上的障碍，在之后的执政过程中，工党不得不向大资产阶级妥协，以巩固执政基础。在这种背景之下，其在政治纲领中所主张的平等、自由、民主等价值目标只剩下了空洞的口号，早已失去了实际内容，政府完全成为资本力量的附庸。人们有理由怀疑，工党所执行的市场社会主义政治纲领与经济政策，是否还可以称之为"社会主义"？当然，英国市场社会主义者的出发点在于寻求社会主义的核心价值——效率、平等和民主的实现途径，但却忽视了政治独立性的基本保障，没有正确处理好政治与经济之间的关系，不免陷入柏拉图式的幻想之中。在资产阶级学者看来，只有西方的多元政治体制才是保障市场经济能够自由发展的唯一基础，据此他们也对中国的渐进式改革和经济发展模式作出了否定，或者对中国政治、经济发展的前景持悲观态度。然而，自中国在1992年确立中国特色社会主义市场经济制度以来，在政治、经济和文化领域取得了重大的突破，既克服了市场的盲目性，又避免了传统计划经济体制的弊端，实现了经济的持续发展。

此外，多布着重强调，从私有制到公有制的过程并不是生产关系的直接改变，而是取决于生产力的发展程度。社会主义生产资料公有制取代资本主义生产资料私有制是一个必然的历史过程，社会生产力的高度发达要求生产关系做出变革。公有制的实现必须与生产力的发展联系在一起，在内容、形式和存在范围上符合生产力的现实状况，这是一个漫长的历史过程，需要建筑在资本主义时代所创造的历史成就之上。因此，公有制是一种手段，而不是目的，采取何种所有制需要考察具体的历史条件。对于社会主义经济制度来说，公有制是整个社会主义的经济基础，否定公有制就意味着否定社会主义，这是科学社会主义所必须遵循的基本原理。

(三)人的自由而全面发展是社会主义的目标指向

马克思生活在阶级压迫残酷不堪的早期资本主义时期，目睹了资产阶级给无产阶级和广大劳动人民带来的深重灾难。他站在穷苦群众的立场上，深刻剖析了资本剥削工人剩余价值的丑陋行径。然而仅仅对资本主义进行批判是不够的，更重要的是构建一个没有压迫的、人人平等的社会。在马克思的社会主义观中，人的全面而自由发展居于首要地位，未来社会将是自由人的联合体。恩格斯用《共产党宣言》中的一句话对社会主义的最高目标和终极价值作了界定：在这个联合体中，每个人的自由发展是一切人的自由发展的条件。相对于资本主义，社会主义应当追求的是政治、经济、文化方面的平等与公平，实现人类本性的完全复归和全人类的彻底解放。

人的自由而全面发展这一命题，主要包括三个方面：其一，马克思认为未来社会应该是为绝大多数人服务，不允许存在一种为了少数人的利益而牺牲多数人利益的社会制度，这点正是基于他对资本主义社会的深刻考察所得出的结论。工人阶级在资本主义社会中完全沦为资本家的奴隶，仅仅靠出卖劳动力为自身的基本生存创造条件。他们所创造的物质财富推动了社会发展和历史进步，然而这种成果却被资本家独自占有，并进一步压榨工人的剩余价值。简言之，资本主义就是为了维护少数资本家的利益而存在，无论科学技术怎样进步，生产力怎样提高，工人都不会改变被剥削的命运。其二，马克思所强调的发展主体是现实的人而不是抽象的人，要求人的个性、创造力和生命力能够不受阻碍地充分发挥。劳动作为人类生存的基本需要，是自愿的、幸福的，商品拜物教所造成的人与人之间的对立、人类本质的扭曲等在社会主义社会中将消失，而实际日常生活中的关系，在人与人之间和人与自然界之间将表现得明白而合理。其三，马克思主义所追求的是人的"全面发展"，是人的物质生活和精神境界的共同提高，是每一个社会成员自身能力、知识的长足发展，个人需求与社会需求的充分实现。总之，马克思对人的发展始终保持着深切关注，他对已往的以及现存的宗教、伦理、政治、法律乃至物质的社会关系的批判，都以人的自由而全面发展为目标。

多布将人的自由而全面发展作为社会主义的目标指向，是基于马克思主义关于社会主义本质思想的系统把握，以及对苏东社会主义国家时代因素的深入探讨。社会主义是人类社会历史发展的必然趋势，只有将现实的人作为研究活动的着眼点，才能把握社会主义的本质特征。资本主义社会中工人仅仅是创造财富的工具，导致了人的片面化和从属化。而在多布生活的 20 世纪的英国，这种状况依然没有得到根本改善。资本统治下的社会依然是原子式的个人，以对物的依赖性为生存和发展的基础，本质是自相矛盾的经济人。资本主义在政治、经济和社会管理方面的变化是市民社会造成的客观假象，没有实现对人的社会需要的满足，只是用人对物的依赖取代了人对人的依赖。社会主义相比资本主义有着更先进的生产方式，能够更快满足人的物质需要，从而追求人的社会需要和个性需要，而这正是对原子式个人的克服，对以人为本价值导向的最有力证明。正如多布所说："在资本主义经济中，最重要的东西莫过于财产的权益，人类的利益只是次要的甚至是不重要的；而在社会主义经济中，人类生活的利益才是至高无上的，财产价值的维持是不值得重视的东西。"①社会主义对资本主义的取代，本质上是以对人自由个性的追求取代对物的依赖性的追求，这并不意味着社会主义的个人可以脱离自然界和社会，而只是通过物质所创造的人的活动条件，达到对人自由个性的塑造和实现。

多布认为马克思虽然将共产作为未来社会主义的主要特征，但落脚点在于强调人的主体性，摆脱物对人的限制和支配，使其能够服从和服务于人的自我实现。多布对马克思劳动价值论的坚持和捍卫，正是由于马克思发现了所有经济问题的本质都是对市场表象背后人与人之间更基本社会关系的定性表达。② 多布认为，马克思从劳动史中发现了解释人类全部历史的钥匙，将价值转为事实上能够加以理解和认识的实际维度，而不是资产阶级学者所主张的心理因素。在资本主义社会中，人的劳动已经不是个性的自由表现，而是受制于私有制的强制性，人被贬低为物，贬低为商品。资本主义经济越是发达，就越表现出对货币和资本的依赖性，实质上是对人自由个性的否定。社会主义和共产主义恰恰是要扬弃这种对物的依赖性，实现人的全部个性需要、自由而全面发展。社会主义生产力的高度发达使人不再受物的支配，获得了自由发展的条

① Maurice Dobb, *Political Economy and Capitalism：Some Essays in Economic Tradition*，London，Routledge and Sons，1937，p. 349.

② 参见袁东明：《莫里斯·多布及其对马克思主义经济学的贡献》，载《经济学动态》，2003(3)。

件，劳动也就成为人生活的第一需要。

当然，社会主义社会对人独创性和自由个性的实现并不是浪漫主义的空想，只有不断解放和发展生产力才能为此创造坚实的物质基础。人类只有在满足了生存需要，创造了一定的物质财富之后，才能有充足的时间和精力进行创造性活动，利用这些物质基础从事满足个人社会需要的活动。多布之所以格外注重资本主义与社会主义经济发展史的研究，就是因为他认为在低生产力水平下建立的社会主义，容易出现低效率的平均主义，这与空想社会主义者从人类公平、正义等伦理原则出发构建的理想王国没有本质区别。而私有制则会让人类陷入政治经济危机，资本主义的发展历史已经证明了这一点。因此多布指出："对于马克思来说，政治经济学范围包括'社会生产关系'，也包括'生产力'和交换条件。这是从他对资本主义生产分析的历史研究方法以及从他把生产方式作为一定社会的基础和一切历史的真正根源和活动场所的历史概念所推断出来的。"①物质生产与发展人自身二者是一种互相限制而又相互促进的辩证关系，物质生产是瓦解旧经济体制和社会结构的力量，并为创造新的经济体制和社会结构提供了动力；只有人得到了相当充分的发展，物质生产才会凸显出社会需要和个性需要，从而突破原子式个人的假象。也就是说，只有社会主义社会才能在满足人自然需求的基础上，实现人的个性自由，即人的自由而全面发展。

---

① 外国经济学说研究会编：《现代国外经济学论文选》第 3 辑，5 页，北京，商务印书馆，1982。

二、以批判资本主义为市场社会主义的理论视角

对资本主义经济社会的考察是多布辩证理性市场社会主义思想的重要维度，是他理解社会发展的重要平面。在多布看来，马克思对资本主义制度的剖析是动态的、发展的，阶级对抗与竞争促使社会制度产生变革，"在马克思这里，社会变革是有规律的，不是沿着一条连续的曲线有序地发展，而是由于旧的社会关系的革命破裂、旧的生产方式的瓦解和新事物的出现所推动的、周期性的……一个制度的渐进和连续的改变只能在一定的限度内发展，这个限度是由该制度本身的阶级结构决定的。要将这个制度转化为它的对立面，就需要先发生一系列的变化，这个变化必须被当作一个有机整体来对待，包括构成生产方式的社会关系。在某种程度上，它们的变化需要平衡阶级力量的革命性转变"①。一定的社会制度是在一定的社会物质资料生产方式基础上产生的，即社会制度的产生受人类社会生产和再生产发展的制约。社会制度是社会历史发展的必然产物，社会制度变迁的最终原因必须到生产力与生产关系的矛盾运动中去寻找。按照历史唯物主义的观点，经济基础和上层建筑两个基本部分组成了社会制度的基本结构，对资本主义制度的分析应该从社会整体的结构入手，揭示其经济、政治和文化等系统是如何相互影响和作用，对资本主义的形成和发展过程做整体性研究。

---

① Maurice Dobb, *Marxism and the Social Sciences*, New York, Monthly Review Press, 2001, p. 38.

(一)资本主义作为一种精神理念或商业形式

历史上对资本主义的定义众说纷纭，直至今日仍然存在着许多争议。无论是在横跨两个世纪的时间经度上，还是在自西至东不同国家的地理纬度上，资本主义这一词汇都存在着差异性理解且不断地发生变化。实际上，对资本主义的理解并不是简单的学术纷争，其背后有着深厚的个人立场、意识形态等问题。一个概念的界定，既是学者思考的沉淀，又是一场话语权的争夺。通过梳理不同时代和学者对资本主义概念的认识，将其与多布的观点进行对比，以此来管窥近代以来人们对资本主义社会的理解和认识。

德国社会学家伟·桑巴特在研究西欧资本主义起源时，较为注重使用心理学的方法来研究价值观与资本主义起源的关系。在 1902 年出版的《现代资本主义》一书中，他论述了企业家精神的发展以及经济理性主义的觉醒。桑巴特认为，不同时代的人对于经济生活会有不同的态度，进而创造了各有特点的经济组织，资本主义存在于以企业方法满足人类欲望的工业活动之中，精打细算和理性追求是资本主义精神的直接体现。因此发掘资本主义的起源，要从近代经济形态中寻找与经济发展有关的心理动态与行为。中世纪欧洲人开始重视金钱的价值，世俗化、城市化进程则强有力地支持了这种观念。马克斯·韦伯同样将资本主义看作是理性的经济活动，体现在通过严格的经济计算，追求合理、长期的获益和成功。前资本主义时期的人是自然人，所有的一切经济活动都是为满足人对物品的自然需求，人是一切实践活动的主宰。而在资本主义社会中，资本家根本改变了自然人的原始人生观，颠倒了生命的价值，将资本积累和追求利润最大化作为经济活动的中心任务，使人的一切都服从于冷静的理性和精确的价值计算。桑巴特和韦伯都不同于马克思主义社会存在决定社会意识的观点，而是从上层建筑即文化、价值视角出发来论述资本主义社会结构。

另一种解释则将资本主义理解为一种生产组织形式，持这种观点的学者包括亚当·斯密、亨利·皮朗、保罗·斯威齐等。他们区分了中古时期的自然经济与之后的货币经济，并以市场范围作为划分近代经济世界发展各阶段的标准，这实际上与德国历史学派的观点类似。在这里资本主义与牟利的经济活动紧密联系在了一起，无论历史发展的任何时期，只要有借贷牟利行为存在，不论是高利贷还是在贸易及其生产方面的投资，都被认为存在着资本主义成分，如厄尔·汉密尔顿就把资本主义看作一种用土地以外的财富去获取收入的制度。亨利·皮朗也将资本主义与为市场生产的商业制度联系起来，认为这种交换制度是以无限地牟取利益为目的，并具有将人划分为有产与无产两种成分的特点。总之，这些观点主要是从想象中的中古式自然经济与狭隘的经济范围出发，将其在受到某种商业交易侵袭之后的变化进行对比，从而寻求对资本主义的定义，并且依据市场扩张的情况，以及因为市场变化所引起的投资与企业各种形态去区分资本主义的发展阶段。

在《资本主义发展之研究》一书中，多布对当时流行的资本主义概念进行了探讨。首先他认为许多经济学家对资本主义这个名词的引用仅仅只是一种生产技术或方法，与历史范畴毫无关系。它不涉及生产手段所有权问题，只是与生产手段的经济根源与使用程度有关。从技术上看，除了最原始的生产，总是或多或少是"资本主义"的，因此划分历史阶段也毫无意义，这样的用法意味着否认将资本主义当作一个特殊的历史制度来看。另一种观念将资本主义当作是个人企业制度，所有经济社会的关系是根据契约形成的，个人可自由谋生而不受法律的强制与限制。于是资本主义事实上可与放任制度或自由竞争制度等同起来，与国家统治下对经济自由的限制进行对比。多布认为，这种理解的缺点是显而易见的，"就英美而论，很快地便已进入公司企业垄断或准备垄断的阶段，那时的自由放任政策已经不复存在"①。

多布指出，除了历史上极端的过渡期外，"每个历史阶段主要是为一种相当简单的经济形态所影响，其特点是由突出的社会经济关系所决定的"②。因此对资本主义的定义，不能停留在任何新经济形态的初期外形，而是应该重视新形态发展到其作用深入社会的每个角落、并对社会的整体发展起决定性作用的时期。资本主义的最大特点是资本与劳动的分离，在这种生产方式中生产资料归资本家所有，资产阶级在社会中构成了一个独特的阶级。在现代资本主义社会中，"生产资料的个人所有权制度同时意味着这种所有权必须由相对较少的人拥有。这种集中的事实本身就意味着相反的情况，即其他人——事实上是大多数人口成为无产者。因此，一些人一无所有，无法获得生产资料，也没有其他谋生手段，被迫成为了无产者，这就是所谓劳资冲突的基础。实际上，这是资本主义社会两大主要阶级之间的基本利益冲突或斗争——广义地说，是拥有资本的资本家和靠雇佣自己赚钱为生的工人之间的冲突或斗争。

---

① ［英］莫里斯·多布：《资本主义发展之研究》，3 页，北京，新民书店，1951。
② 同上书，9 页。

正是这种阶级斗争形成了劳工运动的历史基础，包括工会和其他形式的工人阶级组织。在这样的社会中，通常情况下只有首先拥有资本，你才能获得财富（从享受高额收入的意义上说），而经济发展的唯一捷径就是获得资本，让别人为你工作"[①]。从多布的论述可以看出，他坚持马克思的历史唯物主义观点，从生产力和生产关系的矛盾运动去考察资本主义概念，将资本主义与一定的历史发展阶段联系起来，深入考察了阶级冲突、财产所有权等因素对于资本主义的重要影响，是对其他西方学者理解资本主义的一种超越。

（二）资本主义所有制与收入分配制度

一种社会制度是主观因素和客观环境相互作用的结果，在"历史合力"的推动下，人们在社会实践的过程中推动社会制度的变迁。人作为一种社会性的动物，首先受到经济理性支配，具有在各项利益的比较中选择自我利益最大化的倾向。不同利益主体有着相异的价值取向和目标追求，而制度则是处理这些不同利益集团之间相互关系的规则。多布以唯物史观为其哲学基础，将经济关系看作是不同社会关系存在和发展的最基础力量。他把资本主义制度看作一种社会经济制度，其经济关系的基础是生产资料的资本主义私有制。正是由于生产资料和劳动力的私人占有，无产阶级始终处于被压迫、被剥削的状况之中。私有制不仅构成了资本主义的本质，同时也构成了其他特征存在和发生作用的基础。资

---

① Maurice Dobb, *Capitalism Yesterday and Today*, New York, Monthly Review Press, 1962, p. 21.

本主义生产资料私有制这一生产结构的性质，决定了与此相适应的分配关系——严重的贫富两极分化。因此，生产和分配构成了一定社会经济关系中两个相互联系的方面。多布对资本主义本质的揭露，正是从经济所有制和收入分配制度两方面着手，以马克思的剩余价值论为思想武器，站在无产阶级和广大劳动人民的立场上，认为资本主义制度的邪恶并不在于市场机制，而是资本主义所有制及其带来的不平等结果。

一方面，从所有制角度来看，首先，生产资料私有制决定了资本主义生产的社会性质。人类为了满足生存和发展的需要，在改造自然界的过程中必然要以一定方式结合起来共同进行生产和交换活动。资产阶级革命的胜利和工业革命的完成为资本主义制度的确立奠定了基础，资本主义对封建主义的代替是社会发展的大趋势和必然结果。但从所有制角度来看，资本主义社会与奴隶社会、封建社会一样，本质上均是统治阶级占有庞大的生产资料，为少数人的利益服务。由于利润最大化是资本主义生产的唯一目的和生产动机，资本家总是趋于不断扩大再生产，以便在更大的规模上持续占有剩余价值。正如多布所说："由于精细、昂贵的技术和日益复杂的专业化、机械化生产过程，封建社会的个人作坊已经没有了生存空间。在现代社会中，资本家赚钱的方式是首先积累了大量资本，再通过强迫他人为其工作继续赚取利润。"①

其次，生产所有制规定了人对物的占有关系，也反映了生产过程中人与人之间的社会关系。在关于资本主义定义的争论之中，一些经济史

---

① Maurice Dobb, *Capitalism Yesterday and Today*, New York, Monthly Review Press, 1962, pp. 20-21.

学家试图从人们观念和精神的变化中寻找答案，如桑巴特认为出于对金钱和货币贪婪的欲望，形成了早期"投机商""海盗"式积极探索的"企业家精神"，"市民精神"则表现为个人的节俭、对经济行为的准确计算。马克斯·韦伯则将"资本主义精神"看作是整个文化史的一部分，将资本主义精神与资本的产生联系起来。在《资本主义的昨天和今天》一书中，多布指出这种说法显然忽视了真正创造财富的无产阶级的作用，"从历史上讲，关于资本问题的讨论应该放在生产方式的历史演进中"[①]。资本的原始形成以生产资料和劳动力的自由买卖为前提，这只有在资本主义生产方式占主导地位的资本主义社会才会出现，马克思把生产者与生产资料（主要是土地）分离的过程，称为"资本的原始积累"——资本主义的历史起源，并认为在这一过程中"暴力起着巨大的作用"。商业资本和高利贷资本在资本主义生产关系的形成过程中起着主导作用，为生产资料的集中和劳动力市场的形成提供了历史条件。随着封建社会工场手工业的消失，机器大工业成为主宰社会发展的主要生产形式，生产资料的占有者从地主变为资本家，剥削的对象则由农民变为雇佣工人。资本主义不仅生产剩余价值，还创造了资产阶级与无产阶级的对立。它使一切劳动产品成为商品，无产者的劳动力也被纳入商品市场，资本家则成为这种商品的购买者，资本主义私有制则是无产阶级受压迫和受剥削的根源。

最后，生产资料所有制的变革是生产关系变革的标志。"迄今的一切革命，都是为了保护一种所有制而反对另一种所有制的革命。"[②]一部

[①]　Maurice Dobb, *Capitalism Yesterday and Today*, New York, Monthly Review Press, 1962, p. 22.

[②]　《马克思恩格斯文集》第4卷，132页，北京，人民出版社，2009。

世界史，就是所有制关系变更的历史。"多布指出："马克思主义者对资本主义的具体分析可以合理地推断出其发展的某些趋势，由此可以进一步推断出生产资料的社会化是唯一的完整的解决方案。"①资本主义制度下社会生产力与生产关系之间的矛盾已经成为束缚生产的桎梏，这是资本主义经济运动固有的"否定的否定"过程。"马克思显然认为，每一个现存阶段都为之后的发展贡献了一些必要的条件（例如无产阶级和资本主义的机器，大规模的技术和组织以及技术先进的社会主义工人阶级）。在这个意义上，生产关系变革的趋势是必然的，不是偶然的……但马克思并没有作出一个目的论式的逻辑模式或发展曲线的说明，通过简单的推断过程从而导出未来的历史进程，这也是他重视 16 世纪东欧再版农奴制的原因。"②

正如马克思在《共产党宣言》中曾指出的那样，发达资本主义国家无产阶级"首先必须对所有权和资产阶级生产关系实行强制性的干涉，也就是采取这样一些措施，这些措施在经济上似乎是不够充分的和无法持续的，但是在运动进程中它们会越出本身，而且作为变革全部生产方式的手段是必不可少的"③。发达国家所有制关系演变的历史，也是无产阶级通过长期艰难持续的斗争，推动国家对所有权和资产阶级生产关系实行强制性干涉的历史。资本主义生产资料私有制向社会主义公有制的转变是一个不可违背的经济运动规律，却又不是可以通过简单的外部力

---

① Maurice Dobb, *Marxism and the Social Sciences*, New York Monthly Review Press, 2001, pp. 43-44.

② Ibid., p. 44.

③ 《马克思恩格斯文集》第 2 卷，52 页，北京，人民出版社，2009。

量的推动——一次或几次社会革命便能够迅速完成的。所有制的变革是为了适应生产力不断发展而提出的客观要求，是自身不断演变发展的结果。无产阶级获得整个世界的目标，也表现为所有制关系不断演变的历史进程，远不是通过社会主义国家对生产资料的彻底"剥夺"而能够解决的简单问题。

另一方面，从收入分配制度来看。多布指出，"我们将资本主义制度描述为资本所有权的集中，导致社会两极分化为一类所有者和一类非所有者，前者是一个相对人数较小的阶级，后者（在英国这样的国家）构成了国家的绝大多数"①。从资本主义发展的历史经验中已经可以看出，资本主义的本质是追逐永无止境的利润，资本家在生产过程中获得大量财富，而生产线上的工人则陷入一贫如洗的境地。整个欧洲在工业现代化开始的前期，在深度和广度上已经开始走向但丁笔下地狱一般黑暗、贫困的时代。英国作为最早开始资本主义进程的国家，同时也是多布主要的成长环境，为他对资本主义的批判提供了充足的实践材料。

多布指出，英国社会存在着严重的社会分配不公，表现在国家的大多数财富掌握在少数人手中，并且这一趋势在近几十年表现得日益明显。他将英国社会财产收入和分配的数据进行对比，用经济数字揭示了资本主义的分配不公。"在战争期间，英国一半以上的总资产集中在1%的人口（25岁及以上）手中，约80%的资本集中在不超过5%或6%

---

① Maurice Dobb, *Capitalism Yesterday and Today*, New York, Monthly Review Press, 1962, p. 26.

的人口手中。"[①]按照类似的方法，可以对战后的情况作出同样的比较，"如图所示，1946 年至 1947 年，一半的资本仍然集中在不到 1％的人口（年龄在 25 岁以上）手中，80％的资本由 10％的人口拥有。另一方面，有三分之二的人（如果他们有任何财产的话）的财产低于 100 英镑，平均每人不超过 60 英镑。这些小企业主或小所有者（他们的存在被那些想否认阶级分层社会存在的人大肆宣传）在任何收入方面都可以忽略不计，他们赖以生存的财产占到整个国家资本总额的不到二十分之一"[②]。

Capital group according to size of holding	Percentage of persons (aged 25 and over) in each group	Percentage of total capital owned by owners falling within each group
£100 or less	60.62	4.16
£100 to £1,000	27.79	10.99
£1,0000 to £5,000	8.87	21.59
£5,000 to £10,000	1.38	11.35
£10,000 to £25,000	0.90	16.43
£25,000 to £100,000	0.38	19.18
over £100,000	0.06	16.30
TOTAL	100.00	100.00

1946—1947 年英国不同阶层收入统计

第二次世界大战以后，资本主义各国政府开始以凯恩斯主义为主要指导思想管理国家，虽然将经济这块蛋糕做得很大，但顶层分配制度的设计不公反而强化了两极分化的趋势。多布指出："正如人们所预期的

①　Maurice Dobb, *Capitalism Yesterday and Today*, New York, Monthly Review Press, 1962, p. 26.

②　Ibid., pp. 26-27.

（因为财产不是唯一的收入来源），收入分配的不平等程度比资本要小得多。然而，收入分配的不平等是非常明显的，正如下面 50 年代中期的图表所示。报告表明，大约五分之一的个人收入属于资本所有者的二十分之一以下，十分之一的收入几乎不超过百分之一。"①一些资产阶级主流经济学家同样认识到收入分配不平等将是社会安全稳定发展的巨大隐患，曾担任约翰逊政府总统经济顾问委员会主席的经济学家阿瑟·奥肯这样写道："最上层的百分之一的家庭所拥有的税后收入，几乎等于最底层百分之二十的家庭的税后收入。这对我来说似乎是太可怕了。而且令我心神不安的是，最上层的五分之一的家庭拥有与最底层的五分之三的家庭一样多的税后收入。"②西方国家陷入经济"滞涨"的怪圈之中，充分印证了马克思在《资本论》中所描述的，资本主义积累的过程必然产生财富分配的两极化，最终将导致严重的经济危机。

Size of annual income	Number of incomes as percentage of all incomes	Total income received in each group as percentage of aggregate income
Over £10，000	0.05	1.6
£2，000-£10，000	1.15	8.4
£1，000-£2，000	3.5	9.9
£500-£1，000	29	41
Under £500	66	38.7

英国 1954 年个人收入统计

事实上，上表一定程度上低估了收入分配的不平等，因为它只基于

① Maurice Dobb, *Capitalism Yesterday and Today*，New York，Monthly Review Press，1962，p. 28.

② ［美］阿瑟·奥肯：《平等与效率：重大的抉择》，62 页，北京，华夏出版社，1987。

个人收入，不包括不作为股息分配给公司（当然也包括资本家阶层）的应计利润。"如果我们把未分配利润和个人收入都包括进来，我们会得到一个不同的情况。以下 1947 年的图表表明，近五分之一的总收入只流向了收入接收者的 1%，而另一方面，收入接收者中较低的一半只得到了总收入的四分之一。"[1]"但是，尽管这种情况有所改善，财富集中化和两极分化的基本特征仍然存在。因此，我们引用兰利夫人的调查显示，1946 年至 1976 年，1% 最富有的资本家（在英格兰和威尔士，年龄在 25 岁及以上）拥有总资本的 50%，而在 1924 年至第一次世界大战之前，这一比例分别为 60%、30% 和 70%。根据杜德利·席尔斯先生对个人收入和未分配利润的估计，战前和第二次世界大战后的变化要小得多：1947 年最富有的 1% 人口所占比例为 19%，1938 年为 20%；1947 年最富有的 5% 人口所占比例为 31%，而战前为 35%。这是我们需要关注的。"[2]

Top	1%	of	income-earners	received	19%	of	total	income	pre-tax
"	1%	"	"	"	"	25%	"	"	"	"
"	21%	"	"	"	"	31%	"	"	"	"
"	5%	"	"	"	"	40%	"	"	"	"
"	10%	"	"	"	"	57%	"	"	"	"
"	25%	"	"	"	"	75%	"	"	"	"
	50%		"	"	"	25%	"	"	"	"
Lower	50%								

英国 1947 年已分配个人收入和未分配红利之累积百分比

---

① Maurice Dobb, *Capitalism Yesterday and Today*, New York, Monthly Review Press, 1962, p. 28.

② Ibid. , pp. 28-29.

总之，多布运用唯物史观对资本主义制度的基本规定和特征进行了考察，说明了资本主义经济形态作为人类社会发展的一个阶段有着历史的暂时性和过渡性。资本主义在自身发展历程中，生产关系也在随着生产社会化的发展而进行着一系列的调整和变革，所有制形态在社会资本的推动下不断发生着变化。但无论其怎样变化，资本主义生产方式始终带有资本家阶级的私利属性，归根到底是为私人资本家利益服务。在资本社会化规律的支配之下，资本主义生产方式必然达到资本性质不可逾越的边界，转而向更具优越性的社会主义形态过渡。因此，多布对代表资本主义一般特征的所有制和分配制度的论述，一方面揭示了资本主义的过渡性质，另一方面从根本上阐明了为什么社会主义是人类社会的未来经济形态，对资本主义的超越体现在哪里，什么是社会主义的价值目标和动力机制。

(三)资本主义经济复苏的暂时性

第二次世界大战之后，资本主义进入了经济的复苏和繁荣时期，历史上称为资本主义发展的"黄金年代"，这一时期一直持续到了 1973 年底爆发的世界性经济危机为止。在一些马克思主义者看来，战后繁荣的出现是战后恢复重建的产物，并没有从根本上消除资本主义经济关系的基本矛盾。如曼德尔始终坚持资本主义自 1914 年以来就进入了历史衰落时期，短暂的经济发展并不是由资本主义生产方式的运动规律所造成的，资本主义经济关系发展的历史命运并没有改变。但是，战后繁荣实际上远远超出了恢复重建的范围，资本主义经济关系的发展还是出现了很多新变化和新情况。资本主义的战后黄金年代持续了数十年之久，虽然其形成有着各种复杂的历史因素，但仍然是在资本主义的经济体制之下发生的，以资本主义生产方式的运动规律为基本前提。因此，资本主义发生了哪些变化，如何认识这些新变化、新情况，就成为摆在马克思主义经济学家面前的重要课题。

在英国，多布仍是当时最有影响力的马克思主义经济学家。随着战后繁荣进入第二个十年，多布同其他同时代的学者一样，开始思考资本主义是否已经发生了本质变化。繁荣的生产力状况显然超出了许多社会主义者的预期，他们开始怀疑资本主义是否已经进入了历史的新阶段。从剑桥大学毕业之后，多布始终坚持对马克思主义进行宣传和推广，并出版了一本《今日马克思》的小册子，用于向英国普通公众普及马克思主义学说。面对 20 世纪 50 年代资本主义发生的新变化，多布对当时流行的一些关于资本主义历史命运的错误观点进行了批判。正是因为他的政治信念和著作，多布一度被视为赤色分子，遭到了来自其所属机构甚至党内的公开指责。尽管如此，多布并没有停止对马克思主义理论的继续研究，并倡导学者应该以非教条的、科学的精神具体研究资本主义的历史命运问题。

多布对关于资本主义历史命运问题的两种错误观点进行了批判：一种是断言当代资本主义没有任何变化；一种是夸大当代资本主义与 20 世纪初资本主义之间的差别，将现在的资本主义当作一种全新的制度。这种观点认为资本主义已经进入了一个受极不相同的规律和趋势制约的"极新的趋势"，甚至不再是"传统意义"上的资本主义，而是所谓的"经理社会""福利社会"和"人民资本主义"。针对这些错误观点，多布从理论上回答了长期困扰人们的资本主义演变问题。他认为，当代资本主义的变化主要表现在三个方面：

第一，当代资本主义国家对经济干预的变化。多布认为，战后资本主义国家的突出特征并不是出现了国家经济干预，资本主义始终以自由主义作为经济发展的核心思想。国家干预在资本主义发展过程中始终存在着，但并不是说这种权力是无限制且不受约束的，私营企业仍然受到不同程度立法和财政政策要求的限制。"将资本主义认为是国家完全没有对经济生活的控制是错误的观念，事实上，所有国家都在不同程度和不同方式下对经济生活施加控制，尽管这种控制的高度发展在资本主义制度内是特殊的。但仍然可以发现，特别是在现代战争或者大萧条的那种情况下，资本主义国家的政府干预是显而易见的。"[①]当代资本主义国家的经济干预在两次大战之前就大量存在，重点在于国家支出对市场的控制，特别是对资本品（马克思所称作的第一部类产品）所产生的影响。各国政府通过经济计划化来引导企业的投资和经营，从而影响市场的供给和需求，减少市场过程的波动，维持经济秩序的正常运行。

第二，新技术革命带来了生产力的变化。一些人认为战后垄断资本主义的发展禁锢了技术进步，低估了技术革命对资本主义发展的影响。他引用列宁在《帝国主义是资本主义的最高阶段》中的论述证明，大企业之间的联合，可以实现生产和资本的集中，减弱不同企业之间竞争的破坏性，进行有计划的生产和经营，增加单位成本利润、降低生产成本和实现规模经济。

---

① Maurice Dobb, *Capitalism Yesterday and Today*, New York, Monthly Review Press, 1962, p. 23.

第三，大企业内部金融关系上的变化。主要是指，大公司用作积累准备金的新的投资所采取的"内部金融"的形式，主要来源于企业的自留利润，在资本主义经济发展中的重要性日益增长；大公司的投资可以不依赖于资本市场和银行，能够更少地受到传统外部基金的限制，更少地受到传统的货币政策的控制。

无论在哪一个场合，多布对当代资本主义的分析都有着相似的轨迹。他将自己描绘为一种中间路线：一是那些认为体制已经完全改变——无论是通过所谓的"管理革命"，还是试图减少收入的不平等；二是通过建立福利国家——一些人坚持认为这是对人民的欺骗，另一场大萧条即将到来。多布秉承着一种具有鲜明个人特质的立场：有别于英共教条式的论调，而是以共产主义理想为目标。"似乎有充足的理由可以得出结论，资本主义的基本特征仍然存在"，他宣布，"尽管有人试图将它们隐藏起来"①。但在这些基本特征所规定的范围内，资本主义可以采取多种形式，而对这些资本主义类型的研究需要以非教条的方式进行，这是 1956 年后多布诸多著作中经常出现的主题。

例如，第二次世界大战后资产阶级为了缓和阶级矛盾，制止经济颓势，采取了一系列手段调整资本主义制度。当代资本主义发展模式带有了某种程度的社会主义因素，国家管控在社会经济领域全面加强。多布赞同列宁的看法，称之为"国家资本主义"，但这并不意味着资本主义要开始转向社会主义，仅仅是资本主义生产关系实现形式的自我调整和发

---

① Timothy Shenk, *Maurice Dobb*, *Political Economist*, London, Palgrave Macmillan, 2013, p. 165.

展，不平等和垄断依旧存在，使"民主变为一场空洞的闹剧"①。多布认为英国钢铁行业、铁路和煤炭开采的国有化趋势是没有意义的，只是对社会主义的无效模仿，这表明发达资本主义社会内部已经孕育和产生着某些社会主义因素的萌芽。他这样描述英国经济的现状：经济增长停滞，国家在全球贸易中的地位下降，垄断因素大幅增加，持续的通货膨胀成为社会经济常态，英国不幸的经济状况是国际地位下降和政府试图管理经济失败的后果。这个国家曾经享有的优惠贸易条件同帝国主义理想一起崩溃，帝国主义带来的利润掩盖了其结构性弱点。②

　　资本家声称，低失业率和蓬勃发展的劳工运动支持了工人阶级，剥夺了资本家的工业后备军队，工人工资的飙升影响了经济发展。他们将英国的经济困境归咎于劳动力成本的上升，称这阻碍了英国在出口市场上的竞争能力。毫无疑问，多布反对这一论调。他指出，如果生产率也提高的话，工资本来可以随着通货膨胀率的降低和国家贸易状况的改善而提高。"经济自由"和英国政府害怕激怒美国霸主的恐惧，使政府被迫放弃了本来可以解决这个问题的计划。这就是英国社会困境的全部特征：这是一种对"增长经济"的拙劣模仿，这种"增长经济"被阶级冲突所撕裂，破坏了国内生产。政府对资本的顺从和冷战战略的支配，使其无法采取能够改善现状的政策。资本主义并没有摆脱结构性的紧张趋势，当代资本主义的相对稳定改变不了其灭亡的历史命运。

---

　　①　Maurice Dobb, *Capitalism Yesterday and Today*, New York, Monthly Review Press, 1962, p. 7.

　　②　Timothy Shenk, *Maurice Dobb*, *Political Economist*, London, Palgrave Macmillan, 2013, p. 166.

对于多布来说，资本主义经济的快速恢复源自对社会主义因素的运用。将战后繁荣归因于凯恩斯主义的生态经济学或欧洲共同市场这样的制度进步的解释是不可接受的，尤其是对于一位受过训练的马克思主义者来说，多布需要找到"更深层次的解释"，根植于"作为历史生产方式的资本主义的基本框架：社会—经济关系"。多布在迫使资本家安抚工人的劳工运动中找到了答案，即工人生存条件的改善要归功于全球社会主义的进步。社会主义国家的发展迫使资本家改善劳资关系，他们害怕本国工人阶级团结起来反对资本主义，需要在经济组织形式上缓和劳资矛盾，于是出现了"管理民主化"的趋势。这种权力平衡的改变增加了消费者的消费能力，缓和了不平等产生的生产上的差异。即使是无处不在的对经济增长的执着——多布称之为"新资本主义的一种意识形态"——也根源于与社会主义的融合和冲突之中，因为资本家想要证明他们经济体系的优势性，然而却在社会主义无意识的帮助之下，混淆了资本主义与社会主义之间的根本界限。①

总之，多布认为尽管当代资本主义发生了这些重要的变化，但并不具有本质上的重要性。西方资产阶级学者关于"经理革命""收入革命"的神话，夸大了资本主义的变化。国家干预尽管在一定程度上影响着经济运行，但并不会改变资本主义的本质。战后由于政府对经济的反周期干预，加上科技进步的因素，主要资本主义国家经历了数年不断波动的经济正负增长。然而这并没有消除经济危机的根源，并呈现出了一些新的

---

① Timothy Shenk, *Maurice Dobb*, *Political Economist*, London, Palgrave Macmillan, 2013, p. 167.

特点。经过或长或短的时期之后，经济危机仍将不断爆发。

三、以经济与政治双重演进为市场社会主义的改革途径

市场社会主义不仅是一种思想理论，也是一种政治思潮。社会主义制度中政治与经济紧密联系，以公有制为基础的社会主义国家不仅是上层建筑，而且对经济关系作了规范和定义，作为所有制的代表从事经济管理活动。经济体制的改革离不开政治，贯穿于市场社会主义百年历史的一根主线即对市场作用的不断深化，而与此紧密联系的另一条主线则是要回答"什么是社会主义"，包括社会主义的基本经济制度、政治体制、价值目标等。实质上，市场社会主义是一个国家发展模式中政治与经济的结合方式，它所要回答的是社会主义与市场能否结合，怎么样有机结合。市场社会主义对市场的认识不能与社会主义相分离，相反，应该以社会主义为价值坐标，以对市场作用认识的深化为发展标志。

一方面，从经济角度来讲，市场社会主义首先应该被定义为经济模式，包含了经济制度的具体表现形式、基本性质和基本关系。不论是社会主义还是资本主义，能否最有效地促进生产力的发展都是检验这种经济模式的根本准则。生产力与生产关系的辩证关系是马克思主义政治经济学的基础，同时也是市场社会主义的题中之义。多布认为，将经济因素放置于核心地位，是马克思对社会科学作出的重要贡献。对于任何政治纲领的制定来说，几乎没有什么是比经济状况更为根本的，这是关系到国家发展和人民生活状况的基本问题。"正如我们所看到的，马克思

主义理论的因果顺序基本上是从一个特定社会的经济结构到它的意识形态，而不是相反。物质生活的生产方式决定了社会、政治和精神生活过程的一般特征。人类的思想并不是客观环境的被动反映，而是体现了充分的主观能动性——正如马克思本人所指出的那样，'人类创造了自己的历史'，意识形态和阶级意识等概念本身就是改变生产方式的革命性因素。"①市场社会主义的实践发展证明，市场和计划仅仅是经济运行中的一种手段，任何改革的终极目的都应该是生产力的不断提高和物质财富的极大丰富。

当然，社会主义作为一种区别于资本主义的社会制度，必然要建立在公有制基础之上，这是科学社会主义理论的一个常识。但是多布所强调的并不是为了公有制而公有制，脱离了生产力前提的公有制没有任何意义。在传统理论当中，不管是"左派"还是"右派"的思想家，对内生于公有制的商品关系与非商品关系认识不够透彻，因此产生了非此即彼的惯性思维。实际上，如果将逻辑的起点拉回到马克思所主张的生产力的首要性上来，那么这种简单的线性思考方式就会显现出弊端。市场社会主义者所追求的平等、自由、民主等价值目标，如果不建筑在经济的持续发展之上，脱离了特定的历史条件和制度环境，抽象谈论社会主义概念没有任何意义。以生产力与生产关系的矛盾运动为根本出发点，明确经济发展对国家、社会的基础作用，从历史发展的客观趋势中把握未来社会的走向，以此为背景讨论平等、民主和自由等价值理念，才能使市

---

① Maurice Dobb, *Marxism and the Social Sciences*, New York, Monthly Review, 2001, p. 38.

场社会主义理论摆脱空想和道德说教的困境。

　　另一方面，从政治角度来讲，市场社会主义从诞生以来就与意识形态联系在一起，浓厚的政治性色彩是其重要的理论特征。"社会主义"一词本身就带有强烈的政治意味，市场社会主义理论也包含着政治问题。从实践层面来看，苏联克服了私有制对生产力发展的束缚，举国家力量进行社会主义现代化建设，在短时间内实现了生产力的迅猛提高。同时，政治经济大权集中在中央机构，政治原则凌驾于经济规律之上，经济运行完全服从于政治目标，垂直的等级制关系不仅效率较低，而且为经济管理的官僚化提供了广泛的可能性。因而，这种传统的社会主义模式本质上是经济与政治的结合体，与其说是一种经济体制，更不如说是一种政治体制。国家此时的角色既是上层建筑的组成部分，又是经济运行的管理者。随着社会主义经济实践的不断推进，政治与经济不分离的弊端逐步显示出来，政企不分、官僚主义急剧膨胀。尽管领导阶层试图从根本上改革阻碍经济发展的政治体制，但由于路线方法完全错误，积重难返，加之资本主义国家的"和平演变"，最终无力回天，苏联轰然倒下。

　　在东欧和苏联社会主义国家经济改革失败之后，以罗默、巴德汉、弗勒伯伊等为代表的"第五代市场社会主义者"[①]在与新自由主义者的争论中，提出社会主义政治体制与资本主义政治体制可以画等号，只要生产资料公有制还是社会主义的经济基础，那么就不会改变市场社会主义的基本制度，政治民主化是社会主义经济高效运行的前提条件。显然，

---

① 　张宇：《市场社会主义反思》，105 页，北京，北京出版社，1999。

苏联东欧社会主义剧变使他们意识到，"专制的政治"是导致苏联模式失败的重要原因，并试图通过社会民主主义重新设计未来社会主义国家的发展模式。这样一来，市场社会主义理论便丧失了政治上的独立性，与19世纪的空想社会主义者没有本质区别。在他们看来，经济与政治是可以完全分离的两个概念，在资本主义制度下改造资本主义的经济基础，培育和发展社会主义因素，以发达资本主义国家的现有成果实现向社会主义的过渡，甚至可以出现经济上以公有制为基础、政治上资本主义政党轮流执政的奇怪现象。

总之，无论是在市场社会主义理论还是实践中，政治与经济总是密不可分的，经济自由化与政治民主化是指引市场社会主义发展的两面旗帜。社会变革作为一个历史过程，不能偏废某一方面，经济市场化与政治民主化的双重演进，是从市场社会主义理论和实践发展的历史经验中总结出的一个正确理论。从计划经济向市场经济的过渡，必然伴随着政治体制的深刻变迁，经济改革与政治改革的相互推动是市场社会主义获得成功的一个重要条件。苏联模式的失败充分说明，政治体制改革与经济模式转变是同一过程，关键是把握好社会主义与市场化之间的平衡。

(一)市场作为社会形态的一种表征

在马克思主义政治经济学理论体系中，市场概念并不是一个简单的经济学词汇，不能脱离开特殊而具体的社会历史环境。市场社会主义理论是以新古典理论为基础而形成的，而新古典理论所构造的市场机制恰恰是一种静态的、没有摩擦的技术工具，能够在不同社会的条件随意照搬使用。这种"市场中性论"的说法不仅存在于新古典经济理论中，当前的许多社会主义学者依然持市场简化论的态度，仅仅将其看作是资源配置的一种工具。在多布看来，马克思对社会科学研究的最大特点是坚持社会历史的相对性原则，"社会分析应该集中在某一特定社会形式的特征上，而不是试图抽象出一切社会形式共同的某些方面，并在这些假设下建立普遍适用的原则"①。在现代，不少学者认为经济理论的主要命题对所有类型的经济社会都是正确的，至少在交换社会是普遍适用的，甚至把它们看作所谓的"先天综合命题"。按照西方主流经济学家的看法，计划经济向市场经济过渡的主要途径就是"关注货币、放开价格"，市场机制不具有任何特殊的制度属性。

　　相比之下，马克思试图把他通过经济分析建立起来的主要原则视为具体的资本主义经济原则，这并不是说他否认不同类型的社会制度有着对比的必要性，而是只有在建立了差异之后，才能对它们的意义进行评估。多布指出，马克思没有否认对经济制度作一般性研究的意义，只不过这些概念一般都是抽象的，而且没有真正的具体内容，如果将其作为对某一社会运动规律推论的基础，那么在根基上则显得不够牢固。恩格斯把政治经济学看作是一种"历史科学"，如果不了解和考察生产和交换的历史演变历程，没有掌握在此过程中特定历史环境下的特定生产交换规律，我们就无从总结普遍适用的生产和交换规则。"如果希望把火地岛的政治经济和现代英格兰的政治经济纳入同一种规则，那么只能产生

---

　　①　Maurice Dobb, *Marxism and the Social Sciences*, New York, Monthly Review, 2001, p. 48.

最粗俗的共同点。"①因此，市场并不是简单的中性工具，它具有自己特殊的社会属性，是共性与个性的统一体。"从共性角度来看，它是中性的，从个性角度来看，它是非中性的。片面强调市场机制的共性而否定个性，或者片面强调个性而否定市场经济的共性的观点都是不正确的。"②

多布认为，把握现实的经济发展，必须以马克思对市场的论述为基础，透过资源配置和市场交换的经济表象，从整体上进行分析和总结。马克思主义政治经济学对市场的分析可以概括为以下三个方面：

第一，市场是一个历史范畴。一方面，市场的存在和发展是与生产力联系在一起的，市场经济是商品经济发展到一定阶段的产物。在资本主义之前的社会形态中，由于客观历史环境的限制，市场交换的水平很低。随着美洲和东印度航路的发现、东印度和中国市场的开拓、美洲的殖民化、对殖民地贸易的展开，商业、航海业和工业得到了迅猛发展；蒸汽机和机器引起的工业革命，彻底瓦解了传统的经济形式，商品经济形式得到巨大的发展并逐渐成为社会经济生活中普遍化的经济形式，国内国际市场随之形成，市场经济作为社会范围内的资源配置方式真正确立起来。另一方面，市场与生产关系的演化同样紧密相连，在不同的社会制度下具有不同的特点。市场经济普遍化的结果便是资本主义生产方式的确立，在这个过程中货币转化为资本，自由竞争成为经济运行的主要形式，政府的职能只是维护外部的法律秩序。市场经济作为一个完整

---

① Maurice Dobb, *Marxism and the Social Sciences*, New York, Monthly Review, 2001, p. 49.

② 张宇：《市场社会主义反思》，300 页，北京，北京出版社，1999。

的概念，是与资本主义相伴而生的。

第二，市场制度催生了一种新的社会结构，即"以物的依赖性为基础的人的独立性"的社会形态。市场的内涵不仅仅是商品流通和交换，更是一种物质交换形式。在《1844年经济学哲学手稿》中，马克思从劳动出发分析了人的类本质，不仅表现了人的自然属性，还表现了人的社会属性，即人在劳动中的相互依赖和共同联合。在《神圣家族》中，马克思进一步从人对物质生活资料的依赖关系中推出必然的相互关系。市场以等价交换为原则，在此基础上所形成的平等的市场关系和规则，构成了基本的社会结构。马克思在对社会经济生活的研究过程中，认识到现代经济关系已经成为社会生活主导性的方面，人们被迫受奴役于自己创造出来的物质力量。在其中出现的资本、货币、价值、商品等经济现象，很容易蒙蔽多数人的双眼，因为这是一种颠倒的歪曲的社会现象。工业资本主义所造就的社会现实，本质上是资本逻辑在起作用。在以私有制为基础的商品经济中，商品生产者和消费者似乎陷入了一种神秘的商品拜物教。由于市场制度的存在，人类在日常生活中遵循着这些规则和规律，在生产、分配、交换和消费等社会活动中，构建出一种新的社会结构。

第三，市场制度改变了人们的思想观念，平等、自由和功利主义的价值取向深入人心。资产阶级作为历史主体登上历史舞台之后，在社会思想领域掀起了巨大的变革。这些思想观念上的新特征、新导向和新追求，进一步影响了人们在经济和政治方面的行为方式。在英国，资产阶级首先追求经济上的自由，主张自由贸易、扩大商品市场，以尽可能低的价格购买劳动力，以期降低成本；在法国，自由主义要求取消特权，颁布宪法，实现平等。资产阶级在意识形态层面的要求，与市场所内含的社会契约、个人理性、功利至上等精神是不可分割的。从斯密的《国富论》到杰里米·边沁的《道德与立法原理导论》，基于功利原则的自由主义成为工业资本主义时期的主要思潮，马克思曾经评论道："我们第一次在边沁的学说里看到：一切现存的关系都完全从属于功利关系，而这种功利关系被无条件地推崇为其他一切关系的唯一内容。"①然而在这种资本主义发展的虚假繁荣背后，实际上已经潜藏着现实和理论的双重危机。自由主义的理论框架无法解释资本与劳动之间的对立，马克思通过科学阐述劳动价值论，才完成了对古典政治经济学的超越。

从马克思的论述中可以看出，市场不仅是一种资源配置的方式，而且是不同社会形态的表征。众所周知的马克思三大社会形态理论，以商品经济和市场机制的个性发展为基本线索，对社会发展形态进行了总体概括：在前资本主义时代，即原始社会、奴隶社会、封建社会，均以自然经济为基础，人与人之间相互依赖的程度很高；到了资本主义时代，即一般意义上的资本主义社会，以商品经济为基础，生产力和科学技术的进步摧毁了教权、皇权、神权和贵族特权，并为未来共产主义社会的发展创造了条件；在共产主义社会，商品关系已经消亡，"各尽所能，按需分配"，人自由而全面地发展。市场经济在这里标志着一种新生产方式和生活方式的产生，包括政治、经济、文化、社会等方面丰富的历史内涵。从经济运行的表面来看，市场首先是调节商品价格和供求的一

---

① 《马克思恩格斯全集》第 3 卷，483 页，北京，人民出版社，1960。

种工具。广泛的社会分工产生了物与物之间的交换，每一个在自由市场进行交易的个体在经济人格上都是平等的。由此看来，市场机制是一个整体，表现出来的是商品流通、资源配置、商品交换，在不同的社会制度中，能够广泛地扩展到社会关系层面。由于历史上所出现的市场经济都是以私有制为基础，而在资本主义社会的市场经济又是目前为止相对完善的，人们很容易将其作为市场经济发展的普遍规律，并试图把它完全移植到社会主义中来。这种做法在短期的某个阶段可能起到一定效果，但从长远来看，社会主义国家市场经济的发展必须结合自身实际，努力总结市场社会主义理论和实践发展的经验，探索自身的内在规律性。

(二)政府与市场的理性组合模式

从 20 世纪 50 年代中后期开始，大多数社会主义国家社会经济系统内部出现了大量的混乱和无序，体制效率衰减，经济增长速度放缓甚至停滞。这使得领导阶层意识到，对传统体制的改革已经迫在眉睫，试图在保证社会主义基本制度的前提下，通过局部分权和引入市场机制重新实现国家经济的良性发展，提高计划体制下的经济运行效率。但是，市场社会主义改革却给苏联、东欧和中国的社会主义体制发展带来了截然不同的命运，并最终促使它们走上了不同的制度转型与国家治理模式重构的道路。

政府和市场的关系问题始终是经济体制和理论中的一个核心问题，不同流派的思想家对于如何协调二者关系争论已久，众说纷纭。市场社会主义理论经历了长时间的演变和发展，在政治、经济和价值目标等方面提出了诸多观点，实质上总是围绕着政府与市场关系这一核心问题展开的。无论是自由主义思想还是国家干预学说，都是具体的历史现实在思想领域的展现。政府和市场都是历史范畴，不能脱离一定的历史条件抽象地加以讨论。强政府抑或强市场都有着自身存在的合理性，同时也包含着不合理的因素。

20 世纪 70 年代，在凯恩斯主义主导下的资本主义陷入了长达十年之久的"滞胀"，以哈耶克为代表的新自由主义者在对凯恩斯进行口诛笔伐的同时，大肆鼓吹"市场化、私有化、自由化"，结果新自由主义理论在全球范围内泛滥，直接引发了世界性的金融与经济危机。事实证明，建立在过度消费和负债消费基础上的虚假需求和经济繁荣，只能缓解但不能根除资本主义生产能力无限增长与支付能力需求不足之间的矛盾。市场是一种盲目的力量，政府的宏观调控和微观机制通过运用经济、法律、行政劝导等政权手段，能够避免或者降低价值规律所带来的消极后果，矫正市场决定性作用的失灵和不足。然而政府毕竟与市场的运行逻辑有所不同，并不总能协调一致。应该明确的是，政府既要考虑市场机制的不足，又要克服市场缺陷，通过专业职能机构规划资源配置，以长远利益和整体利益为主要目标，使市场能够更好地满足社会的利益。但政府本身属于一种权力机构，要时刻注意对经济的干预程度，以及在此期间可能滋生的权力寻租、官僚主义等问题。因此，正是政府和市场之间的这种"二律背反"，成为正确处理这两者之间关系的难点所在。

多布辩证理性市场社会主义思想正是围绕着"二律背反"所展开的。如果以时间为线索来划分英国的左派团体，多布与巴兰、斯威齐、曼德尔等人应属于西方"马克思主义左派"的老一辈理论家和社会主义者。在对市场和社会主义的态度上，"老派"经济学家都坚持社会主义与市场相矛盾的传统观点，多布也不例外。但是在 20 世纪五六十年代，"波匈事件"的爆发使得多布开始注重对较分散的社会主义模式的研究，重新思考中央政府与市场之间的关系。现代西方主流经济学从发达的资本主义经济体出发，对市场缺陷的讨论集中于垄断、对外性、公用品和信息不对称等现象，没有揭示市场机制的根本局限。与此不同的是，多布对经济体系的观察更加多样化，对社会主义和资本主义两种经济体制的比较研究使他对政府与市场关系的认识更加实际和全面。

因此，从考察市场的失灵或者缺陷开始，是多布阐述市场社会主义经济理论的基本出发点。西方经济学家认为，任何机构使用复杂的投入—产出分析和计算方法，都无法实现动态平衡，只有市场机制才能达到这一目标。但多布认为，社会经济均衡增长涉及很多方面的因素，仅仅依赖市场机制是远远不够的。首先价格信号和生产者对价格的调整都具有严重的滞后性，其次由于无法掌握整个市场的信息和数据，生产者的下一步活动主要依赖于预期或者猜测（如价格是否会继续上涨，或已经上涨的价格是否将保持不变，或恢复到以前的水平），再次生产者之间也会相互竞争，猜测对手接下来的市场行为。私人生产者常常会受到谣言、流言或者盛行的商业情绪的影响，对价格信号的过度敏感，将会导致整个行业的过度收缩或者扩张。这也就回答了为什么在资本主义漫长历史中，经济的发展总是断断续续，时而低迷时而高涨。换句话说，"经济增长往往是短暂的（除非受到国家战争支出、资本输出和新开发殖民地或技术革命等特殊推动因素的刺激），很快就被我们所看到的生产结构的内部失调所制止。许多国家，特别是最贫穷和最不发达国家，甚至在相当长的时期内陷入停滞的泥潭"①。

多布指出，一般来说，由于市场机制具有资本主义的特征，所以某种形式的计划性理所应当地代表了社会主义。从机理上来说，社会主义经济(基本生产资料、土地、工厂及其技术设备等为国家所有的经济)在宏观调控中必须充分运用计划手段。这是因为在以公有制为基础的国家，生产资料由整个社会所拥有，那么生产必须由代表全部人民利益的机构来协调和指导；在资本主义制度下，生产的基础是私人所有制，无论是个人资本家，还是作为公司或者资本家集团，生产只对自身负责，这就是马克思所说的"无政府状态"。当今的一些资本主义国家，已经设立了所谓的规划机构，试图给这种"无政府状态"以秩序和协调。但是，在私有制社会中，政府本身并不掌握生产资料等社会经济资源，调控资源配置的权力必然受到很大的限制，"由于私有企业在法律形式或者经营活动中都是独立的，对于政府的计划调节手段，企业认为有利则接受，认为不利则置之不理"②。此外，随着生产力的发展变化，多布强调当前的公司形态与半个世纪或一个世纪之前的已经完全不同，在经济全球化的背景下来到了国际垄断资本主义的新阶段。这些超大型的跨国集团通过对资本的控制，掌握了大量政治和经济资源，多布形象地描述

---

① Maurice Dobb, *Socialist Planning*: *Some Problems*, London, Lawrence & Wishart, 1970, p. 11.

② Ibid. , p. 8.

道，"在政府和垄断集团之间，很难分清谁才是摇尾巴的狗"①。国家和政府如果被利益集团所裹挟，就不能对公民社会实施必要的协调、规范与整合，无法提供一个坚固的政治和法律秩序外壳，沦为了资本家剥夺社会的工具，市场经济与公民社会自然也处于一种无序的状态。

因此，多布主张要对苏联及东欧国家僵化的经济体制进行改革，否定了斯大林对马克思主义政治经济学基本范畴完全简化的、纯粹推论的理解。他所提倡的改革是将市场机制加入计划模式当中去，中央政府与市场的地位并不是平等的，市场机制仅属于从属地位。从市场社会主义理论的分类来说，带有明显"分权模式"的特点。多布认为，在整个国家经济发展方向的选择上，中央政府毫无疑问应该处于主导地位。根据国内的政治经济环境，制定合理而长远的经济目标，可以保证将资源有效配置到重要部门，防止经济波动，调节经济结构。在肯定了政府制订国民经济发展计划的优先性之后，利用市场机制调节经济发展。多布所提出的改革是指中央、企业和个人的多层次决策，中央政府不再制订全盘的指令性计划，通过适当地放权给企业与个人，充分发挥生产要素在经济增长中的作用，使微观经济的供给结构灵活地适应需求结构。

(三)苏东国家经济改革的实践分析

第二次世界大战以后，东欧国家相继走上了社会主义道路，尽管在这一过程中各国所采取的方式不尽相同，但在初期均以苏联模式为样

---

① Maurice Dobb, *Socialist Planning*: *Some Problems*, London, Lawrence & Wishart, 1970, p. 8.

板，将其相对成熟的政治经济体制直接应用于本国发展之中。"我们现在全都是计划者……自从第二次世界大战以来，对自由经济的普遍信仰，已经以令人惊异的速度在世界各地迅速瓦解了。"[1]在社会主义建设初期，高度集中的管理体制迅速提高了各国的经济增长率，对于恢复国民经济起了积极作用，充分印证着苏联模式在特定时期的合理性。但随着时间的推移，20 世纪 60 年代社会主义阵营"老大哥"苏联不可避免地出现了经济增长放慢的局面，国家宏观经济发展与人民实际生活水平提高的矛盾逐步凸显出来。多布指出，20 世纪 60 年代，在苏联和其他国家重新开始谈论经济改革，确实是由于一些社会主义国家的经济增长率显著下降，特别是在那些工业最发达的国家。在苏联，1960—1965 年这 6 年时间里，工业生产的年均增长率为 8.7%（1964 年降至 7.1%），而在 50 年代，这一数字约为 10.5%，到了 70 年代更是降至 7%；在捷克斯洛伐克，劳动生产率多年以来一直在下降，受制于劳动力的短缺，大规模的投资计划不得不暂时停止；同样的情况发生在东德和匈牙利，工业增长率在 1962—1965 年的四年里平均只有 5.8% 和 7.3%（1960 年分别为 8.3% 和 13.5%）。

正是在这样一种历史背景下，苏联和东欧各国领导人尝试对旧有的经济体制进行调整和改革，对社会主义发展道路进行重新探索。赫鲁晓夫执政后强烈批判斯大林盲目冒进、超越阶段、急于向共产主义过渡的思想，积极支持利别尔曼的经济改革建议，着手中央放权、提高企业自

---

[1] Evan F. M. Durbin, *Problems of Economic Planning*, London, Routledge & Kegan Paul, 1949, p. 41.

主性。意识形态方面的"解冻"更加推动了社会主义经济体制的改革浪潮，经济学家们在不同方面着手探讨新经济体制代替旧经济体制的途径和政策。许多东欧国家领导人，如南斯拉夫的铁托、波兰的哥穆尔卡、匈牙利的卡达尔、捷克的哥特瓦尔德都试图突破苏联社会主义模式，主张根据本国的国情和现实需要，在实践中进行带有明显市场取向的体制改革，开创一条独特的社会主义发展道路。

多布指出，苏联和东欧社会主义国家经济体制的改革，苏联经济学家利别尔曼在理论方面作出了突出的贡献。他不仅对斯大林模式进行了深刻的批判，向传统的经济理论提出了挑战，而且为社会主义经济改革提出了切实可行的建议，涉及社会主义经济理论的一系列重大问题，并构建起了一套比较系统、完整的改革理论。1962 年 9 月利别尔曼在《真理报》上发表了《计划·利润·奖金》一文，提出应当以利润为核心指标刺激企业生产，"建立一种计划和评价企业工作的制度，使得企业迫切关心接受最高的计划任务，采用新技术和改进产品质量，总之，关心最大的生产效果"[①]。这篇文章引起了经济学界的一场大讨论，强烈冲击了社会主义传统经济体制。多布认为利别尔曼建议及其大讨论具有重要的理论意义，为人们思想的解放和视野的开阔指明了方向。

众所周知，苏联中央计划机构掌握着全国所有国民经济部门的生产指标，整个经济活动由中央统一管理，计划指标多达上千种。在多布看来，以利别尔曼为代表的改革派重要的贡献在于将这些繁杂的指标通

---

① 孙尚清等：《苏联报刊关于利别尔曼建议的讨论文集》，1 页，北京，生活·读书·新知三联书店，1963。

通摒弃，改为建立"综合指数"以指导企业生产实践，"简而言之，改革者提出的建议是企业计划应该以相当笼统的方式来规定其生产总量，并且这一数字的制定应充分考虑企业与消费者之间的联系"①。新的经济机制将计划指标分为"中央计划指标"和"企业计划指标"两种，中央可以集中精力管理国民经济的主要方面，从整体上掌控宏观经济活动的一切重大决策，同时企业也有一定自主权制订适合自身生产实际的计划。"综合指数"的使用是为了简化之前中央所规定的各种具体指标，尤其是可以减少集中计划的产品种类。多布赞同利别尔曼用利润率作为衡量企业经济好坏的最核心指标，"可以达到提高劳动生产率，调动企业和个人的积极性和创造性，满足消费者需求以降低成本的综合效果"②。相对之前集中的计划管理体制，分权模式较好地解决了宏观控制与微观搞活这一重大问题，从苏联经济改革的具体过程来看，多布认为这种变化主要体现在三个方面：

第一，长期以来，苏联一直强调国家向企业下达指令性指标是社会主义计划经济的重要标志，计划经苏联最高苏维埃批准后就是法律，必须严格执行。在经济改革过程中虽然没有取消计划工作这一原则，但调整了国家下达给企业的指令性计划的指标数量和具体内容。企业未来的年度计划主要服从于两个标准，"首先是按照价值计算的市场产品销售额指标代替了之前的生产总值，使生产和消费紧密结合起来"③，依据

---

① Maurice Dobb, *Socialist Planning: Some Problems*, London, Lawrence & Wishart, 1970, p. 43.

② Ibid., p. 44.

③ Ibid., p. 45.

企业之间的供销关系横向制定企业的具体生产计划，将市场经济关系一定程度引入到生产经营活动中，体现了经济核算的基本原则，能够起到降低成本的目的；"除此之外，预算中还规定了各种应交税款的数额和其他费用，包括与资本总额成比例的新应交税款、固定资产和对应的周转资金"①。从中央集中计划到由企业自行签订合同、选择供应商，显然给予了企业更大的权限，商店、批发站、物资技术供应管理局之间的横向联合得到加强，有利于增强经济发展活力。国家集中计划除了保证品种的产量、交货期和盈利额三项指标之外，不再向企业直接下达其他指令性指标，其余的生产计划则由企业自行编制和实施。

第二，以利润为核心原则评价企业工作质量，并设立相应的基金用于集体奖励和个人奖励。基于马克思主义物质利益原则，多布认为社会主义经济的发展不仅需要精神鼓励，一定的物质刺激同样是必要的。在社会主义经济中，企业与劳动者的利益是一致的，把企业利益与利润联系起来，把职工利益与其劳动成果联系起来，实现国家、企业和个人"三赢"的效果。正如利别尔曼所说："凡是有利于社会的，也就应当是有利于每个企业的，反之，不利于社会的，对任何企业的集体来说也应当是极不利的。"②在改革之前，企业利润上缴国家财政部分占71％，留归企业部分仅占29％，改革后，留归企业的利润部分一般占40％左右。

①　Maurice Dobb, *Socialist Planning：Some Problems*，London，Lawrence & Wishart，1970，p.45.

②　齐世荣：《当代世界史资料选辑》第一分册，496页，北京，北京师范学院出版社，1990。

在利润提成的基础上，企业除了建立发展生产基金以外，还建立物质鼓励基金、社会文化设施和住宅建设基金。物质鼓励基金主要用于鼓励职工个人，社会文化设施和住宅建设基金主要用于集体福利，而发展生产基金主要用于改善和发展生产。这样能够把企业和职工的物质利益与企业生产经营活动的最终成果结合起来，调整好这三者的关系可以提高企业集体对生产经营最终成果的关心。

然而，用利润指标来调节国家与企业之间的利益关系，引起了苏联经济学界的强烈反响，以费多诺维奇、梅德维杰夫等人为代表的反对派极力贬低利润在评价和刺激企业工作、巩固经济核算中的作用，担心过分放权会导致中央失去对整体经济的控制力。在多布看来，集权模式为国家经济发展方向的选择性提供了保障，根据不同的政治经济任务将资源分配到最需要的部门，确实能够避免大范围的经济波动。但是，这种模式的缺点也是显而易见的：生产缺乏活力，信息成本居高不下，经济运行中的行政干预过多，个人利益和社会利益严重脱节等。随着时间的推移，苏联经济发展实践已经证明这不是一种理想的模式，将中央的计划权力适度下放，以各种参数如价格、收税、利润率等有效控制企业行为，更加有助于实现国家确定的目标函数。

第三，多布主要强调了局部放权在投资方面的变化。在改革之前，苏联企业无偿占用国家拨给的固定基金和流动资金，造成企业向国家伸手多要投资，得到的资金又不能有效使用，造成不必要的浪费。为了解决这一问题，"大型投资项目必须受国家控制，在预算中由国家财政直接拨付资金，而对于小型投资项目，企业投资则主要来源于银行信贷和留存利润，这些贷款需要偿还并支付一定数额的利息。显然，相对'集中投资'而言，企业可以自主做出投资决定"①。企业在自有资金和银行贷款的基础上进行再生产和部分扩大再生产，减少企业对国家的依赖，并通过利润提成等办法，实行一定程度上的自负盈亏。

苏联在 20 世纪 60 年代进行的经济管理体系改革，触动了计划体制的核心要害，特别是 1962 年"利别尔曼建议"大讨论之后，学术界对待商品货币关系和价值规律作用的认识有了很大转变，并且很快得到了官方承认，《苏共纲领》载明："在共产主义建设中必须根据商品货币关系在社会主义时期所特有的新内容对商品货币关系充分加以利用。"②柯西金在苏共二十四大的报告中也强调商品货币关系在社会主义条件下拥有了新的内容。然而，随着改革在深度和广度上的进一步拓展，保守势力对市场机制的批判愈加猛烈，斥责其是向资本主义的倒退，导致苏联旧体制中存在的问题没有得到根本性的解决。多布指出："在 1965 年的改革中，集中分配供应品的制度基本上没有改变，尽管属于'分权分配'范围的物品数量有所增长……显然，除非企业能够选择自己的供应来源并在合同基础上同供应商作出协商，否则企业决定自己的生产方案和引进新产品与新产品设计的自主权将受到严重限制。如果企业预先被限制于某些供应品和规定的供应商，那么将会严重影响企业增强经营独立性的步伐。"③虽然苏联试图通过一系列政策解决经济改革中的各种问题，但

---

① Maurice Dobb, *Socialist Planning*：*Some Problems*，London，Lawrence & Wishart，1970，p. 45.

② 《苏联共产党第二十二次代表大会主要文件》，236 页，北京，人民出版社，1961。

③ Maurice Dobb, *Socialist Planning*：*Some Problems*，London，Lawrence & Wishart，1970，pp. 46-47.

由于指导思想上的保守性和局限性，始终无法对科学社会主义理论形成正确的认识，导致改革无法达到预期效果。

相对于苏联"半推半就"式的改革，多布认为南斯拉夫、匈牙利、东德等东欧社会主义国家改革显然进行得更为彻底。一方面，中央集中调拨、供应生产资料的做法被取消，企业的产品作为商品，实行市场交换，自负盈亏。中央主要制订那些"重大比例指标"方面的计划，比如积累率、通过普通投资基金进行的投资分配、集体消费的比例，企业则以这些大比例指标为基础，结合市场情况，自主地制订年度经营计划，企业之间的关系具有一定程度的市场交换的特征。1966 年 5 月 7 日匈牙利工人党中央委员会的决议明确宣布，要使市场发挥积极作用，就必须把集中分配材料和产品的权力由官僚转向商业关系。南斯拉夫则公开提出将市场经济作为经济制度的基础，卡德尔曾经指出，社会所有制是社会主义自治的"条件、基础或者说是实质"，而"市场经济，制订社会计划以及劳动者在经济和社会方面的互相支持"则是自治制度的"三个不可分割的组成部分"。

另一方面，"捷克和匈牙利改革的另一个目标是在价格体系中引入更大的灵活性"[1]，价格改革的总方针是减少中央对定价的控制权，让市场的力量介入到价格形成之中，促使国内价格与国际价格接轨。多布指出："在匈牙利的经济体制中，1968 年所采取的较为灵活的价格机制是相当重要的，是新经济体制中的一个重要组成部分，相比过去更多地

---

[1]　Maurice Dobb, *Socialist Planning*: *Some Problems*, London, Lawrence & Wishart, 1970, p. 48.

体现了价值规律的要求。匈牙利规定了三大类的商品价格：第一类商品采用集中定价，价格始终保持不变；第二类商品则规定了价格可以变动的上限和下限范围（例如企业之间的供应合同）；第三类商品价格可以不受限制地自由变动，称为'市场价格'，由当前的供需状况决定。其中第二类和第三类产品加在一起，涵盖了所有产品的一半以上（接近三分之二）。同苏联的价格改革一样，匈牙利采取了接近生产价格（马克思主义意义上）的原则，按资本资金的比例征收 5％的费用或税收，在确定初始价格或起始价格时，相对于所涉工业部门的资本，平均利润率在6％至 7％之间。"①通过对价格机制的改革，提高了价格在经济管理中的作用，企业能够更好地利用价值规律调节生产，促进技术进步，降低生产成本，自主经营权有了很大的提高。但是，这种定价方式与西方资本主义国家市场化的价格形成机制相对比还是有着相当大的区别，很多重要产品依然由政府定价，国内市场价格与国际市场价格脱节，反映了匈牙利改革相对保守的特点。与南斯拉夫旗帜鲜明地提出彻底改革市场经济体制不同，匈工党在改革过程中迫于苏联的政治压力，始终小心翼翼地避免触犯苏联领导人所能容忍的底线，明确地将改革局限在经济范围之内，很少涉及政治体制和国家关系领域。

多布认为，"回顾苏联经济体制改革的历史发展，尽管最开始的构想和承诺比较明朗，但其实际结果总体上有些令人失望"②。1965 年 9月开始实施的"新经济体制"改革，在初期取得了较为明显的经济效益，

---

① Maurice Dobb, *Socialist Planning*：*Some Problems*，London，Lawrence & Wishart，1970，p. 49.

② Ibid.，pp. 52-53.

如 1966—1967 年的工业劳动生产率年平均增长 5.7%，高于 1960—1965 年的平均增长速度 4.6%，但改革的势头开始逐渐减弱，停止实行原计划的一些措施，如实行生产资料的批发贸易等。东欧社会主义国家新体制的实际运行状况同样不尽如人意，南斯拉夫面临严重的通货膨胀，外债增多，工业生产率急剧下降，加之农业歉收，经济发展出现困难；匈牙利受制于勃列日涅夫施加的政治压力，被迫于 1972 年"停止了改革"，没有达到人们期待的计划与市场有机结合的最终结果；20 世纪 60 年代末，波兰财政赤字增加，失业人员渐多，经济形势日趋恶化。

小　结

多布辩证理性市场社会主义思想是一个总体性的理论体系。他的核心思想是确立生产力为社会发展动力，揭露资本主义的本质，为改革提供方向。资本主义内部存在着生产资料私人占有与社会化大生产的基本矛盾，只能通过周期性经济危机达到暂时平衡，存在着社会制度层面的明显缺陷。苏联高度集中的社会主义模式，同样在经济运行中存在弊端，容易造成效率低下、官僚主义等问题。多布通过对两种经济范畴的考察和总结，提出了社会主义国家政治与经济双重演进的改革建议。

第一，判断社会主义与资本主义的区别，不能仅仅从制度层面入手，高度发达的生产力水平是社会主义发展的首要动力，这符合生产力决定生产关系、经济基础决定上层建筑的马克思主义基本原理，符合马克思主义关于社会主义和共产主义必须建立在相当程度的生产力水平基础上的论断。从社会主义国家的改革实践来看，忽视生产力发展水平是造成政策失误的重要原因。对于社会主义的理解，不能只讲制度建设而不谈物质生产，否则共产主义的实现就成为浪漫主义的理想，失去了赖以生存的根基。多布指出，只有在不断提高生产力的过程中，才能更好地巩固和坚持生产资料公有制。社会主义消除了资本主义的基本矛盾，生产资料公有制克服了大垄断资产阶级控制社会的经济基础，可以充分调动人民的积极性和创造性，实现生产力的又好又快发展。

第二，当前资本主义存而不亡的现状让一些人怀疑马克思对资本主义命运的历史判断。如西方著名左翼学者莱博维奇认为马克思主义面临着解释困境，无法对资本主义的现状作出科学说明，甚至全面批评生产力的决定性作用。实际上，多布通过对资本主义经济运行、社会结构的揭示，已经说明了资本主义当前存在的合理性与灭亡的必然性。资本主义生产关系是一种占有工人剩余价值实现资本增殖的形式，但这与生产力发展本身并不矛盾。无论是资本主义利用一些安抚手段缓和劳资矛盾，还是早期对工人阶级的分化，仅仅是发展生产的一种手段，目的仍是实现资本剥削。与封建剥削制度相比，资本主义确实更加有利于生产力的发展。但多布所强调的是资本主义本质并没有变化，资本主义生产力的提高反而为社会革命奠定了经济基础，推动生产关系新旧更替的实现，这更加印证了生产力是社会发展的首要动力。

第三，从社会主义国家的改革实践来看，只有打破束缚生产力发展的某些教条原则，才能实现深入、彻底的改革。多布指出在相当长的一段时间，鉴于苏联经济建设的成功，各国对社会主义的认识并不深刻，许多重大的理论问题没有真正搞清楚，不顾自身情况照搬全抄苏联模式。许多能够切实提高人民生活水平的东西，被当作资本主义范畴加以批判，而一些只适用于特殊历史阶段的东西却被加以固守。正是在这个意义上，多布提出以生产力的发展为标准，不断探索适合本国发展的社会主义建设道路。

第三章 | 莫里斯·多布辩证理性市场社会主义思想中意识形态的能动性

　　意识形态作为马克思主义理论的重要内容，本身属于一个难以准确定义的概念，不同的思想家对其认识各有不同。从学者目前的研究角度来看，主要是从三个方面来阐述意识形态的基本内涵：一是从哲学批判的角度出发，主要针对以费尔巴哈、鲍威尔、施蒂纳等为代表的"德意志意识形态"，马克思对颠倒的观念、歪曲的意识进行了深刻批判；二是以观念科学为研究视角，以马克思主义意识形态概念的思想发生史为主要依据，从而界定出意识形态的主要含义；三是在唯物史观视阈下，明确将意识形态作为上层建筑的构成部分，格外强调意识形态与经济基础之间的辩证关系，赋予了马克思主义意识形态理论鲜明的社会学批判色彩。意识形态是马克思主义理论中的重要问题，贯穿于马克思对以德国为代表的整个资本主义社会文化的批判中。在《德意志意识形态》中，马克思和恩格斯首次论及"意识形态"概念，在出版后引发了学者对意识形态现象及其理论的深切关注。世界历史的发展则在现实层面促进了人们对意识形态问题的重视，尤其是全球化时代，资本主导下的国家利益冲突加剧了国家之间的矛盾和利益纷争，国与国之间的竞争不仅仅局限于经济、军事领域，意识形态作为国家权力的组成要素，对于巩固国家政权、维护社会稳定具有重要意义。马克思的意识形态术语具有丰富性和多维性的特点，不能将其划为一种单一的否定概念。

在英语世界中，意识形态问题同样是国外学者关注的重要问题。尤其是 20 世纪 80 年代以来，以斯图亚特·霍尔、特里·伊格尔顿、弗雷德里克·詹姆逊等人为代表的当代英美马克思主义思想者贡献了诸多马克思意识形态的研究成果。霍尔吸收了马克思意识形态理论中的有益成果，试图将文化与意识形态进行有机结合，运用结构主义的方法来分析意识形态的生产机制和运作原理。伊格尔顿立足于文本生产，展现文本与意识形态内涵的复杂性和生产的动态性，在深刻反思社会现实发展的基础上，拓展意识形态的研究领域。詹姆逊则更加强调对当代资本主义社会文化现象进行历史性的分析，将其作为一种理论叙事方法加以运用。21 世纪以来，"国外马克思主义意识形态的格局发生了重大变化，主要表现为资本主义意识形态批判更加深入、社会主义思想意识重新兴起与共产主义理念陡然兴盛"①。多布作为一名英国马克思主义学者，

①　陈治国：《论 21 世纪以来国外马克思主义意识形态理论的"三重奏"》，载《山东社会科学》，2019(11)。

其意识形态思想与马克思的意识形态论有着不可否认的联系。他以经济研究为主题、重视历史唯物主义的分析方法，对意识形态的内涵、功能和重要性作了论述，批判了自由主义意识形态。

一、社会科学研究具有鲜明的意识形态属性

在西方的哲学传统中，无论是古希腊亚里士多德超验的"第一实体"，还是近代以来德国古典哲学抽象的观念论，一旦深入到社会历史领域，就必然抽象掉现实的社会生活。马克思认为这种哲学能够解释世界，但对改变世界无能为力，哲学沦为了人类生活的旁观者。以唯物史观为基本立场，马克思将物质生产、精神生产以及人自身的生产联系起来，真正深入社会历史提出社会存在概念，从而使社会获得了基于人自身社会生活及其历史实践活动的批判、建构和诠释。恩格斯对哲学基本问题作出过著名判断，认为全部哲学所关注的是思维与存在之间的关系问题。马克思以社会生活与实践为切入点，给予了哲学基本问题更加丰富的内涵，即从存在与思维的关系提升到社会存在与社会意识层面，不仅强调了物质生产的第一性地位，而且说明了人的历史实践构成了社会存在，在此基础上形成了社会意识，辩证唯物主义的物质统一原理在现实人类生活中得到了确证。正如马克思强调社会存在不是外在于人的客观物质存在，社会意识同样区别于人们对自然界的意识，而是社会存在的感性表达，具有鲜明的阶级性、政治性和价值取向。人们的现实生活决定了其社会意识，贯穿着人与物、人与人、人与交往形式及社会条件

之间的矛盾，决定了人们社会意识的相应社会性质。

对于莫里斯·多布而言，作为社会意识组成部分的意识形态问题同样是他学术研究的一个核心对象，并且作为一种方法论贯穿其辩证理性市场社会主义思想的始终。如果说多布的《政治经济学与资本主义》一书说明了马克思主义政治经济学是古典经济学的逻辑继承者，相较于当时的正统经济学，对资本主义和社会主义相关问题给出了更为合理的解释方式，那么在《亚当·斯密以来的价值和分配理论》一书中，多布则认为必须对数年来不同思想家对资本主义和社会主义的研究进行重新整理，尤其是价值与分配理论方面相关的思想成果。在该书的开篇多布即抛出了意识形态问题，运用相当大的篇幅来解释为何经济史的研究需要首先从意识形态展开。"虽然意识形态这个概念与黑格尔的'虚假意识'有密切的关系，而这种'虚假意识'妨碍了人们对自己和生存条件的认识，但我们不能把它当作'虚假意识'的同义词，更不能把它仅仅当作思维中的虚幻成分（有些人确实是这样用的）。毫无疑问，它的核心是指一种思想的历史相对性质……一般来说，一种意识形态就构成或暗示着一种哲学立场，在当前的社会背景下，它是一种社会哲学，只是这种哲学没有被赋予正式的、方法论上的内涵。"①

多布认为不存在"中性"或者"普遍适用"的经济科学，有必要对经济分析工具和资产阶级经济学的意识形态进行区分。由于边际效用理论和一般均衡理论的兴起，资产阶级经济学日益形式化和数字化，不可避免

---

① Maurice Dobb，*Theories of Value and Distribution since Adam Smith*，Cambridge，Cambridge University Press，1973，pp. 1-2.

导致了经济理论危机的出现。"人们日益认识到，通过将经济理论简
为交换过程和价格关系的一般体系来消除分配问题，导致了分配问题
合理性及其意识形态功能的丧失。"①多布在对资本主义的分析中加
历史性维度，指出从经济学到政治经济学的回归是资产阶级经济理
论的一种进步。社会的经济生活需要通过政治组织的管理、政治活
动的运转才能实现。

之，多布认为对意识形态的研究有着重要价值，"正是由于这个
原因，我们有可能描述经济理论的特征并将其分类，即使是从它们描述
经济的结构和根源的方式，从为了历史判断和当代社会实践的角
度，是最为抽象的理论。确实，这样的做法是对相关理论及其在思
想历所处地位进行正确解读的一个根本部分。如果没有这样的理
解，对于特定理论的理解就会孤立片面，对于经济思想发展的理解
也自缺乏一些关键要素。从这一意义来讲，理论及其发展的历史评
价对于何理论本充分理解都是必要的，如果这样说是意味着除了
对形式本身的释以外（其经常被视为简单纯粹的技术成果），还有
对形式与现关系（和意义）的理解。因为后者极其关注现实相关
性，即理论是有意义取决于其作为社会理论的总体可行性。因此，
对于经学说的史评价和解读，一般包括对特定学说旨在阐明的实际
问题进行探研究。这当然是解读的一个因素，也许是一个必要的出

---

①　　　ttick，Book Review：Theories of Value and Distribution since Adam
Smith：Id　　and Economic Theory by Maurice Dobb，*Science & Society*，1974，38(2).

发点，都可以为解决现实问题提供某种暗示性的线索"①。

(一)作为学术研究的意识形态

多布首先认为在政治经济学或者经济理论领域，意识形态的作用及其含义受到了不同的对待。新剑桥学派代表人物琼·罗宾逊指出："与科学命题相对的意识形态命题的标准是什么呢？首先，如果用逻辑的方式来讨论意识形态命题，那么这种讨论要么转变为毫无意义的讨论，要么则变成一种循环论证。"②相较于自然科学讲究证据、注重实验，形而上学主要依靠哲学家的臆测，既无法证明也无法证伪。古希腊自然科学的产生建筑在百科全书式的哲学中，由于自然科学的不断进步，崇尚理性和科学的价值观成为主流，对形而上学这种不可靠的思维方式产生了批判。但"形而上学命题也提供了一个可以据之提出假说的源泉。这一个源泉并不属于科学王国，却是科学王国所不可或缺的"③。罗宾逊认为有关意识形态的争议实质上是一种分析方法的形而上学争论，古典经济学家重视经济分析背后的社会关系因素，运用形而上学的抽象概念去解释形而下的具体经济问题，而新古典经济理论将经济学看作一种不包含意识形态的自然科学，试图用形而下的方法探讨那些既定生产体系中基于个体最优化决策的技术关系，忽视了更为重要的现实世界。尽管意识形态不属于科学领域，但也在社会科学中扮演了一个重要角色。"无

---

① Maurice Dobb, *Theories of Value and Distribution since Adam Smith*, Cambridge, Cambridge University Press, 1973, p. 30.

② [英]琼·罗宾逊：《经济哲学》，3页，北京，商务印书馆，2015。

③ 同上书，4页。

论是否可以把意识形态从社会科学的思维范畴内消除掉，意识形态在社会生活的行为范畴内确实不可或缺"①，如休谟从人类心灵的自爱性质与外部财富状况的结合来说明正义，斯密从人性存在出发来说明经济分工，马克思运用阶级分析来解剖资本主义经济社会。因此多布指出罗宾逊向我们揭示了一个事实，"因为意识形态是无法被证明或者测试的，所以自然科学并不承认它的存在，但其仍然在说服人们采取某种态度和从事某种活动方面发挥了重要作用"②。

多布进一步认为，相较于罗宾逊对意识形态的理解，约瑟夫·熊彼特最大的贡献是赋予了意识形态更为丰富的内涵。罗宾逊强调意识形态与科学命题不同，是道德准则和所谓价值判断的混合物。熊彼特承认所有的研究人员都无法摆脱意识形态的影响，但重要的是将意识形态与特殊辩护、价值判断相区别开来。在熊彼特看来，研究者在一定程度上可以控制特殊辩护与价值判断对自身的影响，经济学家所要做的是尽量脱掉这种非科学的、套在经济分析上的"外套"。而在经济学研究当中，研究者作为现实存在的个体，本身是一定社会环境的产物，他所处的社会环境、所属的社会地位都会影响他的价值观念和思想体系，这被熊彼特称为"意识形态"或"意识形态偏见"问题。对于经济学研究而言，研究者总是从对经济现象做出"想象"开始入手，通过对经济事实进行深度加工和总结，在这一过程中收集"事实"和"理论"研究不断地进行互动和沟

① ［英］琼·罗宾逊：《经济哲学》，4 页，北京，商务印书馆，2015。

② Maurice Dobb, *Theories of Value and Distribution since Adam Smith*, Cambridge, Cambridge University Press, 1973, pp. 2-3.

通，最终形成了"科学的模式"①。意识形态对思维的影响是深远的，是人们在科学理论分析前的认知行为。但熊彼特认为这种带有意识形态偏见的"想象"完全不影响科学研究的进程，相反"前科学的认知行为不仅是意识形态的源泉，也是我们进行科学工作的先决条件……尽管意识形态使我们进展缓慢，但没有它们，我们也许寸步难行"②。因此，虽然意识形态对研究者的影响普遍存在，但意识形态偏见通常会接受后续科学程序的处理，经过逻辑兼容的过滤，这种影响足以降低到无法危害经济分析的程度。

科学主义是认识世界的一种方式，但并不是唯一的方式。事实上，主流经济学所经历的范式危机正是由于对数学技术工具和经济模型的过度关注。多布认为，熊彼特将经济分析与政治经济学体系和经济思想这三种不同的范畴作了区分，强调经济政策与经济思想可能会受到非理性因素或非科学因素的影响，价值判断和特殊辩护在其中起着很大的作用。但经济分析在熊彼特眼中却是客观且独立的，经济学家们运用技术工具对经济现象进行解读，在这一过程中可以克服意识形态的制约，得出某种超历史的经济理论。在多布看来，"熊彼特的这种观点尽管比较保守，但仍存在着局限性，其显然与较为粗糙和直接的'工具盒'观点相联系，即将经济分析看作是纯粹的工具（至少在现代经济学的意义

① ［奥］约瑟夫·熊彼特：《经济分析史》第1卷，75页，北京，商务印书馆，2008。
② ［美］丹尼尔·豪斯曼：《经济学的哲学》，206页，上海，上海人民出版社，2007。

上）"①。主流经济学往往更加关注数学、统计等理论工具的应用，力图成为纯粹的理论经济学，这种经济分析方式"对规范性判断不感兴趣，也不关心它所提出的具体目的——是为了澄清垄断性企业的问题，还是社会主义经济规划者的问题"②。多布认为，熊彼特所说的分析是一种纯粹的形式结构，与经济问题本身、指向和内涵无关，不构成具有任何现实经济内容的陈述；或者说它仅仅是一个逻辑系统，被设计成解释经济现象和活动的载体。"如果是前者，形式结构不能与经济理论的历史联系起来，而如果是后者，那么逻辑形式一定不能与其所要表达的内容相分离。"③

正是由于纯粹经济学家这种身份的流行，经济学中的数学方法与表述范式进一步得到加强，甚至要完全抽象出某些概念和关系，而这些要素、关系在多布看来是无法用等式系统加以量化和表达的。多布承认数学与理论模型在经济学中的作用，但他同时强调任何一名经济学家都无法抽象地进行经济分析，在《亚当·斯密以来的价值和分配理论》一书中，多布论证了经济理论的历史性特征以及将其转变为"纯"科学的不可能性。"在成为一名经济学家的道路上，社会历史条件、对经济过程的主观看法都会限制他对现实社会的认知。"④经济学本质上是一门应用科学，不能否认它的规范性因素。虽然区分"规范性的"和"实证性"总是很

---

① Maurice Dobb, *Theories of Value and Distribution since Adam Smith*, Cambridge, Cambridge University Press, 1973, p. 4.

② Ibid., p. 4.

③ Ibid., p. 5.

④ Ibid., p. 7.

困难，但经济学家仍试图通过高度形式化的分析技术来尝试这一方向。然而，毫无疑问"中立"的技术会影响经济解释及其经验含义的意识形态方向。

多布指出，资产阶级经济学的日益数字化，以及边际效用和一般均衡理论的兴起，一定程度上导致了经济理论对社会经济现实的偏离。新古典综合派强调技术因素在经济变量中的决定性作用，沉醉于数学均衡体系所构建的"美感"当中。对新古典综合派以均衡分析、边际分析为主要研究方法的质疑，使人们重新关注古典经济学中对现实复杂性和历史制度因素的强调。显而易见的是，分析方法的引入和经济学的数学化是资产阶级意识形态作为经济理论的工具。主流经济学坚称经济学本身可以成为一门纯粹的自然科学，反而从另一个角度证明了经济学中必然包含意识形态。不同于新古典经济学家，多布强调经济学研究不能停留在人与人以及人与物之间纯粹的技术关系上，要正视意识形态在经济分析中的重要性，将其作为经济分析的一个部分才能让经济学回答现实问题。新古典经济学是自由主义在政治和经济领域的延伸，只不过资产阶级经济学家通常对其政治前提避而不谈。

(二)作为阶级立场的意识形态

从马克思的唯物史观角度出发，社会科学属于建筑在相应经济基础上的上层建筑的一部分，具有鲜明的意识形态属性。社会科学研究与自然科学研究不同，前者的研究对象是现实的人生活的世界，主要关注价值、利益等范畴，具有鲜明的主观性色彩；后者则以自然界为对象，力图通过科学手段增进对整个世界真理性的认识，可以采用全球通用的统一标准。马克思在《共产党宣言》中指出："任何一个时代的统治思想始终都不过是统治阶级的思想。"①统治阶级在进行政治统治时，必然要求其代表的意识形态上升为主流意识形态，在价值导向上维护、巩固统治基础。资本主义下的政治经济学建构以经济人理论假设、私有产权、政治交易范式为基本手段，本质上是服务于私有制和资本主义制度，反对公有制和社会主义，属于资本主义的意识形态。社会主义建立在公有制基础之上，始终代表和维护着最广大人民的根本利益，马克思主义意识形态既说明了人自我实现的现实条件和方法，又指明了人自由解放的目标，是一种扬弃资本主义基础上的新世界观。

从进行社会科学的研究主体来说，对每一个问题的研究必然会涉及研究者的立场。社会科学不是单纯的学术研究，意识形态同样是其基本属性。英国经济学家莱斯利指出，政治经济学并不是"普世和永恒的真理，而是由特定历史条件下所产生的推断和学说组成的，甚至会带有历史条件和主要撰述者的色彩"②。熊彼特也认为，"经济学家本人是他自己时代和所有以前时代的产物，经济分析及其成果必然会受到历史相对性的影响"③。研究主体从属于哪一个阶级，必定会以学术的形式反映其阶级利益。罗宾逊在批判新古典理论时指出，"重商主义者是海外贸易商的拥护者；重农主义者卫护地主的利益；亚当·斯密和李嘉图则相信资本家（他们赚取利润，为的是进行再投资，扩大生产）。马克思把他

① 《马克思恩格斯文集》第 2 卷，51 页，北京，人民出版社，2009。

② T. E. Cliffe Leslie, *Essays in Political Economy*, London, Longmans, Green&Co, 1888, p. 21.

③ ［奥］约瑟夫·熊彼特：《经济分析史》第 1 卷，32 页，北京，商务印书馆，2010。

们的论点倒转来为工人辩护。现在，马歇尔站出来充当食利者的战士"①。也就是说，资产阶级经济学家们代表着不同的利益主体，其经济学说必然带有明显的阶级性。

多布认为，世界上不存在完全不受意识形态影响的社会科学研究者。对于任何一个带有感性色彩的人来说，都会受到社会生活、文化环境的约束，不同国家、性别甚至年龄都是使人意识形态相异的原因，完全脱离意识形态以及特定政治文化环境是不可能的。于是"经济学绝不可能是一门完全纯粹的科学，而不掺杂人的价值标准，对经济问题进行观察的道德和政治观点，往往同提出的问题，甚至所使用的分析方法不可分割地纠缠在一起"②。多布强调意识形态因素存在于每一个经济学家头脑之中，具有浓郁的感性色彩，经济学研究从始至终都不能摆脱其影响，不存在适用于任何社会的纯粹经济学理论。作为一门社会科学的经济学科，同样不能完全脱离意识形态以及特定政治文化的影响，总是受到一定社会历史、文化发展的影响。因此多布指出，"既然经济学家也是血肉之躯的凡人，其精神也有凡人所具有的通常弱点，我们在一些情况下（即使不是大多数情况下）就一定会发现某种成分影响了某位思想家的视野（想象）……他们的思维是由特定社会环境所塑造的"③。

从意识形态与社会结构的关系来说，特定的社会结构与意识形态紧

---

① ［英］琼·罗宾逊、约翰·伊特韦尔：《现代经济学导论》，240 页，北京，商务印书馆，1982。

② 同上书，63 页。

③ Maurice Dobb, *Theories of Value and Distribution since Adam Smith*, Cambridge, Cambridge University Press, 1973, p. 16.

密联系在一起。认识和把握不同社会中的社会经济关系，是经济学理论科学性的重要保证。"熊彼特在作为纯粹分析的经济学和作为将必然掺杂意识形态偏见的经济过程之间作出的区分是无法继续的，除非前者仅限于经济表述的形式框架，而不是有关于经济社会真正关系的作为实质性陈述的经济理论。因为历史本能、社会视角和视野不可避免地要在后者的构想、在其现实主义程度的判断行为中起作用。"[1]熊彼特试图将经济学与意识形态在逻辑上进行抽离，排除基于某种道德或者文化立场所做出的评价，但多布认为这并不现实。经济研究的核心应该是社会制度中的人与人之间的社会关系，这不是数学语言和逻辑推导可以实现的。因此，多布清楚地看到不存在中性的经济科学，纯粹化的经济学发展趋势只会剥夺理论与实际经济过程的相关性，有必要对经济分析工具和资产阶级经济学的意识形态进行区分。

历史上所产生的各种意识形态都是以特定历史阶段的社会现实为基础的。意识形态作为现实社会存在，尤其是物质生活的反映，不能脱离其生存与发展的土壤，不同性质的生产方式会孕育出不同性质的意识形态，这是唯物史观的基本原理。虽然历史发展不能简单地等同于经济决定论，但物质生活与再生产始终是历史发展的中轴线。诺斯、鲍德里亚、拉克劳等人将意识形态的相对作用无限扩大化，完全颠倒了二者的地位，是典型的历史唯心主义。这种观点看上去是肯定了人的主观能动性，实质上是试图否定阶级冲突，从而将资本主义意识形态永恒化。

---

① 　Maurice Dobb，*Theories of Value and Distribution since Adam Smith*，Cambridge，Cambridge University Press，1973，p. 35.

在以"商品拜物教"为核心的资本主义社会，社会结构呈现出统治阶级与被统治阶级之间的对抗，马克思主张只有进行无产阶级革命才能消除剥削、实现全人类的解放，仅仅从思想领域进行革命，无疑会陷入黑格尔式"无人身理性的自我运动"中。因此生活在某种经济社会中的研究者，其研究内容、研究倾向、研究方法自然会带有社会环境因素的烙印。

从意识形态的表现形式来看，资产阶级学者一直在宣传民主、平等、人权等价值观，并生成西方价值观和原则在全世界通用。福山曾宣称，"经济和政治上的自由主义对所有竞争者的显赫胜利，不仅仅意味着冷战的结束，或者是一段特殊历史时期的过去，这样的历史终结本身就是人类意识形态发展的终点和作用人类之中政府形式的西方民主的普遍化"①。意识形态终结论实际上是冷战结束后，随着苏联社会主义国家的解体，以美国为首的资本主义国家在意识形态领域表现出的极度狂妄和自负，认为社会主义的意识形态已经被资本主义意识形态所取代，人类的历史已经终结或者正在终结。实际上，深入分析这种口号的理论实质，是一种传统政治意识形态理论框架的"再意识形态化"，"历史终结论"本身就是一种意识形态，资产阶级学者的目的是冲击社会主义的意识形态，进而继续在全球范围内实行和平演变战略，这充分展现了这些学者带有强烈意识形态色彩的哲学立场。

回顾历史可以发现，资本主义不仅没有淡化意识形态的作用，反而

---

① [美]弗朗西斯·福山：《历史的终结及最后之人》，3页，北京，中国社会科学出版社，2003。

利用各种形式打击非资本主义意识形态的行为和个人。第二次世界大战后国际局势发生了巨大变化，以苏联和美国为首的东西方两大阵营之间的剧烈对抗构成了冷战格局，马克思主义经济学作为一种带有一定意识形态色彩的学说自然也受到了西方学者的质疑和攻击，西方发达国家对国内马克思主义学说和思想进行了种种阻挠和遏制，一些学校禁止教授马克思主义经济学的政治经济学家授课，政治空气的紧张导致整个社会都在攻击开明和进步的经济学家，并将其列入了教学黑名单。多布也曾因为宣扬马克思主义学说而被视为共产主义分子，一度受到排挤和打压。这充分体现了意识形态在资本主义国家有着极为独特的地位和作用，他们所宣传的各种政治口号，不过是为了将以自由主义为核心的价值观转变为全球普世的价值理念，本质上是为政治目的服务的。

多布对作为哲学立场的意识形态的关注，正是由于他整个学术生涯的大部分时间都致力于探索一个关键主题——劳动者在社会中的首要地位。E. P. 汤普森的《英国工人阶级的形成》一书开创了一种对社会历史研究的新的观念：权力不在于精英，而在于大多数的普通群众，他们被一个专注于所谓伟人行为的领域所忽视。汤普森坦承，在写作《英国工人阶级的形成》这本书的时候，"为了弥补我在经济学理论上的不足，我从马克思和多布那里吸取了很多有益的见解"[1]。不理解社会结构，就不能理解工人文化。多布沿袭着马克思的哲学立场，始终关注劳动群众利益的实现。这也就决定了多布经济思想与其他资产阶级学者进行社会

---

[1]　Timothy Shenk, *Maurice Dobb*：*Political Economist*，London，Palgrave Macmillan，2013，p. 164.

科学研究的基本立场和话语体系有着很大区别。多布从经济基础和上层建筑的关系角度去分析社会结构，而意识形态则是对社会经济形态和政治制度的直接反映。他旗帜鲜明地站在劳动者的立场上，关心社会底层人民的生活和权利，为资本主义国家的劳工争取合法利益提供了重要的精神动力和理论支撑。

二、阶级意识作为社会经济关系结构的反映

从认识论角度来看，给意识形态范畴下定义应该是最基本的问题，但国内外学界长期以来对马克思的意识形态概念存在一定程度上的理解分歧。实际上，意识形态问题所呈现出来的重大争论，从来都不是纯粹学术意义上的观点相争，而是与每一个人的解读方法、价值立场息息相关。批判腐朽资本主义社会，论述社会主义、共产主义社会必然性是马克思毕生的任务，其意识形态思想也隶属于这一重大论题。对于多布来说，他认为"阶级意识"是马克思意识形态概念的精神实质。多布指出从中世纪时期到资本主义时代，不只是生产技术的改进与新式生产工具造成的生产效率的提高，更是分工的进一步细化与交易制度的完善，生产者逐步脱离土地与生产工具，形成了无产阶级。"在过去的五个世纪中，无产阶级的出现是具有特殊意义的，不仅因为生产者从'身份'到'合同'的演变过程之真相被传统的方式巧妙地掩饰起来，而且是因为在历史舞台的中间，出现了为经济或客观环境所驱使的劳动形态，这奠定了不易为人所揭穿的那种有关阶级剥削生产剩余劳动的基础，而这正是现代资

本主义的本质。"①

　　资本主义国家是资产阶级维护自身利益的机器，意识形态则是其统治意志的理论表达。由于阶级利益的对立和冲突，统治阶级出于维持既得经济利益的目的，在思想理论上试图给自己的利益披上合法的外衣，以意识形态的普遍性形式掩盖利益最大化，对无产阶级进行"物质、空间与精神的三重剥夺"②。多布指出，资本主义国家是资本家的代表，为资本和富人服务，意识形态战略通常是将资产阶级的特殊利益说成普遍利益，对内实行民主和自由，对外则推行"新帝国主义"政策。全球化背景下，西方资本主义国家宣扬"意识形态终结论""淡化意识形态"等论调，试图在新的历史时期实行和平演变，搞分化和西化。正如美国学者罗伯特·迈克杰斯尼在《新自由主义和全球秩序》一书的导言中说道："新自由主义的倡导者极尽其口才，使自己听起来好像每每他们代表少数富人实施政策时，他们正是在给穷人、环境和其他任何人施以巨大的恩泽福祉。"③

(一)阶级意识是资本主义生产方式的必然结果

　　阶级意识作为一种历史性的产物，是受社会生产关系所决定，伴随着政治、经济、文化、社会环境等因素变迁所形成的一种社会意识。物

---

① ［英］莫里斯·多布：《资本主义发展之研究》，14 页，北京，新民书店，1951。

② 薛稷：《21 世纪以来国外马克思主义空间批判理论的发展格局、理论形态与当代反思》，载《南京社会科学》，2019(8)。

③ ［美］诺姆·乔姆斯基：《新自由主义和全球秩序》，2 页，南京，江苏人民出版社，2000。

质生活的生产方式是人类全部社会生活存在的基础，有什么样的生产方式就会产生什么样的经济关系，进而决定了意识形态的性质。资本主义生产方式下生产资料所有者与劳动者是剥削与被剥削的关系，导致了相互对立的阶级对抗形式。在资本主义社会，阶级意识表现为无产阶级意识，是资本主义机器大工业体系形成发展下的产物，并在与具有根本利益冲突的资产阶级对抗过程中不断增强，形成了对整个无产阶级共同利益、历史地位等方面的共同认识。多布认为，资本主义社会无产阶级意识的形成有着历史必然性，是资本主义生产方式的必然结果。当代资本主义经济水平发展越快，越是会强化与之相应的阶级意识，最终自发地要求变革资本主义意识形态，从"自在阶级"转向"自为阶级"。因此，多布认为首先要对资本主义条件下的生产方式进行分析，分析资本主义生产关系所构建的两极分化的社会结构，才能找到无产阶级意识形成的根源，进而说明成长在资本主义生产关系下的无产阶级必须改变现有的经济基础，才能真正实现自身利益。

生产方式是多布关于社会结构要素研究中最根本和最深层的一个问题，他以马克思关于生产力与生产关系、经济基础与上层建筑的思想为基础，将生产方式作为区分社会形态的根本标志，作为了解社会结构和真实状况的钥匙，从整体上深刻揭示了资本主义生产方式的历史必然性和局限性。

首先，生产方式不仅仅是一个政治经济学的术语，更是一种广泛的历史学范畴，是区分不同社会结构之间的标准和依据。多布认为，马克思既不从资本家的精神，也不从货币融通交易从而获取利润的行为中去探求资本主义的本质，而是着眼于不以人的意志为转移的生产方式。

"马克思所指的生产方式，并非简单的生产技术（生产力状况），而是生产手段所有权的情况，与因生产过程而发生的人与人之间的社会关系。"①在人类历史发展长河中，无论哪一种生产方式，都受到一定生产力发展水平的制约，总是与政治、经济和文化的客观历史发展阶段相联系。

历史地看，封建社会中实行的是一种自给自足的自然经济模式，生产者在人身关系上依附于封建领主，而封建领主通过劳役或者实物地租的形式，从农民身上攫取各种物品满足自身需求。在封建的社会条件下，经济结构、社会制度、政治理论和思想观念都是为封建等级制度和宗教神学服务的。随着新的劳动资料和生产技术的出现，生产社会化程度不断提高，资本主义生产方式逐步建立起来，催生了新的社会组织形式及生产者之间新的社会经济联系形式。但正如马克思所说，"资本的垄断成了与这种垄断一起并在这种垄断之下繁盛起来的生产方式的桎梏。生产资料的集中和劳动的社会化，达到了同它们的资本主义外壳不能相容的地步。这个外壳就要炸毁了。资本主义私有制的丧钟就要响了。剥夺者就要被剥夺了"②。社会主义是建立在生产力高度发达、资本主义生产方式经过扬弃性变革的基础之上，多布视之为一种更高级的，能够更好地满足全体社会成员生活需要的生产方式。在社会主义生产方式下，生产活动不再是个人事务，而是为了实现人类整体利益的公共事务，体现对人类存在本质的真正关怀。同时建立在更加先进的机器

---

① Maurice Dobb, *Studies in the Development of Capitalism*, London, Routledge & Kegan Paul, 1972, p. 7.

② 《马克思恩格斯文集》第 5 卷，874 页，北京，人民出版社，2009。

大工业技术基础之上的生产形式必将创造更高的劳动生产率，为全体劳动者的全面自由发展提供了保障。

其次，历史上的资产阶级为新世界的出现创造了良好的物质基础。借助于科学技术的发展，物质生产成为对自然力的统治。当代资本主义社会，由于国际金融垄断资本主义的发展，人类创造了有史以来最巨大、最先进的生产力，又发展出了世界性生产体系、金融体系和管理体制。资本追求增殖的本性要求资本主义生产方式在世界范围内扩张，这客观上促进劳动主体加深对人自身和客观自然界的认知，社会经济发展对技术进步提出了更深层次的需求。曼德尔指出，资本"寻求利润，寻求高出平均利润之上的利润"的"不断冲动""会导致不停地努力改革技术"[①]。资本主义发展的根本动力在于对利润的追求，正是这种内驱力促使资本主义不断地进行产业革命与重大的技术创新，从而推动资本主义生产和经济的快速发展。马克思虽然指认了资本逻辑所导致的异化现象，但他也高度赞扬资本主义作为一种生产方式所具有的历史进步性。资本家作为资本的人格化，投资生产的唯一目的是追逐利润并进一步扩大资本积累，客观上要求运用现代化科学技术为生产服务；资本主义生产方式第一次把物质生产过程变成科学在生产中的应用——被运用于实践的科学。

最后，以整体主义的视角考察生产方式与社会形态的关系。多布认为，生产方式不是一个纯概念性的抽象工具，应该将其理论表述与历史

---

① ［比］厄尔奈斯特·曼德尔：《晚期资本主义》，19页，哈尔滨，黑龙江人民出版社，1983。

研究相结合，才能对具体的社会形态加以探讨。社会形态是由经济的、政治的和意识形态的实践相互作用的复杂结构，生产关系和生产力所构成的生产方式是整个社会形态的基础。马克思在《资本论》中对资本主义的分析认为，从生产方式出发说明各种不同社会形态的历史发展是其核心主题。他从生产的历史性规定出发，将人类社会划分为三大历史形态。与马克思主义历史学家一样，多布同样以生产方式为基础揭示不同历史阶段社会结构的变化。他认为社会形态变迁的核心在于一种生产方式向另一种生产方式的转换，历史的发展过程总是包含着一系列复杂的政治、经济、文化因素，对资本主义分析的着重点是生产方式本质的变化以及由此而形成的新的社会关系。

随着科技水平的提高，资本主义发展越来越体现出智能化、机械化的特征，对人工的需求愈加减少，工人失业率明显提高。然而由于资产阶级对生产资料的占有，无产阶级面对生存条件每况愈下处于完全被动的局面，资本家可以更加明目张胆地剥削工人的剩余价值。多布认为，面对这种情况，无产阶级联合起来进行斗争的意愿非常强烈，因为他们意识到只有团结起来，组建工人阶级政党才能有力量抵抗资本家。无产阶级意识的萌芽和形成，正是资本主义生产方式的必然结果，这也是多布坚信资本主义必将终结自身生命的原因。

多布认为，无产阶级意识形成和成熟仅仅是第一步，只有将这种意识推进到实践领域，组建无产阶级利益的新的政党，才能为无产阶级利益的实现创造现实条件。多布追随列宁的脚步，将实践性放在无产阶级运动的首位。他坚信无产阶级能够通过政治斗争争取更好的工资待遇，这是一种"直觉创造历史的艺术"①。具有组织性和纪律性的先进政党，精通于组织工人阶级争夺权力的科学，能够大规模地发动群众运动。多布认为总是空谈教育、社会主义是毫无意义的，共产党员必须立即要求群众团结起来，采取实际行动反抗资本家的剥削和压迫。同时，多布深受苏联中央集权管理模式的影响。他认为英国的社会主义运动在初期必然会遇到很多困难，需要精英阶层掌握行政权力，前提是政党领袖始终明确为人民服务的宗旨，指引无产阶级意识沿着健康、科学的方向前进，在实际的斗争运动中领导无产阶级前进。只有在这样的指导下，才能"再次进行文艺复兴，取代资产阶级意识的腐败颓废"，从而创造一个更加公平、和平的世界。②

(二)阶级斗争对于阶级意识发展的促进

资本主义生产方式的出现不仅迅速提高了生产力水平，更深刻改变着生产关系和阶级关系。作为社会结构中关键的构成要素，阶级意识是改造旧的生产关系、为生产力发展开辟道路、实现社会进步的重要力量。多布首先确认生产方式的矛盾运动是资本主义社会形成的决定性力量，而后强调阶级意识是政治经济体制变革的直接动力。只有回到社会历史当中去，阶级意识才能得到说明。他认为欧洲前工业化时期资产所有者的主体是商品流通中谋取利润的商业资产者，但其在本质上代表的仍是封建统治者的利益。在研究资本主义发展史的过程中，多布从社会

---

① Timothy Shenk, *Maurice Dobb*: *Political Economist*, London, Palgrave Macmillan, 2013, p. 64.

② Ibid., pp. 63-64.

经济关系角度出发，认为阶级意识是在阶级斗争的过程中逐步产生的。从资本主义历史发生学的角度来讲，小生产者的阶级斗争在创建新的资本主义社会体系中扮演了关键性的角色，"欧洲封建社会衰落与资本主义兴起的过程，可以看作是小生产者摆脱封建剥削的奋斗过程"①。阶级斗争促进了阶级意识的形成和发展，无产者逐步意识到仅仅依赖经济斗争无法改变被剥削、被压迫的社会地位，必须将政治斗争和思想斗争结合起来，以推翻资产阶级的统治为根本目的，才能实现向先进社会形态的过渡。

在多布的描述中，无论是经济社会转型还是资产阶级革命，一个被称为"民主元素"——从小商品生产模式下成长起来的无产者，为了打破封建束缚和取得人身独立与地主阶级做斗争，真正开始了具有资本主义性质的生产和经营。在经济上取得领导地位之后，便试图要求在思想观念和政治体制上突破自身的局限，提升社会地位。在这种情况下，农民的阶层分化是资本主义起源的关键要素，一部分富农成为代表先进生产方式的中小农场主，而另一部分则转换为出卖劳动力的雇佣工人。从封建桎梏中解放出来的小商品生产自然而然地具有资本主义性质，而小商品生产者则在适当的条件下走上资本主义道路。

马克思在论述西欧资本主义生产方式确立过程时指出，商业交换和城市中手工业的发展对资本主义生产关系的产生起到重要的促进作用，主要通过两条途径：一是在封建手工业行会内部的两极分化过程中，少

---

① Maurice Dobb, *Papers on Capitalism*, *Development and Planning*, London, Routledge & Kegan Paul, 1967, p. 11.

数积累了财富的富裕作坊主逐渐成为资本家，而帮工、学徒则沦为雇佣工人，由此产生了城乡资本主义的生产关系；二是商人或高利贷者直接进入手工业，试图控制和剥削小生产者，进而转化为资本主义手工工场主。这两条途径的共同点在于劳动和资本的分离，以雇佣劳动为特征的资本主义生产关系逐渐生成。马克思在总结阶级社会历史发展的基础上，从资本主义社会的基本矛盾出发，揭示了阶级关系对社会经济关系的作用和反作用。

多布认为，马克思关于资本主义生产关系的观点代表了对资本主义理解的一大进步，资产阶级的兴起是资本主义生产关系和生产方式的发展在社会结构中带来的重要产物。具体到资产阶级如何一步步分离出来，他将第一条途径视作资本主义"真正的革命方式"。多布和希尔顿在对欧洲历史的研究过程中发现，小生产者所代表的小商品生产方式在资本主义起源中起到了关键作用，中世纪地主施加于农民之上的"超经济剥削"压力，是生产者改善生产技术的根本原因。用多布的话来说，阶级斗争虽然不是催生资本主义的必要条件，但是它"改变了小生产方式对封建领主关系的依赖，并最终使小生产者从封建剥削关系中解脱出来。于是，资本主义的诞生应从小生产方式开始算起（它确保了行动的独立性以及从其中所发展出来的社会分化）"①。相较商业资本家在社会转型中所起的作用，小生产者更具有一种类资本家的倾向，俨然就是霍布斯鲍姆后来所提到的"非凡小人物"。积累了一定财富的富裕农民成为

---

①　Paul Sweezy et al, *The Transition from Feudalism to Capitalism*, London, Verso, 1978, p. 59.

阶级斗争的领导者，这种反抗的倾向，通过为了市场的商品贸易和生产的扩大一步步加强。从根本上讲，是小生产模式动摇了封建束缚和封建剥削的基础，并加快了社会分化的历史进程，同时资本主义生产关系也在这一过程中诞生了。

在多布看来，不能想当然地认为封建生产方式是静态的，商品交换应该定义于封建生产的内部逻辑之中，真正推动封建主义向资本主义过渡的动力，应该从社会内部的主要矛盾运动中来寻找。其中心思想是封建统治阶级不断扩大的收入要求（战争、奢侈消费等）和封建生产方式相对低效性之间的根本矛盾。面对 14 世纪出现的封建危机——庄园衰落、农业歉收与生产停滞、战争的爆发与人口减少，封建领主不但没有按照资本主义方式创立现代企业，反而是对农奴施加更大的剥削压力。此时的英国小农经济依旧占据统治地位，可是阶级斗争所引发的社会各阶层分化已经开始。一些自耕农富裕以后，通过购买土地和租用土地的方式，进行雇佣劳动和生产经营，具有了鲜明的资本主义性质。他们意欲扩大种植面积、提高种植技术，相应地就成为阶级斗争的带领者。阶级斗争一方面改变了农民与封建领主之间的人身束缚关系，推动封建庄园制度的解体，另一方面则促进了商品经济的发展，孕育出资本主义的萌芽。

以英国为例，自 14、15 世纪的"折算制度"始至大规模圈地运动，自耕农在农业转型中起到了关键性作用。历史上一部分英国农民并没有被羊"吃掉"，反而通过劳役折算赎得人身自由，有的甚至拥有相当面积的土地，开始了最简单的雇佣劳动，某些自由小农成长为经营性的带有资本主义属性的富民。而在非农领域，简单商品生产者热衷于投资工业，并努力成为独立于商业资本家的工业资产阶级。总之，地主与农民之间的阶级斗争使小商品生产逐渐摆脱封建主义束缚，农民和工匠经济被解放，为商品生产的发展以及资本主义企业家的最终出现奠定了基础。

多布以阶级斗争为历史研究的基本方法，得出小生产者的反抗是催生资本主义生产方式的决定性力量的论断。他认为对社会转型的考察需要将生产方式与阶级关系相结合，历史本身就是包含着一系列阶级制度的发展过程。生产方式概念所表达的不单是静态的社会形态，更是包含阶级对抗和阶级斗争的复杂存在。对于资本主义这一特殊生产方式的全面理解，应将其放置于阶级斗争所导致的不断变化的社会结构上来。也就是说，生产方式的变迁总是伴随着不断的矛盾和冲突，这在《共产党宣言》中被定义为阶级斗争。

相较于资产阶级学者，多布将阶级斗争确立为理解现实的个人、社会关系和历史发展的起点。既注重生产方式尤其是生产力对制度变迁的决定性作用，同时强调社会生产过程中人与人之间的阶级关系。他从研究社会内部结构出发，认为社会形态更替的原因在于社会基本矛盾。根据劳动者与生产资料的结合方式不同，人们在阶级社会中被划分为不同的利益集团。这些利益集团之间的矛盾构成了社会经济生活的主要矛盾，在阶级社会中则体现为阶级对抗和阶级斗争，矛盾运动的结果导致整个社会形态发生变革。农民对地主的反抗推翻了封建制度，资产阶级为争取自身利益的革命为资本主义制度的建立扫清了道路。因此，阶级斗争是分析资本主义社会发展所呈现出来的一种自我认识的客观主张。

(三)社会主义对于工人阶级主体意识的增强

纵观世界上不同国家的社会主义发展，意识形态作为一种社会意识与经济、政治结构紧密联系着，直接关系到一国社会主义改革的成败。列宁曾指出，没有革命的理论，就不会有革命的行动。统一的意识形态有利于经济发展和改革的顺利进行，能够保证社会团体内部的团结和稳定性，主动服从社会的共同惯例与传统。在社会主义计划经济体制下，意识形态还表现出了强大的经济功能，对集体目标的高度认同有助于经济建设的不断推进。因此，意识形态对改革的影响并不是孤立的，而是在与经济和政治相互联系的整体结构中发生作用。

俄国十月革命的胜利开辟了人类历史的新纪元，一种全新的、具有远大前途的社会主义制度诞生了。但由于当时社会主义和资本主义两大阵营相互对立的政治格局，苏联正在进行的社会主义政治经济建设实践不仅没有为西方理论界所了解，反而受到了西方舆论连篇累牍的歪曲报道。多布指出："只注意到苏联经济制度从上而下的协调和指导，而忽略了那从下而上的积极参与和自发性所构成的民主因素，那将会是严重的错误。"①西方学界需要修正的观念是在计划和指令下，苏联人民仅仅是被动执行的客体，实际上阶级觉悟和阶级意识在具体的生产实践中同样重要。列宁认为工人的阶级意识是在外部环境的引导下形成的，"各国的历史都证明：工人阶级单靠自己本身的力量，只能形成工联主义的

---

① ［英］莫里斯·多布：《苏联经济新论》，44 页，北京，生活·读书·新知三联书店，1949。

意识"①。与之相对的卢森堡将阶级意识的产生归结为工人的自觉意识，是从自身的经验出发、不断成长的动态过程。多布则将这两种观点融合和统一起来，他既强调苏联工人在有计划的生产之下自觉地改进生产技术，提高劳动生产率，在政治生活中努力寻求自身权利最大化；同时苏联的各级工会组织在工人阶级意识的形成中起到了教育和指导的作用，这两方面对于无产阶级政党的建设、阶级动员都起到了至关重要的作用。苏联社会主义社会的工人阶级具有很强的主观能动性，在生产过程中能够独立自主地思考和行动，并通过自己的能力提高劳动生产率，为社会主义建设做出贡献，体现了较高的自主性、责任感。

第一，通过对苏联政府部门、工人工厂的实地访问和考察，多布发现相比于资本主义制度，苏联计划经济体制下的工人阶级有着很强烈的主体能动意识。"以民众精神和主动能力表现出来的人的因素，在本书所记述的各种变迁中，比在其他经济制度中，毫无疑问地具有更大而非更小的作用。"②多布对历史的解释从"自下而上"的立场出发，深入群众内部重新认识苏联工人阶级，看到了许多西方学者未曾了解的苏联人民积极向上、团结合作的精神面貌。他以 20 世纪 30 年代中期开始在苏联工厂中流行的"斯塔汉诺夫运动"为例，当时英国媒体普遍认为这不过是一种宣传工具，至多是"俄国装束下的泰勒主义"而不加重视。实际上这表现的是一种工作方法的合理化，源于工人阶级自发地对改进生产技术和提高生产效率的内在要求。不同于之前的社会主义竞赛运动，"它表

---

① 《列宁专题文集：论无产阶级政党》，76 页，北京，人民出版社，2009。
② ［英］莫里斯·多布：《苏联经济发展史》，486 页，北京，商务印书馆，1950。

现出的是一种质的经营，而不是单纯注重量的方面”，"大多数工人开始从全新的角度来思考他的工作职责"①。多布指出，"斯塔汉诺夫运动"所创造的不仅是生产能力的大幅度提高，而且与工业进步相伴而来的是工人阶级文化的革新和发展。工人们普遍乐意将新的生产方法和工作经验教授给他人，这种合作精神在工人阶级运动中发挥了积极的作用，多布将它视为苏联各项计划得以顺利实施的重要保证。正是由于苏联人民这种热情的、积极的、群众性的英雄主义和自我牺牲精神，苏联才能调动一切可利用的资源，在短时间内实现农业化国家向工业化国家的过渡。

　　第二，十月革命胜利之后，苏联共产党内部关于工会的定位、性质、任务以及在工业生产中所扮演的角色发生了激烈的争论，其实质是党与工会、政府与工会之间职责和权限的界定问题。无政府工团主义者主张工会与经济组织逐步合并，将工业交由委员会管理；托洛茨基要求"整饬工会"，认为苏维埃国家内工会已经没有独立的地位。列宁的意见与此相反，通过对复杂国内形势和环境的辩证分析，阐述了无产阶级政党领导下工会的组织地位和性质作用。他指出："工会是国家政权的蓄水池，是共产主义的学校，是学习主持经济的学校。"②多布认为列宁对于工会性质的论断是科学合理的。他强调列宁对于无产阶级革命理论的中心贡献之一，即对"一种新型的党"所发挥的特殊作用的理解。这种创

---

　　①　[英]莫里斯·多布：《苏联经济新论》，46 页，北京，生活·读书·新知三联书店，1949。

　　②　《列宁专题文集：论辩证唯物主义和历史唯物主义》，318 页，北京，人民出版社，2009。

新认识一部分导源于 19 世纪资产阶级革命的历史经验和思想理论，更重要的是列宁对苏联社会主义建设新形势清晰而合理的判断。与英国工会扮演的资本家与工人之间的"协调人"角色不同，列宁领导下的苏联工会是党与普通大众之间的"传输带"和"齿轮"，是增强民众社会主义道德和信念的重要手段，同时能够保障工人们不受"官僚的压迫"，在日常工作和生产中保持良好的积极性。工会作为国家在企业中的代表，监督劳动用工、保护、争议等法律的执行情况，以维护工人合法利益，推动企业的发展。

当时苏联国内反对派将列宁的理论称作是一种对人民生活的专制和思想上的控制，多布认为这种说法是严重缺乏事实依据的。正确理解列宁的论断需要将其放置在具体的历史背景之下，"一种阶级关系迅速转变，阶级内容变动不居的历史转换时代，这一时代的社会平衡，岌岌可危，很容易发生变动"①。面对复杂的国内和国际环境，在过渡时期保持党的核心领导地位是走向社会主义的必要条件。如果接受由工会来直接管制工业，等于用缺乏政治经验的大众组织的分权治理来代替党的领导。列宁所强调的指导地位，不是对政治和经济活动的强力控制，而是通过发挥工会作为群众最广泛社会组织的特点，在苏联社会主义长期的建设和探索实践中，积极组织工人开展改进技术、提高劳动生产率的创新活动，在思想层面加强文化教育和技术培训，为国民经济的发展和人民生活水平的提高做出贡献。

多布指出，社会主义对工人主观能动性起到了非常大的激励作用，

---

① ［英］莫里斯·多布：《苏联经济发展史》，492 页，北京，商务印书馆，1950。

这与资本主义的意识形态是完全不同的。资产阶级的惯用手段是以"虚幻共同体的形式"把统治阶级的利益装扮为公众利益，将阶级统治说成是社会管理，试图给自身建立公众利益维护者的形象。在资产阶级革命时期，资产阶级由于自身力量薄弱，需要将"自由、平等、民主"作为革命口号，发动全部反封建的社会力量为资产阶级政权的建立服务。一旦资本主义制度得以确立，资产阶级便开始了残酷的资本原始积累。资产阶级国家意识形态以及资本主义生产所导致的观念拜物教具有极大的迷惑性，为了加强自身统治，资产阶级必然借助国家机器将自己头脑中的意识形态当作真理源源不断地灌输给工人阶级，这在当前资本主义世界表现得尤为明显。多布指出："帝国主义国家的意识形态只是代表着颠倒过来的现实……这种制度的经济基础过去曾经被一种政治的理想主义所掩盖，因为这种主义纯粹用政治或种族优越感，来代表殖民主义的目的。"[1]由于工人的受教育程度相对不是很高，普遍没有能力对资本主义社会的本质进行研究，而且他们就生活在资本主义日常生活之中，资本主义生产方式不断再生产着金钱拜物教，不论工人和资本家都处于这种客观的金钱世界之中，自然很难对资本主义社会的运行机制有科学的认识。

因此，多布认为无产阶级作为最革命、最先进的阶级，是社会主义国家的领导阶级。能否发挥其主体能动性，关系到社会主义国家的执政基础，关系到社会主义社会人的价值的完善和实现。通过对苏联社会主义经济建设中工人阶级状况的考察，多布欣喜地发现苏联工人有着很强

---

① ［英］莫里斯·多布：《政治经济学与资本主义》，223 页，北京，生活·读书·新知三联书店，1962。

的进取精神，人人都力图为社会主义建设贡献自己的力量，主体意识和精神风貌同资本主义国家的工人迥然不同。社会主义通过生产资料公有制实现了劳动者对生产资料的占有，工业生产过程则体现了工人个人利益与整体利益、局部利益与全局利益的科学结合。苏联之所以能在短时间内实现举世瞩目的经济建设成就，是与工人阶级团结一致提高生产效率以及良好的精神风貌分不开的。

三、对资本主义意识形态的理性批判

在阶级社会中，意识形态作为统治阶级在思想领域的统治工具，有其客观的物质基础。"我们必须指出，阶级的根源是更基本的，即阶级全体对于生产过程，与其他阶级的关系。换言之，社会阶级一方面为了共同利益，而保持与扩大某种经济制度；另一方面为了利害冲突而发生矛盾，都是与剥夺或分配剩余劳动的果实有关（即超过生产者本身消费的部分），而产生了相互的关系，形成利益的对立。"①资产阶级通过残酷剥削完成了原始积累，运用资本将控制力延伸到社会的各个角落。由于物质财富上占有绝对优势，资产阶级运用迷惑性的语言构建出一个理论体系，将统治阶级的意识形态向全社会推广，将自身的特殊利益隐藏在各种"合理合法"的口号之中。多布指出："在今天谈论资本主义必须

---

① ［英］莫里斯·多布：《资本主义发展之研究》，12 页，北京，新民书店，1951。

得有无产阶级存在为先决条件，已经是普遍常识。"①一些学者认为资本主义起源于人们精神和观念的变化，即资本主义精神，完全忽视了无产阶级产生的历史环境。"这也许是因为伦巴底的高利贷者与阿姆斯特丹证券经纪人的左右逢源的故事，比起遭受饿死命运的乞者，或被剥夺蹂躏的村民（指圈地运动的被害者）更娓娓动听。"②

多布指出，资本主义意识形态是资本主义国家主导下推行的价值理念、生活方式和文化范式，"历史终结论""文明冲突论"等观点都是资本主义意识形态的表现形式。资本主义从自由主义发展到帝国主义垄断阶段，意识形态都在为其经济和政治领域在全球的拓展服务，并不具有世界普世性价值。正如马克思所说的，只要阶级存在，意识形态就不会消失，它总是与一定的社会制度联系在一起。通过对自由主义、帝国主义、资本主义意识形态下所导致危机的分析与批判，多布说明了资本主义在意识形态领域的变化，本质上是当代资本主义在生产力、生产关系和上层建筑等思想理论领域的折射。

（一）商业化模式是资本主义意识形态的虚假掩饰

资本主义意识形态之所以具有很强的隐蔽性，是因为它经常以某种经济学说的形式出现，潜藏在科学性和价值理性之下。实际上，每一种经济理论的出现，都与其背后的阶级利益紧密相关。"商业化模式"作为一种植根于自由主义意识形态下的经济学说，反映出强烈的阶级属性，

---

① ［英］莫里斯·多布：《资本主义发展之研究》，228 页，北京，新民书店，1951。
② 同上书，228 页。

是资本主义为了更方便地追逐利润、摆脱束缚而提出的。这种经济观点并不是价值中立的，而是服务于特定的资本主义政治经济制度。对于多布来说，揭开资本主义意识形态的虚假面具，对资本主义的形成、发展过程进行客观理性的思考，是非常重要的。

在古典经济学家眼中，资本主义的诞生和发展是以"物物交换、以货易货和货物交易"为特征的市场自由贸易的必然结果。他们对资本主义社会结构的理解是以流通方式为出发点，将研究聚焦于商品流通过程中的各种具体经济现象，很少顾及生产和再生产过程。诚如所知，亚当·斯密以人的天然性和自发性为核心，认为人们的经济活动是出自人的利己本性和交换倾向。斯密认为，基于分工的交换是最简单和最典型的社会现象，每个人都试图利用自己的财产和劳动来达到自己的最大利益，这样，为了交换而进行的生产就成为必然。这种"自然秩序"所造就的生产增长和财富增加是资本主义无限发展的根源，同时个人利益与社会利益的一致性也通过利己心得到统一。大卫·李嘉图在边沁功利主义的影响下，更加坚定资本主义经济发展的动力源自个人趋乐避苦的行为。比利时历史学家亨利·皮朗在解释近代城市的萌芽时指出，"商业是欧洲生活变迁的引擎……欧洲文化基本上是商业的产儿"①。美国经济学家斯威齐延续了皮朗的论点，将商业贸易尤其是远途贸易作为资本主义兴起的根本因素，此后的沃勒斯坦、布罗代尔等则更强调国际贸易促使交换关系的扩大，采用世界关系体系的宏大视角来廓清资本主义历

①　[比]亨利·皮朗：《中世纪欧洲经济社会史》，41 页，上海，上海人民出版社，1984。

史形成的图景。

这些关于资本主义本质特征的解释，基本构成了所谓的主流解释框架，其实质是在阐明循着市场自由运行的逻辑，随着生产力和经济总量的增加，资本主义的出现是商业贸易发展的必然结果。由此而来的结论是，资本主义的兴起并不是涉及社会根本性质的转变，而仅仅是商业贸易在量上的增加，这就是所谓的"商业化"模式。总体而言，对于资本主义社会结构的存在状况以及它的运行，该模式拥有广泛的拥护者，其实质就是以自由主义政治和经济思想为前提，局限于商品流通方式这一社会结构因素，甚至把它推到唯一决定性的高度。

在多布看来，这种对资本主义发展历史的简化论认识，实质上否认了资本主义的历史特殊性，强调封建主义向资本主义的过渡只是量上的积累或者渐变的过程，而不是质的飞跃，不是社会结构、存在方式、运行机制上整体的变化，不是具有深刻性和根本性的转变。多布以马克思历史唯物主义为基础，反对和拒绝这种超越历史发展阶段的看法，主张用历史主义的方法来研究经济发展，以对社会结构的全面性分析来认识资本主义的历史和现实。对此，多布在两个方面对商业化模式进行了批判。

首先，商业化模式认为封建主义代表了自给自足的自然经济，而资本主义则意味着发达的商品经济。商品货物流通不仅是最重要的，而且是导致封建主义转向资本主义的唯一原因。多布认为，从封建主义消亡到逐渐走向资本主义这一漫长历史过程中，商业贸易与封建主义并不长期处于对立状态。"商品货币经济的兴起，一方面促成了封建主义的发展，另一方面又促成了它的没落。"①封建主义虽然是建立在自给自足的农业经济基础之上，但其并不排斥商品交换，相反，它内在于封建经济和政治秩序之中。欧洲社会（尤其是英国）不是完全的静态的自然经济，商品和货币交易对封建社会的经济发展起到了重要的补充作用。因此，事实和理论都意味着，在中世纪早期，商业绝不是封建社会的溶剂，而是这个社会的自然产物，封建社会决不能没有商人。

另一方面，在欧洲历史的发展过程中，商品贸易的加强有时不仅没有瓦解旧秩序，反而在一定程度上促进其发展。15 世纪东欧封建制度的复活，即恩格斯所说的"第二次农奴制"就是典型的例证。大地主经营庄园的目的是满足奢侈品等巨额开销，但其并不代表先进的生产方式，他们通过重新推行野蛮的农奴制强行增加生产，农奴被限制在土地上，丧失人身自由，生活处境恶劣。此外在波罗的海周边国家，如波兰与波希米亚，因粮食出口机会增加，结果都促进了农奴制的扩张。当然，在欧洲封建社会初期，自给自足的自然经济仍然占据统治地位，商品交换的数量和类型都是有限的。多布意在说明商品交换不是资本主义所独有的经济形式，贸易的解放可能会带来技术进步和生产力提高，但资本主义不是一种量的增加，而是涉及社会性质的重大转变。

依据资产阶级学者对欧洲经济史的考察，近现代资本主义的兴起是商业贸易在量上的扩大和增加，随着商业活动范围的持续增长，资产阶级不断积累财富，一旦这种"早期"或"原始"积累达到一定规模，经济的

---

① Maurice Dobb, *Studies in the Development of Capitalism*, London, Routledge & Kegan Paul, 1972, p. 40.

增长和生产力的提高催生和建构了成熟的资本主义体系。多布明确反对这种看法，认为"简单地认为商业贸易的发展带来了资本主义的观点是极其错误的：简而言之，那种认为带有一定资产阶级成分的商人资本家（一定意义上指的是在商品交换中使用货币资本的人）的存在，就暗示着资产阶级生产方式和生产关系存在"①。的确，商品贸易的发展实现了资本转化，为资本原始积累提供了重要条件，伴随着贸易解放而来的生产技术的改进，城市经济能力的释放确实推动了封建主义向资本主义的过渡，但它不足以解释资本主义生产方式为何如此自然地出现。商业的发展只能作为资本主义出现的必要条件，无论是将资本主义完全当作商业制度的观点，还是将注意力集中于资本家贪婪的货币投资，都不能使之局限在历史上的任何一个阶段。

其次，皮朗在讨论"商业起源论"时将商人阶级的兴起看作是资本主义产生的标志，因此资本主义应从 12 世纪开始算起。多布则质疑商人资产阶级和商业资本在资本主义形成过程中所扮演的角色。在早期的过渡阶段中，封建地主阶级与商业资产阶级常常处于一种复杂的交织和转换关系中，一些新生的资产阶级一旦在商业贸易中获得利润，就常常选择退出商业活动，转化到贵族阶层。通过对早期城市兴起的研究可以发现，商业资本在本质上与封建主义是相互依赖的共生关系，虽然商业化对封建关系起着一定的破坏作用，但根本上仍依附于旧秩序，性质上趋于保守且非革命。"他们（指商人）除去对于直接生产者的压榨感兴趣外，

---

① 　Maurice Dobb, *Papers on Capitalism, Development and Planning*, London, Routledge & Kegan Paul, 1967, p. 7.

对于生产制度毫不关心……他们的第一目标是如何取得政治特权，第二个目标是使分享利润的人越少越好。"①这个阶层代表的不仅是一部分资产阶级的利益，更多的是统一王权与封建国家的利益。

新兴的商业和金融资产阶级常常选择与王权结盟，共同维护封建腐朽的旧秩序。需要强调的是，在封建主义向资本主义过渡的历史时期，在社会体制上是封建主义、殖民主义和早期商业资本主义的混合体，国家的统治主体是地主阶级与资产阶级的混合，甚至时而夹杂着一些封建王朝复辟和倒退的历史事件。② 客观来讲，这种为了实现共同利益而结成的联盟一定程度上促进了资本主义生产关系的发展（如重商主义政策），但多布认为这种统治在主观意识上仍然是以维护封建统治为出发点，没有从根本上改变旧的生产方式。在现实的历史中，商业贸易与封建主义保持了高度的一致性，大量的封建领主从事着垄断的商品贸易行业。即使在新的"商业资产阶级"成长起来以后，他们仍然迅速选择与封建主义相妥协，通过与封建领主通婚或者其他方式寻求进入特权阶级的途径。多布生动地将商业资产阶级称为"寄生虫"，"通过寄生在农民身上从而'免费'进入新的资本主义世界"③。封建领主对奢侈品的需要通常是通过对农奴的超经济剥削实现的，因而他们没有任何压力来改变生产方式，实现完全自由的市场经济。商人阶级与资本主义通过旧有的生

---

① Maurice Dobb, *Studies in the Development of Capitalism*, London, Routledge & Kegan Paul, 1972, pp. 120-121.

② 参见张一兵、周嘉昕：《资本主义理解史》第 1 卷，394 页，南京，江苏人民出版社，2009。

③ Robert J. Holton, Marxist Theories of Social Change and the Transition from Feudalism to Capitalism, *Theory & Society*, 1981, 10(6), p. 843.

产关系联系在一起，贸易扩张对于开创新的生产方式并不是唯一的，仅仅是诸多因素中的一个。

总之，多布认为自由主义意识形态对商业化模式的形成是至关重要的。商业化模式不仅是一种经济史学说，还是自由主义意识形态的一种表现方式。它实际上主张给予个人以最大的经济活动自由，进一步开拓国际市场，反对政府对经济的干预，有意忽视了资本主义生产方式的剥削性质。

(二)帝国主义是资本主义意识形态的现代展现

1917 年，列宁在《帝国主义是资本主义的最高阶段》一书中揭示了帝国主义的本质特征，指出帝国主义是资本主义发展的特殊历史阶段，同时也是最高和最后阶段。随着资本主义在空间上的不断扩张，必然形成资本主义所控制的世界经济体系。由于资本的逐利性及资本主义发展的逻辑，垄断资本只有持续向世界范围内扩展，才能实现不断增殖，"资产阶级社会的真正任务是建成世界市场(至少是一个轮廓)和确立以这种市场为基础的生产"[①]，历史上的东印度公司就是资本主义国家赤裸裸掠夺落后国家资源的典型例子。当前，跨国公司已经成为以美国为首的发达国家推行全球战略的重要工具，对于发展中国家的经济利益和经济安全构成了新的威胁和挑战。

多布以马克思主义唯物史观为基本原则，对帝国主义进行了实证分析，进而揭示了资本主义的发展趋势。第一，他认为古典政治经济学，

---

① 《马克思恩格斯文集》第 10 卷，166 页，北京，人民出版社，2009。

特别是其中的国外贸易理论，最初作为对重商主义的一种批判而激发了当时人们的思想，从而取得了历史上的地位。重商主义的特点是殖民地和宗主国之间所规定的贸易关系，采取了有利于后者而不利于前者的贸易条件这样一种方式。在资本主义制度下，相比起对殖民地的开发和投资，剥削和掠夺更值得人们关注。在多布看来，"现代帝国主义重复了这种通过贸易来进行剥削的特点，虽然在帝国主义初期阶段，这个特点还远没有像 17 世纪和 18 世纪殖民制度中那样显著，但是到了后期，当表现为帝国单位的'自给自足'的新重商主义政策的形式时，它的重要性就大大增加了"①。当然，在重商主义与帝国主义之间，存在着资本主义发展的原始阶段与大规模工业技术、工业和金融的结合以及垄断组织和政策最高阶段的区别。帝国主义时期，垄断组织已经成为资本主义瓜分原料产地、投资场所和销售市场，垄断市场价格、攫取高额利润的主要形式。资本主义与生俱来就具有二重性，资本主义国家在全球进行投资时，一方面给东道国带来充裕的资金和先进的技术，另一方面其一切经营活动都是为了追求剩余价值，不计成本地控制更多的资源，加强剥削，试图占领更大的市场。

萨米尔·阿明认为，在世界资本主义体系的"中心—外围"格局下，发展中国家的经济只能处于一种被动、依附性的发展。西方国家的目的是对已经政治独立的国家进行控制、干涉和掠夺，继续维持不平等的国际关系。多布一针见血地指出，"如果将这种投资说成完全是或主要是

---

① ［英］莫里斯·多布：《政治经济学与资本主义》，194 页，北京，生活·读书·新知三联书店，1962。

直接剥削殖民地无产阶级的工业资本的投资，那是对实际过程的一种过分简化的和错误的说法"①。实际上，对于殖民地的投资，常常采取大规模货币借贷形式或者原始生产方式的剥削形式，类似于西欧钱庄放款制度时代商业资本的运行模式。而且，殖民投资从一开始就表现为殖民者享有特权，每一项投资都附带有某些特惠和优待条件，或者以直接垄断的形式开始。多布认为，资本的输出可以看成靠国外新开辟的剥削园地在国内重新创造产业后备军的手段，资本家因此得到了双重好处，"他既能在国外获得较高的利润率，又能在国内维持较高的'剩余价值率'。这种双重利益，就是劳资双方在利益问题上形成根本对立的理由"②。

第二，帝国主义在意识形态上具有很大的欺骗和迷惑性。当今世界局势正处于深刻变动之中，但和平与发展仍然是国际社会的主流。资本主义国家对世界各国的干预已经不像过去那样依赖坚船利炮的强制手段，而是以经济全球化为口号，以加入世界市场、实现经济现代化为诱饵，凭借其强大的经济实力，以一种更加隐蔽的手段掠夺生产资源。金融资本家常常声称自己是先进生产力、先进文化的代表者，化身为能够挽救深陷债务危机、处于经济崩溃边缘国家的"施主"，通过发动货币战、贸易战等没有硝烟的战争，深入他国内部经济运行，进而实现政治、经济、文化和社会领域的全面控制。尤其是以美国为代表的西方发达国家，提出"以美国价值观为价值观"的一系列文化"新干涉主义"理

---

① ［英］莫里斯·多布：《政治经济学与资本主义》，195 页，北京，生活·读书·新知三联书店，1962。

② 同上书，196 页。

论。通过意识形态的思想控制，资本主义国家反而更容易洗劫落后国家的国民财富，进一步加深各个国家和地区间的不平衡发展。因此，资本主义表面上提出了一系列看似统一、协调和高度有秩序的发展计划，但实质上，多布指出："垄断总是构成一种特权，而经济的特权总是会构成限制或排他作用。它必然意味着对别人有优先权，或排斥某些人，而这里不仅埋下了不平等的种子，而且也埋下了敌对的种子。"①正是在帝国主义形式中，资本主义市场法则被奉为唯一的意识形态，纯粹的阶级关系由此发展起来，无产阶级与资产阶级的斗争具有了更为直接和全面的内容。

第三，列宁指出："在英国，帝国主义分裂工人、加强工人中间的机会主义、造成工人运动在一段时间内腐化的这种趋势，在 19 世纪末和 20 世纪初以前很久，就已经表现出来了。"②从 19 世纪下半叶到 20 世纪初，资本主义经历了从竞争向垄断的转变，积累了较高的超额利润，同时也对本国阶级关系产生了影响。资产阶级在这个时期从利润中拿出微不足道的一部分来豢养工人贵族，这些人构成了一个中间阶层，不仅力图调和资产阶级与工人阶级之间的冲突和矛盾，也向工人阶级灌输着非马克思主义的思想意识，这也是多布认为自欧文空想社会主义绝迹之后，英国不再有过社会主义的原因。在帝国主义国家中，"渐渐养成了一个巨大而又过分繁殖的所谓'中间阶级'，他们的生计直接或间接依靠着帝国的关系，这包括城市机关的职员以及殖民地的行政人员，另外还

① ［英］莫里斯·多布：《政治经济学与资本主义》，211 页，北京，生活·读书·新知三联书店，1962。

② 《列宁专题文集：论资本主义》，192 页，北京，人民出版社，2009。

养成了一班食利者分子，他们靠着国外投资的所得而发财致富"①。资产阶级利用从广大发展中国家剥削和榨取的超额利润，收买本国工人阶级的中上层，麻痹和削弱工人阶级反对资产阶级的斗志。

　　虽然在当前的世界形势下，通过暴力革命推翻资产阶级政权的条件没有完全成熟，但多布仍然认为资本主义的基本矛盾没有改变，资本主义的积累规律依旧发挥着巨大作用，资本主义的危机仍然周期性地发生。随着资本主义全球化的发展，资本家的真实面目逐步显示出来，发达国家工人阶级的就业和生存状况也在发生着改变，工人阶级反对资本主义的热情在不断高涨。过去享有特权的"中间阶层"转变到和资本主义实际对立的一种关系，形成了一个新的、广泛的人民统一战线来抵抗垄断组织，"人们更加认清资本主义社会机构究竟是什么东西，政治上的温和手段一经放弃，经济现实立刻就揭穿了幻想者的面纱"②。20 世纪70 年代以来资本主义世界普遍出现了生产停滞与通货膨胀并发的危机，这充分证明了资本主义无法克服自身矛盾，必将为社会主义所取代。多布坚信，工人阶级是迄今为止人类社会最先进、最团结、最具革命性的阶级，能够在实际生活和斗争中逐渐形成阶级意识，认识到自己的阶级利益和阶级地位，"工人阶级到处都壮大起来，他们意识到自己的力量，同时比任何时期都更为积极，这个生产力量能为全社会服务的美丽远景，已开始燃烧起人们新的信心与新的希望"③。当代资本主义出现的

---

　　①　[英]莫里斯·多布：《政治经济学与资本主义》，209 页，北京，生活·读书·新知三联书店，1962。

　　②　同上书，223 页。

　　③　[英]莫里斯·多布：《资本主义发展之研究》，386 页，北京，新民书店，1951。

新变化，依然无法改变它必然灭亡的历史命运。

(三)经济危机是资本主义意识形态的必然后果

自由主义作为资本主义的主流意识形态，在资本主义国家经济运行过程中造成了严重的经济危机，一些发展中国家盲目迷信自由主义理论，更是造成了本国经济发展的巨大困难。多布指出，经济危机是自由主义导致的资本主义基本矛盾的爆发和激化。经济模式的自由化走向、国有企业的私有化等措施削弱了政府对本国经济和金融活动的控制能力，经济发展的不稳定性大大增加。即使是事实已经证明自由市场并不是调控资源的完美手段，一些资本主义学者依然强力反对任何形式的国家干预，继续推行自由主义经济政策，这显然已经脱离了一般意义上的经济分析，是一种典型的意识形态，即所谓的"市场原教旨主义"①。

20世纪20年代，西欧主要资本主义国家在经历了短暂的繁荣之后，很快出现了经济衰退、政治动荡的局面，尤其是一场空前规模的经济危机席卷整个西方世界，失业率激增，广大人民实际生活水平急剧下降，经济体系受到巨大冲击，激化了资本主义国家严重的社会危机。面对资本主义经济危机和资本主义制度"崩溃"的趋势，"主流"的马歇尔理论失去了实用价值，西方理论界开始尝试运用马克思的政治经济理论解释资本主义世界的新变化和新特征。多布作为"正统"的英国马克思主义政治经济学家，他反对从经济运行的表象去分析物质财富生产，批判古典经济学家对

---

① George Soros, *The Crisis of Global Capitalism*, New York, Public Affairs, 1999, p. 98.

物质生产仅作了抽象的论述，脱离了特殊的社会形式和历史发展阶段。

资本主义经济危机是与社会结构紧密联系在一起的。尽管资本主义不太可能在一次总的崩溃中被取代，但资本积累从长远来看是不可持续的，它在每一次经济危机到来时的挣扎，都意味着社会结构的变革、阶级力量的重组。然而资本主义克服危机的每一次努力，都不能从根本上改变资本主义的命运，只会进一步加重资本主义的内在矛盾。在资本主义发展的不同阶段，经济危机的表现形式和特点可能会有所不同，但只要资本主义生产资料私有制存在，马克思对资本主义经济危机的深刻剖析就不会过时。多布认为资本主义意识形态导致了严重的经济危机，并从四个方面进行了说明。

第一，资本主义经济危机根源于资本主义社会的基本矛盾。多布强调周期性危机是"资本主义制度的伴生物"，他将经济危机与资本主义社会的生产组织形式、社会制度结合起来，并指出了其必然走向灭亡的历史趋势。多布论述经济危机的基础是资本主义生产的矛盾形式，即资本积累带来的生产能力不断增长与资本实际获利性不断下降的对立。这就是说，各类投资的数量与结构的失调并不是引起经济危机的主要原因，其根源在于社会化生产与资本主义私有制之间的矛盾。

多布认为经济危机与资本主义经济制度自身的特殊性相联系，这主要表现在两个方面：一是资本主义的"生产无政府状态"，生产决策分散在无数个独立自主的企业家之间；二是资本主义生产制度以利润最大化为终极目的，以剥削工人的剩余价值为手段，必然不会考虑社会整体利益的实现。第二国际理论家考茨基指出，"震撼世界市场的现代的巨大危机，是生产过剩的结果，而生产过剩又是与商品生产有必然联系的无计划的结果"①。同多布类似，他将危机的根源归结于生产资料私有制下市场的无政府状态，自由主义政策与"无形的手"导致经常性的生产过剩。但他没有将生产的无序性与资本主义生产规律结合起来，仍然局限在古典政治经济的理论框架之内。这样周期性经济危机便不是资本主义内在规律的集中体现，而仅仅是市场供求失调驱动的后果。

相比之下，多布显然走得更远，触及了资本主义的本质规定。一方面他认识到经济危机的周期性爆发突出表现了资本主义生产方式的历史局限性，揭穿了资本主义市场经济能够一劳永逸地实现社会资源最优配置的谎言。事实上，危机的发生往往伴随着大批工商企业和银行倒闭，同时失业率急剧攀升，工人生活水平恶化，商品严重积压甚至被人为毁掉，每一次危机都是对社会生产力和社会财富的破坏和浪费。经济自由主义者将市场视为一种超越文化、政治和历史发展阶段的力量，完全忽视了其自发性、盲目性和局限性。另一方面，多布意识到经济危机本质包含在资本无限增殖的逻辑规定之中，在追求利益最大化为唯一目的的资本主义社会，自我发展的最高极限恰恰在于资本自身，在于劳动者被剥夺和贫穷化为基础的资本及其价值的自行增殖，这是资本主义无法克服的内在矛盾，而经济危机不过是这种矛盾的外在表现和缓解方式。

第二，在资本主义经济危机的分析当中，要特别注重现实的阶级关系。纵观历史，在资本主义发展的任何一个阶段，资本家都会在扩大生产的同时，加强对工人的剥削，目的在于追逐高额利润。这样的结果便

---

① ［德］卡尔·考茨基：《爱尔福特纲领解说》，69页，北京，生活·读书·新知三联书店，1963。

是，劳动人民愈加贫困，工人阶级实际工资长期停滞，意味着工人劳动力价值的下降。在资本主义国家发展的过程中，资本主义制度的确促进了生产力的急剧发展，但却是以无产阶级的被剥削为代价的。在《资本论》中，"马克思从这种阶级关系的特点上找到了了解资本主义社会运动规律的钥匙，在经济和谐的交换和市场关系背后，是资本主义的阶级关系。与权力平等比起来，我们看到的是经济地位的不平等；与契约自由比起来，我们看到的是经济的依赖和强制"[①]。在资本主义生产资料私人占有制存在的前提下，资产阶级由于阶级局限性，必然会刻意掩饰超额利润的真实来源。私有制决定了资本和劳动收入分配的两极分化，工人阶级的购买力严重不足，生产和消费发生尖锐的矛盾，最终造成生产相对过剩，引起经济危机的爆发。群众的消费不足是一切剥削社会的普遍现象，但只有在资本主义生产方式下才会使群众消费达到危机的地步。资产阶级学者以及一些政客试图用现象来取代本质，为资本主义的永恒性辩护，这对于揭示危机的真正原因是无济于事的。

从一个较长的历史时期来看，资本主义经济危机的意义就在于它会促使人们认识到制度本身的历史局限。在资本主义发展初期，"产业后备军"还比较容易招募，通过对小生产者、自耕农和手工业者的剥夺，资本主义原始积累也可以顺利完成。但随着资本主义发展到更高阶段，这种萌芽时期的顺利情况就消失了，每一次危机的到来都会激化资本主义社会的矛盾，加强劳动阶级阵营的力量，并使工人阶级的日常斗争日

[①]　Maurice Dobb, *Political Economy and Capitalism：Some Essays in Economic Tradition*, London, Routledge and Sons, 1937, p. 58.

益指向资本主义社会的代替方案。正如多布所说，"构成资本主义经济初期和后期危机的主要区别，就是在利润率下降之后如何开辟新的补偿方式，将剥削的范围扩大到原有界限之外的一些地方。当这些范围也接近枯竭时，又要发明新的、强制性的方法来加强剥削的强度。这就是现代资本主义历史发展的逻辑"①。资本主义的经济危机将会引发一系列的社会变革，它的每一次爆发都会促使人们向前迈进一步，在新的、符合人类共同利益的社会占有方式前投下赞成票。

第三，对资本主义经济危机的研究，实质上是对整个资本主义制度存在、运行、发展的动态研究。经济危机是资本主义的伴生物，"危机不是脱离预定均衡的偶然事件，也不是变化无常地偏离既定的发展道路，而后又顺利回到这一轨道上来；危机是作为一种占统治地位的运动形式，形成和塑造资本主义社会的发展逻辑"②。马克思从生产力与生产关系的矛盾运动出发，解释了引发资本主义经济危机的根源：生产的社会性与资本主义生产资料私人占有之间的对抗性矛盾。从整个社会层面来看，资本与劳动之间的紧张关系，生产社会化与生产资料私有制之间的矛盾，是资本主义经济危机爆发的根本原因。资本主义生产方式促进了生产力的发展，同时又为其进一步提高设定了界限，导致相互矛盾的结果，而这些后果只能通过危机得以解决。

第四，从资本主义制度的"动态"角度来看，经济危机是资本主义经济重回平衡的强制手段。多布认为，"危机既是一种宣泄，也是一种报

---

① Maurice Dobb, *Political Economy and Capitalism：Some Essays in Economic Tradition*, London, Routledge and Sons, 1937, p. 126.

② Ibid. , p. 80.

应：在资本主义经济中，一旦平衡遭到广泛的破坏，它就成为了能够强迫恢复经济平衡的唯一机制"①。经济危机造成了社会生产力的极大破坏，物质财富的严重损失，但同时也暂时消除了资本盲目性所导致的供给与需求之间的不平衡，为资本主义再生产提供了新的环境和条件。面对危机带来的经济衰退和社会动荡，资本主义国家通常会摒弃自由主义的指导思想，加强国家干预，整顿金融体系，试图恢复生产。经过长时间的国家治理，资本主义经济由停滞逐渐变为恢复，最终趋向繁荣，进入了一个新的发展周期。因此，经济危机"永远只是现有矛盾的暂时的暴力的解决，永远只是使已经破坏的平衡得到瞬间恢复的暴力的爆发"②。经济危机并没有从根本上消除资本主义的基本矛盾，周期性的经济危机和经济波动完全内在于资本主义生产方式和经济制度，突出表现了资本主义的历史局限性。所以要彻底消除经济危机，就必须消灭资本主义，这也是马克思作出的最重要判断。

小　结

意识形态是多布辩证理性市场社会主义思想的重要内容。他以马克思的意识形态论为思想基础，认为意识形态不仅仅是德·特拉西口中的观念科学，而且属于社会哲学的基本范畴，总是与社会经济、政治制度

---

① Maurice Dobb, *Political Economy and Capitalism：Some Essays in Economic Tradition*, London, Routledge and Sons, 1937, pp. 102-103.

② 《马克思恩格斯文集》第 7 卷，277 页，北京，人民出版社，2009。

联系在一起。他强调任何一种意识形态都不是空中楼阁，而是建筑在社会经济关系之上。一种意识形态能够为人们所接受并追随，在一定时期内产生社会影响力，必然是代表了特定阶级的利益诉求，表达了这一群体的社会心理。多布的意识形态理论具有辩证理性的色彩，不仅把握了意识形态形成的前提，而且分析了意识形态能动的社会功效，在资本主义社会与社会主义社会完全呈现出不同的功能和作用。

一方面，多布认为意识形态植根于个人或群体的阶级利益和具体的历史环境，脱离特定时空条件空谈意识形态是没有意义的。从个人角度来说，每个人都生存在特定的社会环境之下，其思想观念、价值判断、理论表达不是自发产生的，而是处在一定社会条件、阶级关系下的人对社会关系的概括。就思想家表达的某一种理论来说，虽然标榜着中立、客观的色彩，但实际上仍然是一种主观认识，这就是多布所强调的意识形态对于社会科学研究的影响。从社会群体的角度来说，任何一个社会集团都力图在群众中强化和扩大自己的意识形态影响，表现出强烈的社会政治倾向。也就是说，意识形态就是社会或阶级利益的棱镜对社会关系的反映。这种反映具有明确的实践性目的，为了某一特定社会集团的利益而服务，通过具体的社会经济、政治制度表现出来。资本主义学者主张意识形态的非理性色彩，实质上是为了遮蔽资本主义的剥削本质，是一种反科学思潮。

另一方面，多布指出意识形态具有复杂的社会功能，在社会、政治、经济活动中表现出来。首先，政治性是意识形态的本质特征。国家政权的合法地位不仅依赖于国家机器的暴力力量，而且必须在意识形态方面论证它的合法性地位，取得人民群众的认可。国家机器的强制性与合法权威相结合，才能保证社会政治稳定发展。其次，意识形态是一种价值体系，为政治共同体内的成员提供价值导向。资本主义社会以雇佣劳动这一生产关系为基础，形成了完全商品化和自由竞争的人际关系，个人主义和自由主义构成了资本主义意识形态的主要特征。社会主义以生产资料公有制为基础，以科学的马克思主义为理论指导，在深入分析社会发展规律的基础上，指明了人类社会的发展目标，激发和巩固了人们的政治积极性，为人们提供了强大的精神动力。

第四章 | 莫里斯·多布辩证理性市场社会主义思想中计划与市场的辩证性

计划与市场作为资源配置的两种不同手段，始终是市场社会主义者探讨的经典话题。在与具体社会制度结合的过程中，二者的应用范围和程度不尽相同。无论是西方资本主义国家的经济实践，还是苏东社会主义国家的改革过程；无论是发达国家历史发展的不同阶段，还是落后国家争取民族独立、实现经济发展的努力，以什么方式看待计划与市场的关系，都关系到一国经济建设的成败。

回顾世界经济发展史可以发现，计划与市场不仅是经济运行的两种手段，在一定历史时期内还是社会主义、资本主义两种社会制度的表征。完全自由竞争的商品经济是资本主义在最初阶段的发展形态，曾在历史上极大地推动了资本主义经济的发展。经过了一段时间的发展，演变为了高级形式——市场经济。直至 20 世纪，严重的经济危机使西方国家意识到了市场机制的弊端，开始采用国家计划形式干预经济运行，尽管只作为市场经济的补充发挥作用。苏联和东欧等社会主义国家以高度集中的计划经济为特征，以由上至下的行政命令作为经济运行的主要手段，市场局限于范围极小的消费者市场和劳动者市场。长期以来，人们将市场作为资本主义的特征，将计划作为社会主义的特征，并将二者作为意识形态对立起来。

　　关于计划与市场关系的探讨，在多布这里显然经历了一个由浅入深的发展过程。在早期的研究中，多布对经济运行模式的把握受到意识形态因素很大的影响。尤其是现实中苏联社会主义的辉煌与英美资本主义的危机形成了强烈的对比，使得多布完全将苏联作为典型的社会主义发展模式。在这期间，他出版了多部著作论述经济计划的优越性，并在社会经济核算中站在与资本主义市场对立的一方，维护马克思主义经济学的科学性。当然，任何思想家都带有时代局限性，不能脱离当时的历史环境，这是历史唯物主义的基本观点。多布在当时阐述的一些观点，现在看来还是具有很强的理论价值与实践意义。随着历史的推进，面对凯恩斯主义在资本主义国家的贯彻与实施，多布开始认识到经济体系的复杂性，计划与市场的辩证关系具有了某种开放性色彩。对经济史的研究为多布打开了关于经济发展的新的维度：在资本主义发展过程中，市场从来不是唯一的铁律；社会主义也不是完全的计划经济，需要在一定程度上引入市场，发挥价格、利润、竞争等经济范畴的作用。因此，只有将计划与市场有机结合起来，才能取长补短，实现经济的稳定协调发展。

一、社会主义国家计划的哲学基础

苏联在社会主义时期，以横纵结合的计划管理为经济组织模式，形成了从中央到地方再到企业，经济信息自下而上逐级汇总，计划指令自上而下层层分解下达的体系。这种计划经济体制是对自由放任的资本主义经济体制的否定，在当时的历史条件下具有很大的优越性。在多布看来，任何经济生活的本质和规律都是哲学思维在经济领域的反映，并为人们的经济实践活动提供具体的方法论指导。多布以苏联的计划手段为研究对象，考察了其经济现象和经济过程，用唯物辩证法将经济计划进行提炼与升华，提升到了经济哲学的高度。由此多布指出经济规律是以一定经济基础为条件发生作用的，必须重视经济规律的客观性，才能在经济实践中利用经济规律指导经济活动。

（一）主客观相统一原则

一种思想的出现总是与客观事物的发展相伴而生的。多布认为苏联计划经济模式的形成正是针对资本主义生产方式的不合理性，在经济组织形式和国家管理制度方面的革新。他以马克思的辩证唯物主义为基本方法，阐述了苏联计划经济的哲学基础。

计划和市场问题是社会主义建设中的重要问题。马克思认为，在社会主义生产中，每一行业的生产及生产的增加，都"直接由社会需要调节，由社会需要控制"，在社会调节和控制之下，社会不同行业的生产"按比例进行"。多布指出，苏联建国初期制订的生产计划、财政计划以及财政金融制度等一系列举措是马克思主义计划思想在实践领域的初步尝试，在社会主义经济发展上迈出了重要的一步。在具体的计划制订上，首先由各个机构即苏联各部、各主管局和各加盟共和国部长会议对经济发展作出科学预测，提出关于国民经济发展基本方针的建议。然后国家计划机关根据这些建议作出计划的基本构想与初步轮廓，交由苏联部长会议审查，拟定五年计划时期的主要指标和控制数字，正式编制经济和社会发展基本方针草案。其中五年计划控制数字根据十年基本方针制订，由各部、各加盟共和国部长会议下达到基层的生产单位。各生产联合公司、企业和生产单位以中央计划为样本，具体拟订计划发展草案。同时，与销售单位、消费单位和供应单位签订经济合同，明确五年计划所需的产品目录表。

在马克思恩格斯和列宁计划思想的基础上，多布对经济计划作了更加深入的思考和研究。他认为，"计划的核心内容在于，首先是编制计划的现实材料，其次是实施计划的现实行动，这两方面相互协调才能保证社会主义经济有计划地平稳运行"①。从认识论的角度来讲，多布所强调的"计划"是建立在经济现实之上的、对客观实际的描述和预测，具有科学性和合理性。同时，符合经济规律的计划并不是教条式的、一成不变的，应是能够达到充分调动社会经济资源和发展社会经济的目的。

由此可见，多布认为计划具有"两重性"：形式上是主观的，而在内容上是客观的。因此科学的经济计划应该是"主观见之于客观"的一种经

---

① ［英］莫里斯·多布：《苏联经济新论》，14 页，北京，生活·读书·新知三联书店，1949。

济形式。经济计划在一定程度上表现了人们依据客观经济规律认识世界、改造世界的自觉性，是主观能动性的反映。"任何计划，都必然是预测和政策指示的综合。正如历史本身的发展过程一样，经济计划必然是由主观和客观的因素交织而成。"①经济计划不应是脱离经济规律而人为创造的，而是建立在客观国情的基础之上，从现实的具体经济状况出发，保证国民经济按比例协调发展。在制订全国电气化计划时，同样反对一切任意推测和空想设计，要求各地区和各部门要根据技术条件和科学理论，以对各种资源和潜力的实际计算为依据，实事求是地制订经济计划。

20 世纪 40 年代，苏联学界的流行观点认为，社会主义社会不存在经济规律，苏维埃共和国肩负着实现共产主义的历史重任，能够通过完全的指令性计划实现这一历史目标。针对经济规律问题的这种判断，多布强调要警惕将国民经济计划与客观经济规律混为一谈的思想倾向，指出任何经济计划都应该是同时包含"一种政治的"和"一种实践或现实"的因素，这两种因素是经济计划得以实现的重要保证。政府颁布的政策是人的主观意志制定的，并可以进行修改，但是经济规律同自然科学规律一样，具有客观性，是不以人的意志为转移的客观规律。经济计划的科学性依赖于对现实经济状况的分析研究，而经济规律则是经济现象内在的、本质的和必然的联系，"如果经济计划不能遵守严格的经济规律，而受命于转变经济为社会主义经济的指令政策，则必将遏制生产和货物

---

① ［英］莫里斯·多布：《苏联经济发展史》，388 页，北京，商务印书馆，1950。

流通，瘫痪生产力量"①。由于计划在形式上具有"主观认知性"的特点，国家在调控经济运行的过程中很可能走入决策权力过度和片面强调指令性计划的误区，多布指出："计划机构的定位应该是被动的而不是主动的，它的基本任务是研究现实的经济状况，使得人们可以认识、利用经济规律，为社会主义建设减少阻力、提供更为开阔的发展空间。"②否认社会主义制度下经济规律的客观性，认为苏维埃政权能够凌驾于经济规律之上，是对马克思主义理论的严重歪曲，会给经济工作带来极其恶劣的影响，整个国家经济发展将会陷入混乱和偶然性之中。

(二)否定之否定原则

纵观经济思想发展史，从古希腊亚里士多德对货币、价值的最朴素认识，到斯密《国富论》的问世标志着经济学作为一门独立的学科正式诞生，再到在批判继承西方传统经济学合理因素的基础上，由马克思恩格斯创立了无产阶级政治经济学。通过梳理和分析经济学史上不同学术流派以及各个思想家的理论，可以发现每一种能够解释经济现实的理论都是在哲学思想的指导下建立和发展起来的。多布作为"正统"的马克思主义经济学家，在总结苏联计划经济建设实际经验的过程中，能够自觉运用辩证唯物主义和历史唯物主义来探讨社会主义经济的一些理论问题，体现了他将经济学与哲学结合起来的合理性和科学性。

多布认为，经济计划的制订和实施过程体现了唯物辩证法的否定之

---

① 　[英]莫里斯·多布：《苏联经济发展史》，392 页，北京，商务印书馆，1950。
② 　同上书，392 页。

否定规律。任何事物的发展都经历了肯定、否定再到否定之否定的运动变化过程。列宁指出事物的发展是前进性与重复性的统一，"发展似乎是在重复以往的阶段，但它是以另一种方式重复，是在更高的基础上重复（'否定的否定'），发展是按所谓螺旋式，而不是按直线式进行的"①。事物经过辩证的运动过程，在形式上又返回到出发点，然而与最初的起点却有了本质的不同。多布强调经济计划的编制和执行过程体现了唯物辩证法的这一基本规律：根据现实国家经济状况而编制的计划包含着肯定的因素，但这仅仅是最初阶段，更重要的是执行计划的过程，"在形成具体方案并付诸实行的时候，对于计划机构又提供了新的经验和新的材料，计划机构要随时按照实际需要，对计划做必要的修改"②。也就是说，预先制订的经济计划作用在于拟定经济的发展方向，但它并不是教条式的僵死不变，执行计划的过程中需要不断地进行修正，实现对经济活动即时的调节和管理。

国家计划委员会作为计划制订者，是整个经济运行制度的起点。多布认为经济计划的第一次否定应该通过双重路线进行，一条是向下通过行政机关、人民委员会和托拉斯到达各个工厂的设计部门，同国家计划委员会直接沟通；另一条是地理上的向下移动，通过共和国最高设计机构层层向下，每一个地方都有相关的设计局与上级直接联系。在这个过程中，最初的计划会根据实际情况进行修正。此后，整个过程被倒转过来，"计划草案经下级机关加以比较具体而细致的充实，带着它在路上

---

① 《列宁专题文集：论马克思主义》，12页，北京，人民出版社，2009。
② ［英］莫里斯·多布：《苏联的计划制度》，25页，北京，科学技术出版社，1951。

所积累的修正和批评回到国家计划委员会，做最后的修改和完善"①。经过了否定之否定的发展过程之后，计划本身已经发生了质的变化，从之前略显空想的状态前进到了具有科学概念的清晰状态。国家计划委员会作为经济计划的起点和终点，看似形式上的重合，却到达了质上的飞跃。

计划的否定之否定过程实质上是在检查计划执行过程中出现新的可能性，防止某些部门或者企业出现对计划的不适应。对于计划执行过程中的及时修正，能够预防经济出现的发展不平衡现象。系统、具体、全面地检查计划的完成情况，并不是简单地罗列所有部门计划完成状况的总体平均数值，而是详细研究每个企业的生产执行状况，具体分析计划在执行过程中的缺点和不足，从而由中央计划单位加以调整，帮助企业顺利、有效地完成计划。但多布同时指出，有些经济计划单位的领导人形式主义作风严重，对于某些企业出现的困难不管不问，没有合理有效地适应企业实际生产的新情况、新需求，仅仅在形式上以整个部门的平均数字掩盖实际生产的不利情况，这与社会主义国民经济计划的初衷是根本矛盾的。

二、对社会主义经济合理性和可行性的辩护

20世纪30年代，正值资本主义世界性经济危机大爆发、苏联工业

---

① ［英］莫里斯·多布：《苏联经济新论》，17页，北京，生活·读书·新知三联书店，1949。

化取得巨大进步的时代，前者使人们对市场体制产生了强烈的怀疑和不满，并对社会主义产生了浓厚的兴趣；后者则使信奉社会主义的人们欢欣鼓舞，更加深信社会主义作为一种未来社会选择的可行性。很多学者怀着对资本主义残酷现实的失望情绪，转而开始研究社会主义的经济运行方式，希望通过社会主义来改变资本主义的发展趋势。值得注意的是，以哈耶克为代表的西方学者之所以会走向社会主义，是因为其看到了社会主义代表了一种美好未来的理想形式，即社会正义、公平和对人类自身价值更高程度的关怀。然而正是在深入研究社会主义的过程中，他们意识到了最初所向往的仅仅是社会主义的价值目标，而对实现社会主义的现实手段很少关心。正如哈耶克所说，"终极目的的有效性问题，科学根本没有任何发言权。我们既可以接受这些终极目标，也可以拒绝接受它们，但是我们却根本无法证明或者证伪它们"①。由此，对社会主义的讨论由伦理问题转向了经济运行问题，开始关注社会主义的实现手段而非价值目标。

尽管奥地利学派对中央计划体制提出了很多质疑，触及了社会主义的核心问题，但对于多布来说，社会主义成为未来社会形态已经得到了充分证明，这是一个不可扭转的历史趋势。"19 世纪在本质上是属于自由主义的"，而"20 世纪则注定是社会主义计划经济的年代"②。作为正统的马克思主义学者，多布一定程度上继承了马克思关于计划与市场相

---

① Friedrich Hayek, *Collectivist Economic Planning: Critical Studies on the Possibilities of Socialism*, London: Routledge & Kegan Paul, 1935, p. 16.

② Maurice Dobb, The Significance of the Five Year Plan, *The Slavonic and East European Review*, 1931, 10(28), p. 80.

矛盾的观点，坚决主张以中央计划委员会为领导核心指导社会主义经济发展。当然这一态度在后期有所缓和，他认为社会主义也可以利用自由市场的某些作用以弥补计划体制的不足。在支持社会主义的众多市场社会主义学者中，始终维护马克思提出的经典社会主义原则，这在当时并不多见，多布可谓独树一帜。总的来说，多布主张以计划为主、市场为辅对社会主义经济发展进行控制和安排，充分运用人类理性和主观能动性，有意识地构建一个有秩序、可持续、平稳发展的理想经济模式。

（一）深刻反思社会主义经济核算的历史意义

20 世纪 30 年代，西方经济学界发生了关于社会主义经济核算的大讨论，一时间生产资料国有制、计划与市场、社会主义的核心价值理念等成为国外理论界的流行词汇，对社会主义发展问题的分析成为政治、经济、社会研究中的一个重要领域。20 世纪 80 年代，苏联解体、东欧剧变，相关研究重新成为学者关注的焦点。回顾这场争论，奥地利学派与以兰格为代表的社会主义理论家关于传统社会主义经济以及竞争性社会主义所展开的一系列争论，一方面比较完整地论证了社会主义经济运行的可行性，并在一定意义上说明了社会主义与市场、货币、商品等经济范畴的有机结合是社会主义未来发展的关键问题。另一方面，米塞斯、兰格、哈耶克、曼德尔等人的立场虽然不同，从完全相异的角度出发批判市场社会主义理论，但这些严肃的思考对之后马克思主义政治经济学中关于计划和市场、社会主义经济和市场经济理论的探讨，都产生了重要的、积极的影响。

在这场争论中，奥地利学派认为社会主义经济由于缺乏充分的信息来源，无法在实践中完成有效的经济核算。米塞斯认为社会主义要求消灭私有制，而私有制是市场机制形成的前提条件，这样一来市场也就不复存在了。然而经济核算最基本的工具是价值、货币、市场价格等经济范畴，没有了这些工具作为核算手段的经济必然是无效率的经济。对于米塞斯来说，市场与资本主义是相伴而生的，是资本主义的经济秩序与独特产物，社会主义不可能人为地进行模仿。哈耶克对米塞斯的观点进行了某些"修正"，提出社会主义经济核算在理论建构上是可行的，但是在实践中不具备现实可能性。他认为中央计划机构表现出人类对自身理性作用的过分夸大，尽管在运用微分方程表示的均衡过程中，有意识的制度设计在理论上能够对社会资源进行优化配置。但人类理性必然是局限的，感觉经验和科学知识无法完全控制社会生活，在一个没有准确市场机制，缺少生产品的质量、价格、生产系数等动态数据的系统中，依靠中央计划机构实现社会主义经济核算是不可能的。

从整体上看来，这场争论呈现出三个方面的意义：首先，从哲学的高度来说，判断一种经济制度不能局限于技术与效率层面，而是要深入探究经济现象背后的价值因素。米塞斯、哈耶克与多布、兰格之间的根本分歧不是关于计划和市场哪一种更能促进经济发展，而是更本质地体现了人类思想的两种倾向：理性主义与经验主义。坚持理性主义的经济学家将马克思主义经典理论中的反市场倾向贯彻到底，作为不可改变的教条，坚称人类社会在现阶段即可通过社会联合、消灭商品、货币、资本、阶级和国家，实现从必然王国向自由王国的飞跃。自然界与人类社会的发展都面临着众多不确定性，因此尽可能地发挥理性的作用，在特殊时期确实可以维护社会稳定、促进资源的优化配置。但是，在计划经济体制中，对于人性的假设常常太过理想，太过崇高，而在具体经济实践中其大部分理论的支撑其实是来源于数据或技术方面的测算与控制，这样计划经济就不得不呈现出一种工具理性的特征。经验主义者则与此相反，他们坚守个人主义的立场和资本主义市场经济的固有经验，把私有制为基础的资本主义市场经济当作永恒不变的理想秩序。米塞斯提出商品市场与要素市场、市场机制与私有制是不可分割的，社会主义与市场经济必然是二者居其一。麦克纳利认为市场机制的发展必然要求劳动力商品化，从而必然导致资本主义。科尔内则强调市场社会主义改革充满了内在矛盾，无法形成一个强有力的、逻辑连贯的制度，它不过是传统社会主义走向失败的一个过渡。这些观点没有看到资本主义市场经济所包含的深刻的内在矛盾和历史局限性，并且严重低估了生产的社会化、资本的社会化和国家干预的必然趋势和历史意义。

其次，不同理论家尽管对市场社会主义的定义和模式有很大差异，但都承认社会主义的价值指向和根本目的在于分配平等、社会公平、充分就业等，而市场则是实现自由竞争、最优效率的必要手段，因此核心问题是如何利用市场机制来实现社会主义的价值和目的。历史的发展已经证明，单纯依赖计划或者市场手段无法实现社会经济的良性、有效运行，二者的有机结合是每一个国家未来发展的趋势。社会主义国家计划体制的形成有着深刻的历史渊源，并没有实现马克思所说的已经具备相当高程度的生产社会化条件，而是国家在特殊时期为了维护政治局面稳定、克服经济发展困难而采取的最优选择。商品经济发展到现在，已经证明了市场机制能够提高资源使用的合理性、有效性和劳动生产率，有力地促进社会生产力发展。因此，对于资源配置方式的选择，不能从人们的主观意志出发，而是应以现实的生产力水平和相应的社会条件为基础。市场社会主义是一个二阶概念，市场经济和计划经济本身也不具有制度属性，对计划管理机制进行改革，充分发挥商品经济规律，才能够实现社会主义国家的长期繁荣和发展。

再次，中国改革开放的实践有力证明了社会主义与市场经济并不是不可相容的，在经济体制上以市场为取向、强化市场功能的改革措施，符合社会主义商品经济发展的要求，从而能够极大地促进经济发展。社会主义建设不仅需要从支持这一制度的思想家身上获取力量，也要高度重视批判者的声音，无论是米塞斯还是哈耶克，在他们对市场社会主义的尖锐批评中，我们仍然可以发现合理而深刻的方面。通过不断反省我国社会主义市场经济制度中可能存在的问题，从而为良性、健康的发展提供不竭动力。米塞斯对于模拟市场的批评虽然是以维护私有制为根本目的，但正确说明了商品市场与生产要素市场的内在联系；哈耶克对社会理性的批判虽然过于偏颇，但深刻地揭示了社会的复杂性和人类理性的局限性；斯蒂格利茨的信息经济学对于现实市场经济的理解要比新古典市场社会主义理论更符合实际；科尔内的软预算约束理论则相当准确地说明了现实国有企业存在的根本弊病。我国社会主义市场经济的建立和完善，需要从批评者的声音中吸取营养，补充、丰富和发展自己的理论主张，在发展中坚持社会主义的立场。

（二）资本主义与社会主义是两种不同的经济范畴

在社会主义经济核算的争论之中，多布以马克思主义理论为基础，通过对苏联经济发展情况的现实考察提出了自己的观点。他认为，在生产资料公有制为基础的社会主义国家中，通过中央计划机构的统一调配，完全能够实现有效的资源配置，能够建立一种保证资源合理配置的经济机制和经济体制。值得注意的是，虽然多布支持社会主义制度，对米塞斯和哈耶克的理论观点提出了批判，但在对社会主义的具体说明中，与同样赞成社会主义的"兰格模式"并不一致，甚至在某种意义上存在对立。

针对兰格提出的竞争性的社会主义模式，多布指出这与马克思主义的理论是不一致的，不能带来平等与博爱，同时还可能将资本主义社会中存在的问题，如无政府状态、收入不均、失业危机等，移植到社会主义经济中来。他的中心论点是，资本主义与社会主义是两种完全不同范畴的经济模式，二者无法相互借鉴。苏联社会主义经济发展的现实成就已经有力证明，以中央计划机构为社会经济运行中心的计划经济，较之由市场或由消费者的"选择自由"来决定的经济，具有无可比拟的优越性。社会主义经济应该摒弃资本主义的经济范畴，将价格、市场、竞争等有可能影响社会经济稳定运行的因素排除在外，完全听从中央的统一计划和调配。总之，20世纪30年代苏联经济事实的存在，使多布对社会主义计划经济模式充满了信心，并认为"苏联为一个原本落后的国家，以空前未有的节拍，转变为一个广泛工业化和现代化技术的国家，提供了一个独特的例证"①。

多布既不赞同将社会主义等同于资本主义的观点，也反对通过模拟市场，实现与竞争市场类似的资源分配结果。对于他来说，社会主义经

---

① ［英］莫里斯·多布：《苏联经济发展史》，2页，北京，商务印书馆，1950。

济与资本主义经济是性质上的区别，而不是约翰·穆勒所说的仅仅与"分配问题"有关。兰格等人的错误在于没有意识到计划经济在协调投资等方面的重要意义：和资本主义的无政府主义相比，社会主义能够集中力量进行基础建设，决定投资方向，从而克服由于分散决策导致的资源浪费和经济损失。在资本主义体制下，自由市场的"自动调节"和"理性统治"都只能在事后通过价格变动的影响发生作用，每一个经济决策仅仅依赖于自身所掌握的、有限的信息。由于数据缺失与信息的不对称，个人决定相对于整个市场来说是盲目的，价格引导可能是一种假象，"在这期间，猜测不得不代替了知识，而错误还是会继续表现在之后的行动之中"①。无序竞争必然意味着各个决定不仅是分散和自主的，而且再次投资可能会由于市场价格的反映不及时而失败。因此资本主义经济会陷入无限重复错误决策的循环之中，即使在某种情况下达成了暂时的平衡，那也是不稳定的、充满危机的平衡，随时可能由于某些不确定因素的变化而陷入混乱。

既然市场充满了不确定性，那么兰格等人试图模拟市场的行为更是一种无用之举。在多布看来，让社会主义模仿资本主义式的竞争和"自动性"地调节，那么社会主义必须继承经济无政府主义的产物，承担经济波动和不平衡发展所带来的后果。在这一问题的反面，计划在资本主义国家已经开始盛行，主要表现为通过国家力量进行的投资建设。周期性经济危机的爆发促使英美意识到自由主义的缺陷，极力推行凯恩斯主

① ［英］莫里斯·多布：《政治经济学与资本主义》，233页，北京，生活·读书·新知三联书店，1962。

义，政府部门采取巨额注资的形式进行工业建设，德意则通过调整价格实现对经济的管制。然而，经济上私有制及其垄断组织天然具有反对国家调节的强大实力，导致资本主义国家计划的低效性。正如资本主义经济现实所呈现的一样，"计划已经成为当前垄断利益集团的工具"①。多布指出，兰格模式下经济计划的地位被大大降低了，仅仅为了实现供求平衡而服务。如此一来，兰格限制了市场机制的作用，同时计划在国民经济发展中的作用也被忽视了。西方经济学所谓的"自由市场"只能是书本中的想象，其自由属于资本和资产者的自由，而非劳动者的自由。因此，社会主义国家必须重视计划在国家经济发展中的重要作用，实现按比例规律协调国民经济发展。相较于资本主义市场的无序和不稳定状态，社会主义具有明显的优越性。

资本主义市场不仅是一种无政府体系，在国家调节方面作用微弱，另一个更重要的缺陷是其短视性。多布认为，在资本主义社会经济中，资本积累的速度是由两个因素决定的：一是不同分配方式下，资本家能够得到的收入；二是资本家长期以来形成的消费习惯和标准，二者共同决定了资产阶级的"时间偏好"。一方面，当资本家的收入水平提高时，会增加资本积累，扩大投资，降低时间偏好，最终提高资本积累的速度。另一方面，资本家习惯消费水平的提高，则会促使这种时间偏好的提高。所以从这个角度来看，市场的"自然判断"甚至比其他方面更能直接反映历史和社会制度等外界因素的影响。虽然剩余价值量扩大会促使

---

① ［英］莫里斯·多布：《政治经济学与资本主义》，233 页，北京，生活·读书·新知三联书店，1962。

投资不断增加，但这种资本积累的趋势却不断受到资本家消费标准提高的阻碍。私有制与私人资本积累曾经是资本积累的一种必要手段，现在却愈加成为减缓资本主义发展速度的一种障碍。通过降低工人的工资水平，采取垄断政策提升利润空间，或者武力扩张海外殖民地，这些方式都是资本主义对利润率的急剧下降所做的自然反抗。与此相反，在社会主义经济中，对未来和现在都会保持一种平衡的态度，资本主义所特有的时间偏好将会被克服，意味着社会主义经济较之资本主义经济可以获得更高的资本积累速度，能够更快地接近资本饱和点。

兰格通过竞争市场（即典型的资本主义私有制经济中的市场）中价格决定和资源配置问题的分析，抽象出社会经济运行的一般过程，并试图将其作为非资本主义经济运行的手段。多布指出，以竞争解决的市场模式总是与消费者主权原则联系在一起，然而这个原则本身存在着很大的不合理性。消费者市场的存在确实为消费者提供了一个自由选择的范围，并且在一定程度上能够影响生产，"但这并不意味社会主义经济就一定必须承认这种选择具有无条件的统治"①。事实上，通过市场所表现出来的消费者选择，必然是局限于可供选择的商品范围之内，消费者对于生产什么商品没有主动权，而市场本身也不能反映消费者的欲望和要求。多布认为，除了市场不能满足人类的新欲望之外，还有两个重要方面表明消费者从个人主义观点出发，通过市场所表示的选择并不能使人相信它是社会效用的适当标准。首先，作为一个孤立的个人，在资本

———————

① ［英］莫里斯·多布：《政治经济学与资本主义》，260 页，北京，生活·读书·新知三联书店，1962。

主义市场经济中，消费者并不是自由的，他必然只能从空间和时间的有限角度，去观察他可能获得的商品范围。在各种因素的影响下，极易作出非理性的消费决策。其次，资本主义市场经济条件下，个人利益与集体利益会经常性地发生冲突，尤其是在教育、卫生、医疗等基础性行业，个人交换无法充分实现环境保护、文化保护、公共健康等社会整体利益。通过市场所表现出来的个人货币需要，不能完整反映社会集体的不可分割的共同需要。因此，从消费者主权原则的角度出发，多布论证了市场调节的盲目性和滞后性，从而说明社会主义采取经济计划的必要性。

（三）集中管理与分散决策是组织经济活动的合理设想

尽管多布之前毫无保留地支持苏联的计划经济模式，全力赞扬集中管理对国家经济发展的重要作用，但面对日益变化的世界局势，多布逐渐意识到如果仍然坚持已经僵化了的计划体制，那么社会主义将失去持续前进的活力。通过对苏联及东欧国家社会主义经济改革实践的考察，多布倡导建立一种集中管理与分散决策的经济发展模式，以相对分权代替绝对集权，在保证国民经济运行计划性的同时，充分调动企业和个人的积极性，从而促进社会主义经济的有效运行。波兰经济学家布鲁斯在《社会主义的政治和经济》一书中同样强调了分权模式的重要意义，反对将经济制度与经济模式画等号，社会主义国家改革的总趋势是以分权模式取代集权模式，即建立起一个有市场机制调节的计划经济模式。在《社会主义条件下的商品生产》一文中，多布从三个方面着重强调了局部分权、引入市场机制的原因和意义。

第一，中央政府制订的计划应着重用于经济结构中最基础的部门，微观领域的决策应该由企业自主决定，一个无所不包的完美计划体系是不可能的。多布通过研究苏联经济发展史发现，即使是在20世纪50年代初中央集权程度最高时，苏联也无法实现对所有产品的计划。虽然"平衡表"方法覆盖了大约1000个项目，但1960年苏联官方公布的工业项目数量达到了15000个。据统计，总共有40000—50000家独立企业没有被中央政府编入统一的计划当中。在捷克的经济改革中，曾出现有一百多万商品需要定价。奥塔·锡克声称通过电子计算机能够实现数据的集中处理，然而，实际操作中计算机在编制输入输出表时所处理的产品不超过几百件。由此可见，实行高度集中和无所不包的指令性计划是不现实的，把指令性计划作为社会主义经济的根本特征和标志，对社会主义经济建设是有害的。中央政府、企业和个人应该明确自身职责，宏观经济活动或者经济运行的一切重大的总量决策由中央掌控，一般或者日常的经济决策由企业自行完成。多布指出，中央不可能对所有的经济活动都作出统筹安排，应该着眼于国民生活的基本需求。一些层次较低的决策没有必要，也不可能集中协调，改为由市场机制来控制和调整是社会主义经济运行的未来模式。国家需要承认企业的独立利益，大幅度减少政府对企业的控制，实现生产资料在企业之间的自由流动。

第二，传统社会主义经济中的信息问题，多布称之为"信息限制"。在以苏联为代表的计划经济体制中，中央计划机关扮演着重要的角色，它既要制订生产计划、分配生产资料、配置劳动者，又要在经济运行过程中不断调整，力图在国家整体经济发展和人民生活水平提高之间实现稳定与平衡。回顾苏联社会主义发展史，顶层设计与实际经济运行出现了严重偏差，决策过于集中，片面强调行政干预，对社会主义建设造成了不良的影响。当然，导致苏东剧变的原因相当复杂，多布从信息传递角度给予了分析。斯大林所建立的计划经济体制是以国家为主体调节经济运行的体制，经济管理的权限高度集中。多布指出，这一体制对于经济落后国家在特定时期实现快速发展有着显著作用，但将指令性计划作为社会主义经济的根本标志和特征则是有害的。

一方面，中央计划机关为了实现对全国经济的严格集中管理，其确定生产目标和与之协调所需的工业供应信息，都只能来自工厂或企业的层面，必须从外围"向上"提供给中心。理论上讲，计划管理将需求与生产直接联系起来配置资源更加高效，经济运行过程中目标明确，针对性较强。但实际操作中，由于无法准确把握企业的生产能力，新产品、新方法的数据必然带有估算的特征。即使是中央计划机关制定了最为详尽的调查表，也无法保证所获信息的完整性和科学性，不可能避免出现错漏和滞后。一个包含了生产计划指标、物质技术供应计划指标、原材料消耗指标、生产费用和成本计划指标、财务计划指标等的指令性计划经济体制，体系必然是庞大而复杂的。从下到上的信息汇集过程需要一定时间，在这个过程中社会需要又会发生新的变化，根据采集样本时的统计信息来指导生产，很可能已经无法适应新的需求。正如多布所说，"在宏观层面，这种缺陷可能是微不足道的，但是，在涉及微观层面的中央决策细节中，可能会对生产造成相当程度的不良影响"①。

---

① Brian Pollitt(ed)，Maurice Dobb，*Development of Socialist Economic Thought*：*Selected Essays*，2008，p. 157.

另一方面，信息收集者(计划制订者)与计划执行者之间的利益并不是高度一致的，甚至某些情况下完全相反，这就影响了统计的真实性与计划执行的严肃性。多布先后考察了苏联、波兰、匈牙利等社会主义国家，发现当大部分的企业得知中央计划机关下达的强制性生产任务来源于自身所提供的信息之后，常常会有意提供虚假或者伪造的信息，试图争取制订计划时分配更多资源，并想尽一切办法来满足计划制订者和下达者的个人利益。此外，出于人性考虑，"当中央计划管理部门主动要求提供数据时，企业的管理可能会倾向于降低生产和储备的数量，并夸大其供给需求，即使这种需求是符合生产实际情况的。除非企业提出一个比较保守的预期，否则它在未来一段时间内的实际生产表现将很有可能会受到供应短缺的阻碍"①。由国家计划委员会所统领的计划网络，必然会与企业、地方产生矛盾，整体利益与个人利益、长远利益与局部利益无法做到完美的协调。同时计划体制实质上是工具理性的产物，对人性的假设过于理想化，然而实际工作中计划人员的知识是分散的、有限的，加之一定程度的寻租动机，很容易导致决策的失败和错误。

第三，多布指出计划经济体制中存在动力结构方面的问题。高度集中的计划经济体制以组织目标完全认同为前提，即企业经理目标函数与计划机关的目标函数保持一致。如果二者不一致，那么计划机关则要通过实施一系列举措强制企业遵循国家的整体需要。既要使企业的成本降到最低，又要最大限度地服务于国家建设，这显然给企业经理提出了难

① Brian Pollitt(ed)，Maurice Dobb，*Development of Socialist Economic Thought*：*Selected Essays*，2008，pp. 157-158.

题。20 世纪 30 年代开始，苏联按照逐级领导的原则建立了经济管理体制，集中决策条件下将计划任务传递到较低层次的唯一方式便是量化的目标或命令形式。多布强调，这些生产目标的形成往往会扭曲生产模式，除了过分依赖"上级命令"以外，每一个指派任务都剥夺了经理和其他人在生产层面上的主动性，使他们沦为听话的"中士"。企业为了完成中央指派的任务，通常会出现这种情况："如果目标是以重量来衡量的话，那么工厂或者企业会生产相对较少的重物体，而不是数量较多但较轻的物体，无论是钉子、床罩还是烛台。如果是纺织行业，产品的标准是用长度来衡量的，那么就只编织出最简单图案的窄布。如果输出以总值表示，这就鼓励了所谓的'材料密集型'产品类型。"①因此，计划机构必须制定更为详细的指标，以监督企业的内部运行，制裁不遵守规定的经理们。但这样一来，又会产生许多新问题，如 20 世纪 60 年代波兰各项计划指标出现的冲突和矛盾。

　　由此可见，在多布的市场社会主义经济理念中，价格与长期投资的决定权仍然属于中央计划委员会，计划的复杂性有增无减，其信息来源及反馈不完全，市场机制作用的发挥仍然局限于计划经济框架之内，经济运行掺杂了太多计划者不科学的主观意志。东欧国家的社会主义改革让多布意识到，集权模式在社会经济结构发生剧烈变动时期（如战争时期）能够发挥最大效用，但随着经济目标的日趋复杂化，一种介于计划经济与自由主义之间的分权模式，在中央计划的前提下承认各种经济成

---

①　Brian Pollitt(ed)，Maurice Dobb，*Development of Socialist Economic Thought*：*Selected Essays*，2008，p. 157.

分并存和共同发展，能够更加充分地发挥社会主义的优越性。

三、对计划与市场辩证关系的重新审视

在经济运行中，计划和市场首先作为资源配置方式存在着。计划配置方式以计划者的主观能动性为前提，对各产业供求状态及其变化趋势了解得越多，政府确立的目标函数越能符合整个社会的价值取向，提高资源的配置效率。因而，计划模式的顺利实施依赖于许多相应的约束条件，如投入产出关系、对信息的及时处理、目标函数的现实性等，这些都会影响计划执行的实际效果。市场配置则完全是在利润驱动下，根据竞争关系的自动调整，以最小的成本达到最佳增长效果的目标。

通过对资本主义国家与社会主义国家经济发展史的研究，多布认为在现实的经济运行中，完全的计划配置或市场配置是不存在的，单纯依赖其中一种手段配置资源，不可能实现经济的最大增长。只有将计划与市场两种方式相结合，采取比较客观的态度看待两种资源配置方式，是现代不同经济体制的改革方向。但多布同时强调，每个国家和地区所处的历史环境不同，对计划与市场手段的选择必须具体情况具体分析。资本主义国家注重以计划补充市场，对总供给与总需求进行间接调节，而社会主义国家则是以市场补充计划，直接调控总需求与总供给。对于经济不发达国家来说，与经历了较长时间产业革命的西方国家不同，需要政府有效介入经济领域，通过加强经济计划实施方面的管理来缩小与发达国家的差距，这是落后国家加速工业化进程的必由之路。

（一）社会主义国家经济改革的经验必须认真总结

苏联对经过几十年发展建立起来的，并且已经取得相当建设成就的计划经济体制的改革过程充满了矛盾、摩擦和斗争。东欧社会主义国家独立自主的发展诉求与苏联的大党主义和大国主义之间，从一开始就存在着矛盾与冲突。多布指出，从这一时期苏联与东欧社会主义国家经济改革的实际情况来看，经济改革是为了适应生产力的发展需要进行的，一定程度上缓和了旧管理体制和生产力之间的矛盾，反映了社会主义国家经济发展的客观要求。但由于带有市场取向的社会主义经济体制改革是一项极其复杂的"实验"，必然会涉及各种权力和利益的再分配，其历程一定是艰难曲折的。总结苏联和东欧国家经济改革的历史经验，多布认为以下三个方面的问题一定要引起领导人和学术界的高度警惕和重视：

第一，由上至下的管理机关竭力维持现状，保护旧体制，官僚主义作风严重。大多数英国马克思主义者旗帜鲜明地反对形式化的、等级森严的行政管理程序，欧内斯特·曼德尔曾评论道："官僚主义（在苏联）的大量存在，既减少了生产者的消费基金，又使一大部分社会剩余转为非生产性消费……官僚主义的专横和暴虐压在工人群众的身上，愈来愈不堪忍受。"[①]多布同样认为："有大量的证据可以表明，官僚主义对新经济体制的反对，或者说至少是不愿意改变长期以来已经习惯了的一套

---

① Ernest Mandel, *Marxist Economic Theory*, New York, Pathfinder Press, 1970, Vol 2(598).

工作方法和思想作风，极大阻碍了改革的深入进行。"①苏联高度集中的经济管理体制需要庞杂的行政机构作为支撑，在苏联领导人看来，通过国家计委、物委、财政部等一些中央经济机构，能够将全国的经济大权控制在自己手中。这种制度效率很低，无法适应日益变化的经济环境。实行自上而下的经济改革，应当改变旧有的工作思想和方法。然而，改革之后的苏联依然保持着浓厚的官僚主义作风。领导人担心经济改革的深入会影响党在经济方面的控制，影响到他们的地位和既得利益，反对根本性的改革；不少行政人员人浮于事，衙门作风严重，虽然掌握着生产指挥权，却不重视经济核算，不讲究经济效果；由于上层行政管理机构以高度集中的方式领导经济发展，一项经济决策的作出往往需要层层审批，办事拖沓，效率低下，一些紧急要处理的问题得不到及时解决的情况屡见不鲜。从中央放权的改革实践来看，许多管理机关仍然习惯于发号指令，"在一些重工业部门，由于担心缺乏完成投资计划所需的某些类型的设备和机械，继续对产量分类作出详细规定……这些分类甚至可以精确到某一公斤或者最后一颗螺丝钉"②。一些领导人本身就反对扩大企业权力，从自己切身的利害关系考虑，不甘心缩小在计划和管理方面的权限，总是竭力运用他们在党内的发言权和影响阻碍改革的进行。

第二，理论层面的不成熟导致经济改革实践无法顺利开展。例如，利别尔曼的建议低估了经济改革的复杂性，过分强调和夸大利润等经济

① Maurice Dobb, *Socialist Planning：Some Problems*, London, Lawrence & Wishart, 1970, pp. 53-54.

② Ibid., p. 54.

杠杆的作用。实际上在苏联经济体制中，国家所规定的计划指标依然是衡量企业经营成果的最终标准，这就导致了中央、地方管理机关与企业之间的"恶性角力"。多布指出基金的设立突出表现了这一问题，"企业生产基金的数额应按资产负债表利润的一定比例去确定（或更确切地说，按利润与所涉企业拥有的资本基金的比例支付），这遭到了一些高层有影响力的经济学家的反对。在制定具体方案时，利别尔曼等人采取了折衷主义的策略，根据这项办法，付款应同时取决于盈利能力和销售量。不仅如此，向'物质奖励'基金支付的数额也与销售的增加和利润超过'计划利润'（即预估企业在拟订下一年生产和财政计划时所取得的成果）的增加（或减少）有关。这意味着，如果没有达到所定的目标，将受到严重的惩罚，如果对利润和销售额的计划目标或估计越宽松，达到任何既定业绩水平的'奖励'就会越大。企业为了确保安全，追求宽松、容易达到的目标而隐瞒潜力、隐瞒储备的老问题依然存在"①。如此一来，利润对企业改进经营管理的刺激很难达到预期效果。

又如，20 世纪 60 年代经济学界开始倡导价值规律在社会主义经济中的重要作用，强调利用经济杠杆刺激经济发展。但是，苏联当局仍处于片面理解计划经济的理论禁区之内，害怕这种观点会影响指令性计划的贯彻实施，因而极力进行压制和批评。"新体制"虽然承认商品货币关系的调节作用，但苏联领导人却仅仅将价值规律作为"计划领导"的一个补充手段，包含在"计划要素"之内，作为计划的"表现形式"才能起作

---

① Maurice Dobb, *Socialist Planning*：*Some Problems*，London，Lawrence & Wishart，1970，p. 55.

用。在 20 世纪 60 年代后半期，一些主张改革的经济学家受到了严厉的批评和打压，如利别尔曼教授被戴上"修正主义"的帽子，官方指责他宣扬"最大利润原则"，之后在理论界就很难看到他的文章和观点了，苏联理论界又进入万马齐暗的学术状态之中。因此，理论上的局限性导致经济发展的障碍机制和消耗机制并没有得到消除，没有完全摆脱"自然经济论"的影响和束缚，改革的阻力和困难日益严重，各部门依旧以行政手段管理经济，苏联在解决企业自主权问题上裹足不前。

第三，经济发展服从意识形态和政治斗争的需要。面对旧的行政命令式的计划经济体制所暴露出来的种种弊端，南斯拉夫于 1965 年开始的"社会自治"经济体制与匈牙利于 1968 年实行的"新经济体制改革"均属于市场社会主义的实验。一些东欧国家的学者、领导人已经意识到经济改革是势在必行的，承认僵化的计划体制是国家经济发展缓慢、停滞的主要原因。经过一段时间的改革，东欧某些国家在改革初期确实取得了显著成效，但遗憾的是，由于美苏两大阵营相互对峙的世界格局，这些东欧国家均处于苏联的严格控制之下。尽管曾尝试多种经济改革，但是由于与国内领导层观念相左，苏联政府也采用多种公开或半公开方式进行不同程度的干涉，导致这些改革无法深入，无法实质性解决其国内的经济顽症，加之国内国际的不断诟病和阻挠，这些改革计划最终只能无果而终。譬如 1972 年春天经互会国家强烈谴责匈牙利的经济改革，认为这是小资产阶级的狂热，损害了工人阶级的利益，原计划 70 年代要实施的第二部改革方案被迫停止，权力集中化的趋势重新加强；捷克斯洛伐克领导人杜布切克等于 1968 年强调市场机制作用的经济改革纲领，一经提出便遭到苏联当局的公开反对，甚至悍然出兵布拉格，诉诸武力来阻挠这一纲领的实施；波兰的多次经济改革由于一些领导人被"推翻"而告吹。由于受到国内保守势力与苏联力量的联合反对和镇压，这些国家的多次改革均以失败而告终，经济发展进入了衰落期。

因此，通过总结苏联与东欧改革的历史经验，尽管多布之前对社会主义经济发展模式的态度相对保守，但此时他的经济思想已经发生了明显变化，对现行经济体制进行了揭露和批判，鼓励将市场机制部分引入计划经济机制，废除强制性的指令性计划和僵化的层层管理结构。主张确立企业在社会主义经济中的地位和作用，扩大企业自主权在经济改革中的范围，用科学合理的评价和奖罚制度来增强企业的生产主动性和活力。

（二）计划与市场相结合是现实可行的

经济理念总是随着客观社会经济实践的推进处在不断的流变之中。自古希腊开始，以柏拉图和亚里士多德为代表的西方思想家已经开始论述如何实现有效的社会治理，此时的社会治理带有浓重的宗教色彩和君主专制特征。随着英法等国逐步建立和完善现代化的资本主义制度，为了解决日益复杂的社会事务与相对集中的公共权力之间的矛盾，社会治理具有了更加丰富的内涵和意义。亚当·斯密《国富论》的发表，标志着自由主义经济学的建立，主张自由竞争的市场可以引导生产、交换和分配，国家唯一要做的是扮演好守夜人的角色，为经济增长提供好的服务。新古典经济学更是将自由市场机制发挥到了极致。

进入20世纪30年代，"大萧条"下经济、社会和政治秩序的动荡和混乱，推动西方资本主义国家开始运用凯恩斯主义，对经济发展进行更多的行政干预；20 世纪 70 年代经济发展速度的缓慢使人们开始反思凯恩斯主义的有效性，经济理念呈现出一个反向运动的过程，主张政府从社会领域撤退，给予私人资本更多自主决策的权力，强调自由市场在经济运行中的首要地位。然而，"华盛顿共识"并没有带来期待已久的经济复兴，激进的市场自由化与政府的过度退出造成了更加严重的社会危机。如何协调经济计划与自由市场之间的关系，成为理论界争论的热门话题。

正是在这样的时代背景下，在主流经济学占统治地位的英国，"复兴"马克思主义政治经济学，成为当时西欧社会经济思潮发展的重要走向。究其原因，一方面是苏联社会主义经济建设成就，在理论与实践领域证明了马克思主义经济学的真理性，这与西方世界灾难性的经济危机形成了鲜明对比。另一方面，一些当时颇有影响力的年轻马克思主义经济学家，如亨里克·格罗斯曼、莫里斯·多布等着力于对马克思主义经济学"传统"的"复兴"，试图运用马克思经济学的理论和方法，重新考察、分析资本主义国家治理发展的新情况、新特征，探讨适用于社会主义经济发展的新模式。在多布身上，休谟式的审慎带来了理论线索的开放性，是在一种政治传统与学术规范下、基于当下时代变迁的独立思索。

一方面，他认识到经济危机的周期性爆发突出表现了资本主义生产方式的历史局限性，揭穿了资本主义市场经济能够一劳永逸地实现社会资源最优配置的谎言。事实上，资本主义经济危机的发生往往伴随着大批工商企业和银行倒闭，同时失业率急剧攀升，工人生活水平恶化，商品严重积压甚至被人为毁掉，每一次危机都是对社会生产力和社会财富的破坏和浪费。经济自由主义者将市场视为一种超越文化、政治和历史发展阶段的力量，完全忽视了其自发性、盲目性和局限性。对于多布来说，"我们有理由相信，资本主义的黄金时代，必然会是过渡性质的"①。

另一方面，"近代资本主义经济力量集中之后，必然地要使所谓政治民主的活动走向歪曲道路。资本可用金钱力量售卖报纸及其他民意机构，以及党派的活动，使地方与全国政府变为它的喉舌，这已经是司空见惯的事情了"②。资本主义私有制下工人阶级永远处在被剥削的地位，它自诞生一刻起已经产生了大众贫困、两极分化而使社会矛盾急剧激化。通过对资本主义发展历程的考察，多布认为它必然不是人类未来社会的发展方向。同时，苏联社会主义经济建设的成就极大地加深了他对社会主义优越性的认识，坚定了资本主义必然灭亡、社会主义必然胜利的信心。

马克思认为在未来公有制社会人们将用社会化的生产资料进行劳动，有计划地调节各种劳动职能同各种需要的适当比例。沿用马克思的经济学说，列宁认为在共产主义的第一阶段即社会主义社会里，"整个社会将成为一个管理处，成为一个劳动平等和报酬平等的工厂"③。多布从这一观点出发，认为强大的经济计划将是社会主义走向胜利的保证。20世纪国外理论界关于社会主义经济核算的大论战中，多布提出不能将资本主义经济范畴，如价格、市场、竞争运用于社会主义经济

---

①　Maurice Dobb, *Studies in the Development of Capitalism*, London, Routledge & Kegan Paul, 1972, p. 303.

②　Ibid., p. 366.

③　《列宁专题文集：论马克思主义》，272页，北京，人民出版社，2009。

中，反对在社会主义经济中运用市场、价格等经济机制。① 在社会主义经济中，中央的集中计划服从于整体的社会目标，由物质手段实现既定目标，具有巨大的优越性。另一方面，多布并不是完全赞同苏联式的计划经济体制，他认为在强调集中计划经济的前提下，社会主义经济需要保留一部分消费品市场和劳动力市场。由于生产资料归社会所有，国家必然可以通过各种经济手段达到社会资源的最优配置。在社会主义社会发展的初级阶段，保持商品和货币关系的存在是发展生产力所必需的，多布指出："社会主义经济排除了市场关系，实行严格的计划经济，这已成为一种固有的观念。这种对马克思主义政治经济学的教条式的理解，在半个世纪里占据了统治地位，对社会主义造成了极大的伤害。"② 尤其是在生产力发展水平不高的情况下，更要充分利用市场在经济发展中的重要作用。

总之，多布既不完全赞同苏联高度集中的计划经济体制，也不认为西方自由放任的市场经济能够成为一个社会未来的走向。面对凯恩斯主义在资本主义国家的大行其道，多布开始怀疑"计划等于社会主义、市场等于资本主义"这样的传统思维。因此，计划与市场的关系在多布的思想体系中具有了某种"开放性"。由此，他提出了一种折中的"中间路线"③，将国家干预与自由市场相结合，共同服务于国家政治经济建设。

---

① 顾海良、张雷声：《20世纪国外马克思主义经济思想史》，200页，北京，经济科学出版社，2006。

② Brian Pollitt(ed.), Maurice Dobb, *Development of Socialist Economic Thought*: Selected Essays, London, Lawrence & Wishart, 2008, p.149.

③ Maurice Dobb, *Planning and Capitalism*, London, Workers Educational Trade Union Committee, pp.25-40.

多布重申了马克思和恩格斯对国家治理的科学论断，强调国家的首要功能是进行政治统治以实现统治阶级的利益，"社会主义的根本性质在于通过对资产阶级的剥夺以及土地和资本的社会化，来废除资本主义生产所依据的阶级关系"[①]。在由国家作为治理主体，保证了政治上的优先性之后，多布试图论证一种更加分散的治理模式，因为"由国家来直接控制一些'关键'产业的发展是可行的，但所有的社会事务都由中央控制和协调的想法仅仅是一个浪漫的神话"[②]。"即使最完美的计划也无法消除未来的不确定性的倾向。"[③]国家不再是唯一的集中决策中心，整个经济社会活动应保证中央、企业、个人等角色都能发挥作用。多布比较推崇匈牙利"新经济体制改革之父"涅尔什的思想，国家通过间接调节的方式实现社会利益，有意识地使市场机制发挥作用。马克思和恩格斯从规范的意义上研究了社会主义社会"应当是什么样子"，主张根据社会经济发展现实，从生产力与生产关系的矛盾运动中去探寻社会主义的前途命运。多布紧跟时代发展的步伐，在批判当代资本主义经济和吸取社会主义经验教训前提下，回答了"怎么样"构建一种理想的经济发展模式的问题。在这一可贵的理论探索过程中，不断丰富和发展自己的理论体系，实现了一些重大的理论创新。

---

① Maurice Dobb, *Political Economy and Capitalism: Some Essays in Economic Tradition*, London, Routledge and Sons, 1937, p. 270.

② Brian Pollitt(ed.), Maurice Dobb, *Development of Socialist Economic Thought: Selected Essays*, London, Lawrence & Wishart, 2008, p. 155.

③ Maurice Dobb, *Some Aspects of Economic Development*, Delhi, Ranjit Printers and Publishers, 1951, p. 92.

(三)落后国家要寻求适合自身的发展路径

工业革命改变了人类社会的命运，带来了生产力的提高，使世界经济摆脱了不发展的状态，人类社会进入了经济长期而稳定的增长时期。同时，在工业革命浪潮的引领之下，经济的发展、垄断组织的形成为资产阶级打开了世界的大门，亚洲、非洲和拉丁美洲一些经济落后国家被卷入资本主义社会的旋涡之中。帝国主义以资本输出为发端，建立国际卡特尔，在世界范围内争夺市场和势力范围。工业革命打破了各个国家、民族原有的孤立与封闭状态，人类历史由分散发展走向整体发展。

在这种国际环境和背景下，多布实际上已经洞察到全球化的走势以及全球化条件下各国之间挑战—应战的发展态势。经济增长并不是均衡而普遍展开的，世界贫富差距在不断拉大。在特定的历史条件下，只有少数国家完成了工业革命，而大多数国家仍在长期的经济停滞中挣扎。对于不发达国家来说，由于长期处于西方发达资本主义剥削和控制之中，工业革命自行发生的历史条件不可复制，那么落后国家如何实现本国经济的发展？多布坚决反对落后国家建立西方式的资本主义体制，强调必须隔断与发达资本主义国家之间的经济联系，走独立自主的工业化道路。由于落后国家在制度、资本、产业工人等方面的"先天不足"，需要结合本国实际情况寻找一种有效的资本积累手段。从各国工业化历史进程来看，只有英国实现了"渐进"式的发展，大部分国家经济的起飞首先来自政府对铁路、重工业的集中投资。① 作为英国共产党的一员，多布"接受了苏联马克思主义对唯物主义的解释，形成了马克思主义是社会进化论的基本看法"②，并基于当时的科技能力、政治冲突以及意识形态的实际状况，产生了高效的社会主义必然取代枯朽的资本主义的观点。他认为"资本主义的黄金时代，必然是过渡性质的"③，经济危机本质包含在资本无限增殖的逻辑规定之中，在追求利益最大化为唯一目的的资本主义社会，自我发展的最高极限恰恰在于资本自身，在于劳动者被剥夺和贫穷化为基础的资本及其价值的自行增殖，这是资本主义无法克服的内在矛盾，而经济危机不过是这种矛盾的外在表现和缓解方式。

多布指出，当代资本主义发展已经显示出了发展疲态，落后国家不能寄希望于建立资本主义制度而走上独立自主的发展道路。通过对苏联工业化进程的分析，他将社会主义经济和政治体制作为落后国家的发展前途。美国马克思主义经济学家巴兰认为经济落后的国家要走上经济发展和社会进步的道路，必须依赖人民、开明政府和外国无私帮助三方面的力量。而多布明确反对这种看法，"苏联在没有任何外国援助的情况下实现了空前增长，斯大林式的经济计划在苏联取得了胜利，同样适用于世界范围内的其他国家，这种模式为落后国家提供了有益的

---

① ［美］亚历山大·格申克龙：《经济落后的历史透视》，11 页，北京，商务印书馆，2009。

② 乔瑞金：《英国的新马克思主义》，5 页，北京，人民出版社，2013。

③ Maurice Dobb, *Studies in the Development of Capitalism*, London, Routledge & Kegan Paul, 1972, p. 298.

借鉴"①。通过对苏联经济发展史的研究，多布认为落后国家工业发展
的最关键因素是国家意志在经济运行中的实现。这一方面源于多布的第
三国家政治背景，另一方面，多布发现了在特殊的历史条件下，经济计
划的有效性是如何在社会主义实践发展中得以论证的。实际上，多布对
于苏联工业化建设的思考是在重新审视计划在经济体中的角色，抑或说
对资本主义本身在计划条件下的转型研究。

苏联国民工业体系建设是社会主义经济发展的重要环节，实行工业
化的措施被多布称之为"加强混合过渡经济中的社会主义因素"。苏联在
1925 年至 1926 年间开始进入经济发展的新时代，工业发展水平已经实
现了战前的基本水平。他认为，列宁显然已经意识到了社会主义将由新
经济政策中蜕变出来，但前提条件是"以现代技术和农民广泛采用合作
方法为基础的大规模工业生产"。对于苏联这样一个经济发展落后和技
术装备薄弱的国家来说，社会主义发展的核心问题在于应用新的技术基
础来重塑国营工业的竞争力，即以大型机器制造业为标志的重工业。
"工业化本质上并不是一个财政问题，而是经济组织问题。"②多布将国
家统一制订的经济计划作为发挥社会主义优越性的手段，能够避免资本
主义国家由于无序竞争而带来经济破坏。资本主义经济发展不平衡是市
场自身运行机制的结果，周期性爆发的经济危机是对资本主义社会经济
发展的一种强制调节。

多布认为，社会主义物质技术基础的建立，需要避免市场自发势力

---

① Maurice Dobb, *Some Aspects of Economic Development*, Delhi, Ranjit Printers and Publishers, 1951, p. 64.

② Ibid., p. 34.

调节下的资本主义经济发展不平衡，这种无政府状态下的自由竞争经常会爆发经济危机。另一方面，统一、集中的国家工业发展计划，能够最大限度地调动社会资源，实现社会主义财富的快速积累。"一个积极有效的工业计划，将对国家未来的发展提供长远的效益。"①多布指出，如果不采取国家计划的形式，落后国家的发展总是在发达国家之后，无法实现经济的赶超。对此，多布设计了一个简明的发展模型②：

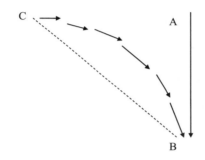

工业革命后发达国家与落后国家发展趋势

图中，多布描述了这样一个发展曲线：在正常的市场规律之下，落后国家(位置 C)经过一段时间的发展，是可以达到工业国(位置 A)的水平。但现实情况却并非如此，当落后国家向 A 位置发展时，发达的工业国会继续向更加先进的水平发展(位置 B)。所以多布认为，在特殊时期落后国家想要快速实现国家的经济独立，仅仅依赖市场手段是不够的，需要将国家作为主导经济运行、管理资源配置的主体，因而落后国

---

①　Timothy Shenk, *Maurice Dobb*: *Political Economist*, London, Palgrave Macmillan Press, 2013, p. 141.

②　Maurice Dobb, *Some Aspects of Economic Development*, Delhi, Ranjit Printers and Publishers, 1951, p. 60.

家向发达工业国家的追赶就成了一个不断"变向"的计划调整过程。

因此，工业革命客观上造成了落后国家对发达资本主义国家政治、文化、社会方面的隶属关系，在德国经济学家弗兰克看来，发达国家和落后国家是"辩证地矛盾的资本主义经济结构和过程的产物"[①]。多布强调这些国家必须选择适合本国的社会经济发展战略，走独立自主的工业化道路。尤其是对处在资本主义包围中的落后国家来说，将国家作为调节经济运行的主体，既能够保证强大的国防力量，又能充分调动整个社会的资源，改造国民经济的物质技术基础。工业革命后资本主义社会内在矛盾的不断深化已经表明，资本主义的发展已经到达了它不能再作为一种占统治地位的生产方式而存在的地步，频繁出现的经济危机显示出一种没有充分展开的"崩溃"趋势。对于落后国家来说，要摆脱对发达国家的经济隶属关系，走出一条适合自身特点要求的发展道路。

小　结

计划与市场的关系问题是多布辩证理性市场社会主义思想的重要维度。在他看来，计划与市场是调节经济发展的两种手段，尽管在历史上两者与社会经济制度有着密切联系，被当作社会主义与资本主义的主要标志，但从战后几十年的历史发展来看，计划与市场的结合使用已经成

[①]　André Gunder Frank, *Capitalism and Underdevelopment in Lation America*, New York, Monthly Review Press, 1969, p. 9.

为世界各国经济运行的主流。

第一，多布对计划与市场的辩证理性分析是从对资本主义自由市场的批判开始的。在古典政治经济学的指导下，西方主要资本主义国家普遍信奉自由放任的经济原则，强烈反对国家对经济的干预，政府扮演好"守夜人"角色即可。然而市场万能论存在着严重缺陷，不受任何约束的市场必然走向供求失衡，"大萧条"即是对此最有力的证明。多布对自由主义的批判绝非简单的政治立场，更深层的原因是他对马克思主义政治经济学的深入把握。自由市场与个人主义的社会经济相对应，这是资本主义发展的必然。但建立在私有制基础上的资本主义经济秩序是暂时的，对无产阶级的剥削承担着历史的外壳，同时又孕育着未来。多布认为自由放任的市场必然随着资本主义的破产而结束，社会化大生产促使着被剥削阶级反抗意识的生成，最终终结资本主义的历史生命。

第二，多布强调各国要对计划与市场的结合具体问题具体分析。对于发达国家来说，现代商品经济开始于政府与经济活动的分离，经过长期的发展，市场法则逐渐成熟，演化为市场经济制度。一般来说，市场经济发展的过程就是政府逐步退场的过程。沿着这条路线，主要资本主义国家完成了工业化改造，走上了现代化道路。而对于经济落后国家来说，在特定历史环境下，西方国家自由放任的经济政策已经不适应当前经济形势，政府必须致力于积极介入经济领域。尤其是在当前全球化背景下，本国企业竞争力较弱，一味地追求自由贸易，极易成为发达资本主义国家的附庸，进一步加重贫困。

第三，多布认为只有在社会主义国家才能实现计划与市场的有效结合。因为社会主义以生产资料公有制为经济基础，能够保证国家有足够力量进行资源配置。通过国家计划投资，减少了资源浪费，降低了经济运行成本，充分发挥了政府在经济发展中的主导作用。资本主义国家的计划在多布看来是对社会主义的无效模仿，私有制的国家干预只是对市场机制自发性的一种修正，最终必然走向私人垄断资本或国家垄断资本。

第五章 | 莫里斯·多布辩证理性市场社会主义思想中现代化国家治理的前瞻性

　　作为一种经济体制概念和重要思潮的市场社会主义理论，从纵向的时间线索来看，最早的思想萌芽可以追溯到空想社会主义者针对资本主义社会的恶疾而想象出来的理想社会；在资本主义快速发展阶段，马克思通过批判地继承人类优秀文明遗产，亲身参加革命斗争实践，扬弃了空想社会主义的泛道德主义幻想色彩，创立了历史唯物主义和科学社会主义思想体系。从经济发展史的角度来讲，早期思想家为市场社会主义模式的形成提供了有益的探索，但其本身并不是市场社会主义理论本身。严格意义上说，市场社会主义的逻辑起点应该从兰格模式开始，他所提出的思路和分析框架为经济发展提供了一种新的模式，打破了社会主义与市场不兼容的固有观点，表明了社会主义可以在公有制的基础上模拟"完全竞争"以实现合理配置资源。到了20世纪70年代，以南斯拉夫与匈牙利为代表的东欧社会主义国家掀起了改革的浪潮，"分权模式"成为这些国家政治经济发展的主要方向，基本的特点仍是在社会主义的框架内充分利用市场，寻求提高经济发展效率的可行道路。这种趋势到了20世纪80年代发生了重大的转变，市场逐渐成为主导经济发展的手段，中央计划或者政府只是在市场机制失调时才启用的方式，在苏东剧变之后，"市场主导的市场社会主义"继续深化与泛化，并在政治、经济、文化等各个方面具体展开，政治多极化与经济全球化的国际背景赋予了市场社会主义更多的内涵。

由于指导理念、国家能力、产权结构不同等现实环境相异，苏联、东欧和中国的社会主义体制改革走上了不同的制度转型与国家治理模式重构的道路。在莫里斯·多布辩证理性市场社会主义思想中，有效的制度设计和制度改革是实现社会主义国家目标偏好与社会主义经济持续发展统一的重要手段，这显然依赖于国家稳定的政治统治职能与良好的社会管理职能。意识形态是国家治理、国与国之间交往的指导原则，与一定社会的经济、政治、阶级结构直接相关，而计划与市场的辩证关系则是一国发展的经济运行手段，以国家为切入点分析社会主义国家的体制变革，深刻理解和把握社会主义国家政治经济体制变迁的内在逻辑，有助于更好地理解多布辩证理性市场社会主义经济思想。

一、现代化国家治理职能的主要内涵

国家是随着人类社会的发展逐渐出现的，并不是天生就有的。随着生产力的发展、阶级的分化，一种顺应历史规律、适应社会需要的机关——国家产生了。马克思、恩格斯在批判吸收西方早期国家起源和发展理论的基础上，创立了科学客观的马克思主义国家学说。他们以历史唯物主义为理论基础，从生产力决定生产关系、经济基础决定上层建筑的视角对国家本质做了历史性回答，指出国家是自然历史过程的产物，建立在一定的社会生产力之上，并与特定历史阶段的生产力发展要求相适应。同时，所有的国家都是阶级国家，总是代表了统治阶级的意志和利益。

在《德意志意识形态》中，马克思、恩格斯明确说明了国家的政治统治职能，"正是由于特殊利益和共同利益之间的这种矛盾，共同利益才采取国家这种与实际的单个利益和全体利益相脱离的独立形式，同时采取虚幻的共同体的形式"[1]。从这里可以看出，马克思、恩格斯认为维护政权稳定、保证阶级统治是国家的本质，其本身也是在阶级产生的基础之上发展起来的。另一方面，社会公共职能的履行是国家赖以生存以及获得自身合法性的前提和基础，国家"既包括执行由一切社会的性质产生的各种公共事务，又包括由政府同人民大众相对立而产生的各种特殊职能"[2]。也就是说，国家的社会性与阶级性是相互联系、相互依存的统一体，共同构成国家的基本职能。在阶级社会，国家的阶级属性决

[1]　《马克思恩格斯文集》第1卷，536页，北京，人民出版社，2009。
[2]　《马克思恩格斯全集》第25卷，432页，北京，人民出版社，1974。

定着社会属性，离开了国家的阶级属性，马克思对国家概念的定义就无从谈起；而只强调阶级性、忽视社会管理的属性，那么国家就失去了统治的基础。

（一）坚持国家的治理主体地位

在国家治理模式的长期演化过程中，国家治理主体的理论内涵呈现多元化的态势。在西方经济学家的眼中，通过扩大对公共事务的参与度，改变既有权力的配置方式，国家、市场、社会或者公民个人等都存在成为治理主体的合理性。对于处在 20 世纪资本主义体系变革时代的多布来说，这种对国家治理主体的模糊认识必然造成理论运用的困境。通过对 20 世纪 50 年代凯恩斯主义的反思，多布发现：所谓国家治理主体的核心可以归结为国家与市场之间的关系问题。对于国家治理而言，其产生影响的场域是国家，其对象是整个社会。一些西方学者提出"国家怀疑论""国家主权过时论"和"国家职能弱化论"，主张市场至上、减少国家干预，代表了资产阶级的利益和要求。与此不同的是，多布始终站在不发达国家的立场上，尤其是那些历史上受过剥削和殖民统治的国家。这些国家应该有所甄别地对待经济理论，根据自身实际情况分析和研究发展战略，提出具有本国特色的理论体系。他认为，主流经济学将资本主义看成静态的自由社会，将其作为一个符号而不具有历史性。自由贸易和自由经济是资本主义的确立前提，资本积累为资本主义国家的后续发展奠定了坚实基础。但作为后发展的不发达国家，在发展起点、发展环境等方面与发达国家有着很大的差异，在国际政治经济秩序中处于被动无权的地位，容易受到国际市场的控制。如果盲目为某些西方学者提出的理论鼓吹呐喊，必然会成为发达国家的附庸，陷入西方意识形态陷阱当中。在这种情况下，想要在经济社会发展过程中实现"赶超"具有极大的挑战性。

通过对苏联社会经济史的考察，多布逐步接受了国家作为治理主体的重要意义。在《苏联经济发展史》一书中，他客观而又系统地介绍了苏联社会主义建设的成就、探讨了社会主义经济理论问题，凯恩斯称这部著作"提供了一幅关于俄国实际上发生的一切的图景，对英国读者来说，在以前是得不到的"①。多布论述了战时共产主义时期、新经济政策时期和社会主义工业化初期，苏维埃政权作为国家治理的主体，如何在孱弱的经济和社会基础之上建立起完整的国民工业体系。

首先，19世纪末20世纪初，布尔什维克在并不具备坚实社会经济基础的历史条件下建立了新的国家政权，面临着严峻的国际和国内形势。为了维护新兴的无产阶级政权，列宁开始实施"战时共产主义"的经济政策。多布认为这是对国家治理主体地位的极大体现，"一个新政权为避免毁灭而作殊死斗争中的温室作物，在此期间，军事需要高于一切，工业问题事实上也就成为军需问题"②。从维持一个民族国家独立性的角度来说，国家作为治理的主体能够确保社会主义走上独立自主的发展道路，增强对社会资源的调控能力。国家的这一公共权力使得"一

---

① David L. Sills（ed.），International Encyclopedia of the Social Sciences，London，the Mancmillan Company & the Free Press，1968. Vol 18（143）.
② ［英］莫里斯·多布：《苏联经济发展史》，112、142—143页，北京，商务印书馆，1950。

切共同的规章都是以国家为中介的，都获得了政治形式"①。它所具有的专属排他性，使之不能允许其他组织主体与其分享这一权力。因此，在面对社会、经济不利的条件下，国家作为治理主体能够为国家能力提供保证，正是在这个意义上，列宁及其后继者将国家的作用提升到极高的地位。

其次，多布对国家治理主体的界定，是通过对比资本主义国家与社会主义国家在社会经济管理运行中的方式、结果所得出的。资本主义经济危机的周期性爆发，表明自由主义学说已经失去其"实用"的价值，"资本主义世界，战后的繁荣一度被认为会永久维持，不会再有失业问题，这梦中的美景已被残酷的现实所击碎"②。而苏联创建了一种根本不同于资本主义私有制经济的新型社会经济制度，并在实践中取得了巨大的成就。正是在对这两种完全不同的经济模式的反思过程中，多布认识到了将国家作为治理的主体，在社会管理、资源配置方面能够发挥极大的作用。

从苏联经济发展的历史来看，国家显然是一个集政治权力、经济权力、意识形态为一身的组织化、制度化的国家治理主体。无论是对经济资源的掌控、军事力量的占有还是意识形态的传播与合法性塑造方面，国家都远远地超越了所有其他社会主体，国家成为影响社会秩序治理与经济发展的关键。与社会主义国家不同的是，多布将资本主义视为一种无政府的体系，每个人的决策都是在衡量自身利益下作出的，每一个事件都是互不相干的个人盲目决策的后果。"同资本主义的无数分散的个体对比起来，它能够统一那些支配着投资和生产的主要决策，这个区别

---

① 《马克思恩格斯文集》第 1 卷，584 页，北京，人民出版社，2009。

② Maurice Dobb, *Studies in the Development of Capitalism*, London, Routledge & Kegan Paul, 1972, p. 385.

就是在一种制度下的可计划性和在另一种制度下的不可计划性。"①这些来自社会不同利益个体的决策后果会在市场的价格波动中得以体现，并据此再对生产投资进行调整，而这种调整的效果一般都需要很长时间才能出现。在社会主义制度下，组织形式和财产权利以及与之相伴随的产品分配和生产所服务的社会目的都已经有了根本的改变。尤其是在突发性因素的影响下，市场和社会无法协调秩序而陷入混乱时，国家作为治理主体就显示出了唯一性。20世纪30年代由于自由放任资本主义导致的市场失灵，是对国家作为治理主体的最有力证明。

(二)坚持政治职能与经济职能相结合

马克思的国家观之所以完成了对西方学者国家理论的超越，是因为他从社会阶级的对立和国家的起源出发揭示了国家的本质，区分了"作为社会的国家"和"作为政治的国家"两种国家身份。多布作为马克思"忠诚"的学生，坚持以历史唯物主义为基本立场，认为对国家概念的界定是理解现代化国家治理的前提条件。尤其是在对资本主义和社会主义的现实对比过程中，他逐步认识到国家治理的核心是阶级关系，政治统治地位的确立决定了国家治理的性质和方向。对国家治理而言，将各种异质性主体纳入统一的政治体系之中，约束不同利益集团之间的矛盾和冲突，才能更好地发挥国家的经济职能。

在对国家起源和形成过程的考察中，马克思将物质生产和现实个人

---

① Maurice Dobb, *Political Economy and Capitalism*: *Some Essays in Economic Tradition*, London, Routledge and Sons, 1937, p. 231.

联系起来，认为当生产发展到一定程度，社会分工不断发展以及交换不断深入，出现了不同的阶级，为了维护所谓的"共同利益"，国家便出现了。在以生产资料私有制为基础的资本主义国家，资产阶级作为经济上占统治地位的阶级，国家是其对剥削阶级和广大劳动人民实行阶级统治的工具。因此，阶级性是国家的本质属性，是经济上占统治地位的阶级实现利益和意志的机关。

在多布看来，保证和维系政治权力是国家治理的基础，即在阶级国家之中，国家本身是一切政治问题的核心。从封建社会到资本主义社会的过渡，尽管在物质生产方式、思想观念、意识形态等方面发生了翻天覆地的变化，深刻地改变了人类的社会存在方式，但从国家治理的本质来看，总是依托于某一社会阶级而存在的。作为一种特定的国家行为，统治阶级的意志通过国家治理表现出来。国家治理是统治阶级运用国家机器、调节社会矛盾与冲突、维持特定政治经济秩序的阶级行为。正如多布所说，"在不同的历史阶段，凡是具有社会与政治力量的阶级，必定会利用其权力维持和扩张既得利益，即阶级关系的特定形态，以便从中获得利益"①。资本主义国家治理本质上是资产阶级统治下的治理，是资产阶级财产关系的组织形式。社会主义国家则旨在实现、维护和发展最广大人民群众的根本利益，体现了无产阶级的利益诉求。阶级社会的国家治理活动，反映的是不同社会群体、整体和个人间的利益关系格局问题。多布坚信社会主义社会消灭了整体意义上的剥削阶级，必然是

---

① Maurice Dobb, *Studies in the Development of Capitalism*, London, Routledge & Kegan Paul, 1972, pp. 13-14.

人类文明的必然走向。"在社会主义经济中，人类的共同利益是至高无上的，而私有财产的存续是不值得重视的东西。"①社会主义国家治理以正义性与合理性为基本前提，并不是少数人牟取利益的工具，而是以人民作为出发点和最终归宿，以维护对广大人民的根本利益为目的。

国家的首要职能是进行政治统治以实现统治阶级的目标和利益，还要承担起必要的经济职能，这是国家赖以生存的社会基础。"政治统治到处都是以执行某种社会职能为基础，而且政治统治只有在它执行了它的这种社会职能时才能持续下去。"②国家在诞生之日就从氏族组织那里继承了公共事务管理职能，社会经济发展是阶级统治的基础，是国家稳定存在的历史合理性。国家起源于社会发展的需要，之后的统治延续同样要以社会良性发展为保证。马克思认为国家为了缓和阶级冲突、营造良好稳定的社会经济秩序，有时会表现出某种超越阶级统治的独立性，成为公共利益的实际主体，承担处理社会经济发展的任务。

古典自由主义者认为，国家的权力应该是受限制的权力，对社会经济事务只扮演"守夜人"角色，不需要过多干预经济发展。休谟、斯密等学者主张将国家职能局限于政治领域，在经济领域，国家只作为市场经济的维护者存在，"保护国家免受外来侵犯、依据法律来维护公平与秩序、建设与维护私人经营会亏损的公共设施"③，对自由竞争的要求显然是与当时资产阶级的政治和经济统治相适应。1929 年资本主义经济

---

① Maurice Dobb, *Political Economy and Capitalism*：*Some Essays in Economic Tradition*, London, Routledge and Sons, 1937, pp. 346-349.

② 《马克思恩格斯文集》第 9 卷，187 页，北京，人民出版社，2009。

③ 景跃进、张小劲：《政治学原理》，80 页，北京，中国人民大学出版社，2009。

危机的爆发，凯恩斯主义成为经济理论的主流，强调市场机制本身存在缺陷，国家必须对经济进行干预，增加投资，弥补市场的有效需求不足。1973年战后最为严重的一次经济危机导致资本主义走向了停滞与衰退，正统的凯恩斯主义陷入困境。许多西方经济学家开始了向自由主义的复归，合理预期学派应运而生，重新肯定萨伊定律，强调市场机制的作用。由此看来，人类对国家经济职能的作用始终处在不断加深理解的过程中，绝不是简单的轮回与循环。

从多布所处的经济时代来说，他看到了资本主义经济中难以实现生产资料部门与消费品部门的协调，这是经济危机爆发的重要原因。固定资本折旧率和扩大投资率决定了生产资料部门产品的需求，不变资本与可变资本之间的比例动荡很有可能导致生产资料部门与消费品部门之间的生产不成比例，造成商品流通停滞、经济危机频发。即使部门之间的生产比例符合实际需求，在资本主义市场条件下那仅仅是偶然现象。多布反对西方经济学家从均衡理论出发，认为资本主义经济秩序与社会主义经济秩序基本一致的观点。他认为消费者均衡不具有实际意义，无法帮助人们判断现实世界的资源配置和安排，所谓最大化满足消费者的需求根本就是一种空想，不具有实践操作性。市场均衡体系作为资本主义的一种经济理论，完全移植到社会主义是不现实的。消费者无法形成理性的消费选择，社会主义国家需要通过一些手段如问卷调查等形式进行引导、教育，帮助其形成消费者偏好，而不用诉诸价格体系。

另外，市场均衡体系所依赖的边际生产率相等原则在社会主义国家也并不适用，有时候还需要打破这一原则。从国家的整体规划来说，如果能提前预测到某些技术的创新、旧有设备的更新换代，那么就可以节约时间和经济成本，减少不必要的损失。"突破边际收益原则，并对某一行业和整个经济体系的不同部门采用不同的时间偏好，将一部分可用资本资源用于投资，其产出的收益率不是目前的正常利率，而是从现在起大概 10 年或 20 年后的正常利率。这样做的好处在于设备的老化程度较低，而使用寿命较长。"①

因此，多布强调的是通过国家经济职能，从整体上协调投资分布，选择投资对象。他认为投资的关键在于国家整体规划的选择性，需要在不同领域采取各异的时间偏好，进行有目的性的生产，选择一种能够实现最大化经济盈余和增长而非就业的方法。多布的观点显然与比较成本和边际生产率的理论相冲突，根据这一理论，拥有剩余劳动力的工业不发达国家必须始终选择节约资本的生产方法。多布对生产方法的选择与剑桥大学教授阿马尔蒂亚·森的价值限制理论有很强的相关性，后者同样强调公共选择是有价值限制性的。他强调资本主义所强调的经济民主并不是真正的民主，依赖于不同消费者的消费能力，富裕阶层显然有着更大的自由。所以多布认为社会主义国家应该充分发挥经济职能，统一协调投资和消费，满足短期目标的同时实现国家和消费者的长期需求。

二、现代化国家治理能力的切实增强

在市场社会主义理论中，如何定位国家主体性、发挥国家职能始终

---

① Maurice Dobb, Economic Theory and the Problems of a Socialist Economy, *The Economic Journal*, 1933, 43(172), p. 597.

是人们关注的重点问题。历史上市场社会主义改革试图通过局部分权和引入市场机制，实现国家自身意志与社会经济发展的协调发展，从而将社会主义与市场经济有机结合起来。但这种尝试在苏东国家并没有取得预期效果，反而触发了国家解体与制度剧变的进程。诚如新制度经济学家道格拉斯·C. 诺思所言，"国家的存在是经济增长的关键，然而国家又是人为经济衰退的根源"[1]。正因为如此，能否通过制度改革来克服传统计划经济体制的弊端，合理界定、配置和运用国家掌控的权力资源，建构科学有效的国家制度结构与治理模式就成为影响大多数国家兴衰的重要根源之一。

马克思和恩格斯对未来社会的设想是建立在生产力高度发达的基础之上的，然而作为认识对象的国家本身也处于不断的变化发展中。事实上，马克思和恩格斯并没有对未来社会作系统的论述，埃内斯特·曼德尔指出，"历史唯物主义的创始人认为，为未来社会创造一个完整的样板不是他们的任务，因为那个社会只能是产生那个社会条件的具体产物"[2]。在聆听了波兰经济学家关于社会主义价格政策问题和试行更为分散的经济模式的争论之后，多布开始考虑社会主义宏观经济中价值和计划的重要性。尤其是 1956 年亲历了"波兹南事件"之后，他"第一次意识到社会主义也存在矛盾的可能"[3]。因此，多布对国家治理内部结构

---

① ［美］道格拉斯·C. 诺思：《经济史中的结构与变迁》，20 页，上海，上海三联书店、上海人民出版社，1994。

② ［比］埃内斯特·曼德尔：《关于过渡社会的理论》，3 页，北京，人民出版社，1982。

③ Timothy Shenk, *Maurice Dobb：Political Economist*，London，Palgrave Macmillan，2013，p. 157.

与外部界限的研究是一个不断变迁的过程。他从对苏联社会主义实践发展的剖析中获得了理论生命力，通过与之对应的资本主义经济现实的批判和反思取得前进的动力，试图构建一种国家、市场与社会相互协调与良性互动的现代化国家治理模式，对社会主义国家政治经济发展的前途和命运进行了深入思考。

（一）传统计划经济体制下的国家能力悖论

国家是一个内涵丰富的概念，马克思并没有对国家治理与国家能力概念作出明确的定义，但他在《共产党宣言》《哥达纲领批判》《法兰西内战》等著作中论述了国家、阶级消亡的过程和原理，认为国家具有政治统治和社会管理两个维度的职能。前者更加注重国家主体的意向性因素，主要指国家运用自身权力、权威以及各种制度和政策工具实现自身意志、目标和偏好。后者则更加侧重于国家所承担的社会管理职能，关注国家治理的客观社会效果。国家在历史发展的不同阶段，对这两种职能各有侧重。在阶级社会，政治统治职能占主导地位；在社会主义社会，国家治理方式从政治统治向社会管理转变；而在共产主义社会的高级阶段，实现了"自由人联合体"的社会自我管理形式，国家的专政职能已经消失。

然而，从历史与现实来看，国家的这两种职能很难达到完美的平衡。在特定的时期与场合中，国家有可能为了实现自身目标偏好而过度集中、扩张自身权力，导致边际报酬递减的无效率甚至负效率，进而损害社会利益的长期持续发展；另一方面，不顾历史和现实的约束而过度分散、削弱国家权力同样也会导致国家制度的解构，对国家能力的有效发挥带来严重的不利影响。剧变之后原苏东国家普遍采取全面引入西方自由主义市场经济的"休克疗法"，却普遍陷入了经济发展困境，这就是所谓的"国家能力悖论"。

马克思、恩格斯关于国家的学说在列宁和斯大林等人那里得到了继承和发展。对于多布来说，列宁在他心目中的地位尤其重要。早期的研究中多布试图将马歇尔和马克思的经济学进行融合，后来在此基础上他开始大力运用列宁的政治学思想。列宁根据马克思主义国家理论，结合当时苏维埃国家发展的现实情况，制定了涵盖政治、经济、文化、社会等各个方面的一系列措施，将马克思、恩格斯的基本理论应用到了实践当中，以此为基本思想指明了苏联的未来发展道路。在多布看来，工人阶级的存在使社会主义成为可能，而列宁这样出色的政治领导人让社会主义成为现实，重新定义了历史并改变了其前进方向。事实上，多布这种对于社会主义的肯定态度受到了当时许多资产阶级学者的质疑，包括多布自己也承认，"他不得不向英国共产党正统路线执行者雨果·拉斯伯恩保证，他会以客观公正的态度书写苏联经济发展史"[①]。多布认为，列宁所理解的共产主义是通过阶级的废除来寻找一种新型社会平衡的现实问题，他指出现在的左派大多是唐吉诃德式的幻想家，虽然充满善意却无力对现实进行任何改变。真正需要的是列宁这样的实干主义者，看到问题的本质并且采取切实方案来解决问题。虽然列宁在具体建设中提出了很多不同的政策，但多布强调其中心思想是建立一个没有阶级的社

---

① Timothy Shenk, *Maurice Dobb*: *Political Economist*, London, Palgrave Macmillan, 2013, p. 50.

会。"尽管社会存在不同职业、知识、地域和民族的差异，但超越它们存在的是阶级的差别。"①多布指出，列宁始终保持着坚定的信仰即以工农联盟为基础的必要性，正如锤子和镰刀的国旗一样，是苏维埃建国的基础和前提。

多布对列宁的支持在整部《苏联经济发展史》当中都是显而易见的，尽管他声称会尽力保持客观，"但即使是最粗心的读者也能发现在多布书中列宁总是正确的，而他的竞争对手即使是善意的，也会被放置于列宁的对立面"②。从社会主义体制建设的视角出发，多布认为新经济政策下对资源的利用更有效率，其中所涉及的社会主义经济建设中的基本问题，如中央与地方、国家与企业、如何处理商品货币关系等，对于社会主义经济体制建设具有十分重要的意义。然而 1924 年列宁去世之后，新经济政策被迫取消，苏联宣布进行农业全盘集体化，开展社会主义的"全线进攻"，斯大林模式下这些宝贵经验非但没有被继承和发展，反而被当作社会主义的对立面遭受批判和抵制。

苏联在斯大林执政时期，已经形成了一个权力与职能无限扩张的全能主义国家，以高度集中的中央计划经济为基本体制。从苏联历史发展来看，计划经济体制建立初期确实取得了举世瞩目的成就，苏联在没有取得任何外来帮助的情况下，依靠自身力量在十几年的时间内建立了现代工业体系，增强了国防力量，其发展速度堪称人类历史上的奇迹。其原因一方面是苏联强大的国家力量，以国家所有制为基础对全国经济资

---

①　Timothy Shenk, *Maurice Dobb*: *Political Economist*, London, Palgrave Macmillan, 2013, p. 51.

②　Ibid. , p. 53.

源进行配置，高度集中的政治经济权力保证国家能够独立自主地实现自身意志；另一方面，苏联经济基础本来就比较薄弱，高度集中的计划经济体制发挥作用的空间较大。尽管以苏联为代表的全能主义国家在当时的历史条件下拥有诸如实现国家重工业发展战略、控制国内经济运行等强大的国家能力，但也正是因为国家权力过度膨胀，社会经济生活日益官僚化，导致了经济运行效率低下、产业结构严重畸形、创新能力不足等问题。因此，由于存在严重的国家能力悖论问题，苏联高度集中的中央计划经济体制无法持续有效运行，社会逐渐走向混乱和无序，人民不满情绪日益高涨，从而降低了经济体制运行效率，经济发展速度放缓甚至停滞。

(二)市场社会主义改革中国家能力的弱化与重构

在市场社会主义漫长的理论与实践发展史中，苏联与东欧针对经济体制中存在的问题，从 20 世纪 50 年代就走上了改革道路，然而事与愿违，苏东国家的市场社会主义改革并未取得预期效果，国家实现自身目的偏好的能力与推动社会主义经济发展的能力不断弱化，国家丧失了对改革进程的必要调控能力，最终苏联的解体宣告了市场社会主义改革的失败。在苏联解体之后，俄罗斯、波兰、匈牙利、捷克等国家进入了"后社会主义转型期"，重新构建国家制度体系。从这些国家的改革历程可以看出，不同历史时期的国家能力发生着强弱交替的变化，一旦没有处理好国家能力与改革的关系，整个国家就无法按照预期的理想路径推进制度变革，国内秩序将一步步走向混乱，出现严重的政治、经济和社会动荡。考察市场社会主义改革历史进程中国家的作用范围，有助于进一步加深对国家在经济运行中所应当扮演角色的认识。

根据科尔奈等学者的观点，市场社会主义改革在国家层面的变化主要可归纳为以下几个方面：

第一，国家整体控制有所放松。政治上，国家不再像斯大林体制下那样控制严密，专制统治有了一定程度的放松。一些国家试图通过"缩小最高领导人专断的自行决定的范围，以力求成功地增强安全和减少恐惧"①。政治空气的放松极大解放了人们的思想，使他们意识到了政治体制上存在的问题，看到了国家法制上存在的漏洞。经济上，开始下放中央权力的实验，力图克服中央的机构重叠和臃肿。如在赫鲁晓夫执政期间，对斯大林时期高度集权的经济体制弊端进行了初步改革，采取了一系列精简中央机构的措施，减少或合并政府计划机构，以便削减中央权限，调动地方积极性。思想上，尽管官方意识形态的领导地位依旧牢固不可动摇，但各种带有开放性色彩的声音公开或者隐蔽地出现，这为政治和经济制度改革创造了良好的社会氛围。市场社会主义改革，改变了苏东国家长期以来存在的个人崇拜现象，活跃了政治气氛，为经济发展注入了新的动力，同时对社会主义法制和文化建设产生了重要影响。

第二，开始将国家计划与市场调节结合起来。在这一时期，商品生产和商品交换得到了不同程度的发展。传统计划经济体制暴露出国家主观偏好、国家调节动力匮乏等计划规律的弊端，苏东国家开始注重利用经济杠杆实现国家计划，提高经济核算能力。市场调节规律在一定程度

---

① ［英］胡安·J. 林茨等：《民主转型与巩固的问题：南欧、南美和后共产主义欧洲》，49—50 页，杭州，浙江人民出版社，2008。

上发挥了分配社会劳动、进行经济核算、促进商品生产和交换的作用。如在勃列日涅夫时代曾提出重视利润、奖金的激励作用，将利别尔曼的经济思想作为国家制定经济政策的理论依据。在波兰和匈牙利都提出了多元的价格形成体制，力图进一步释放经济活力。这些曾被视为是资本主义的"反动"理论，由于制度环境的放松，逐步被引入了市场社会主义改革之中。

第三，苏联从第二次世界大战结束后一直处于与西方国家全面对抗的局势中，斯大林提出"两个平行的世界市场"的经济发展理论，加之西方对苏联实行经济封锁，在很长一段时间苏联基本未能获得西方的资金和技术。20世纪70年代初期这种尖锐对立的局面有所缓解，包括苏联在内的社会主义国家加强了与西方世界的联系，表现在引进外资的数额急剧增加、双方文化交流愈加频繁、科技合作方式多样化等方面。波兰和匈牙利在80年代加入了诸如世界银行和国际货币基金组织等重要的世界经济组织，试图进一步融入全球经济合作体系。苏联在"缓和物质化"的口号之下，采取各种方式引进外资和技术，并且取得了显著发展。尽管苏东国家与西方世界交流的程度相对有限，但仍然产生了深远的影响。社会主义国家人民有了一个了解西方资本主义制度的机会，同时也向苏东国家的执政精英施加了改革传统体制的压力。

市场社会主义改革失败之后，苏东国家相继发生剧变，上演了一幕幕亡党亡国的历史悲剧。社会主义与资本主义力量对比发生了重大变化，蓬勃发展的社会主义运动陷入了低潮。从20世纪90年代中期开始，社会主义进入了重新酝酿的发展期。苏联和东欧国家走上了与社会主义制度、全能主义国家彻底决裂的道路，自由主义思想成为指导这些

国家发展的主流思想，国家权力与国家能力全面削弱。现实表明，社会
转型是一个极其复杂的历史过程，弱国家战略主导下的制度改革导致许
多国家陷入政治、经济与社会秩序分裂、意识形态失范的系统性国家治
理危机之中。无论是饱受激进转型之苦的俄罗斯，还是波兰、捷克、匈
牙利这种转型效果较为显著的国家，都有着不同程度的体现。

（三）工人自治作为改善国家治理效果的可行模式

　　市场社会主义者认为，苏联和东欧改革的失败在于国家行政力量过
于强大，对经济的干预过多，领导阶层的独断专行容易导致官僚主义，
导致经济运行效率低下。因此必须对现有的经济制度进行改革，弱化国
家在经济管理中的作用，甚至有一些激进的学者提出要彻底废除国家机
器，实行完全的社会自治。实际上，在现代经济生活中，没有国家宏观
调控的经济是根本不存在的。西方一些经济学家所谓纯粹的自由市场只
是书本上的想象，充其量也仅仅是资本和资产阶级的自由，而非劳动者
的自由。基于对苏联经济发展的考察，多布认为"苏联经济发展至今，
分散化改革已经呈现不可阻挡的趋势，尽管可能出现某些程度的保守和
倒退，但这更将推动进一步的权力下放，以寻求更加全面、完善的改
革"[1]。在多布这里，分权和自治被视为提高社会主义国家有效性、提
高资源配置效率的有效途径。

　　首先，多布提出社会主义能够在工人阶级中发展一种完全不同的生

---

　　[1]　Maurice Dobb, *Socialist Planning: Some Problems*, London, Lawrence & Wishart, 1970, p. 68.

产态度，这与他对苏联工会、工资和劳工情况的考察密不可分。他认为在苏联高度集中的经济体制下，经济与政治完全融合在一起，国家是国民经济的管理者，同时也是所有企业的经营者。这种政权和经济中心合二为一的形式在苏联建国初期取得了很大成效，但随着社会主义实践的深入发展，暴露出了如政企不分、官僚主义等一系列弊病。多布提出为了加强经济发展活力，改善行政命令主导经济运行的状况，要强化社会自治职能，权力下放，实现一定程度上的政企分离。在社会主义苏联，劳动和资本之间的对立已经消失，经济基础的公有制将个人利益与集体利益联合在了一起，劳动者在某种程度上具有了自由人联合体的性质，多布在《苏联经济发展史》一书中，表达了对苏联社会主义制度下工人生产态度的极大赞赏，"以民众精神和主动能力表现出来的人的因素，在本书所记述的各种变迁中，比在其他经济制度中，毫无疑问具有更大而非更小的作用"①。社会主义企业中劳动者已经把生产控制在自己的联合之下，从根本上改变了劳动对资本的依附，工人自发的生产热情体现了来源于生产过程中的劳动平等。"要使集体农场的新式技术和新式劳工能够成功，或要保证工厂阶级每日所发生的无数执行工业计划问题能得到解决而不被规避，这显然不是单纯被动的顺从所能为之的。"②多布认为，经济民主与政治民主是相互关联的，分散化管理并不只是一个技术性问题，而是与马克思所说的社会主义社会生产关系的性质密切相关，影响到工人个人和作为生产群体或集体的工人与整个经济制度的关

---

① ［英］莫里斯·多布：《苏联经济发展史》，486 页，北京，商务印书馆，1950。
② 同上书，486 页。

系。相比资本主义的崇尚个人自由，社会主义则更加看重民主，注重在工厂、企业中塑造民主的经济秩序，并且将这种秩序推广到政治层面，在自己所工作和生活的单位之中，行使当家做主的权力，直接表达和满足自身利益，从而将自下而上的自主行动和自上而下的计划协调结合起来。"在这种情况下，民主参与和现代生产技术所要求的集体纪律相结合——这有助于形成新的生产态度，使集体意识到达新的高度。"①劳动者成为社会经济和政治生活的主人，进而对国家制度产生影响，形成民主的国家治理秩序。

其次，多布认为社会主义国家的分散化经济管理必须关注人的因素。在一个长期实行集中化的国家建立新的民主秩序是一个长期的复杂的历史过程，不可能一蹴而就。尤其苏联是世界上第一个社会主义政权，长期与敌对国的资本主义世界相互隔绝，对于现实中所出现的问题只能在实践中通过一步步的改革得以调整和完善。一方面，"习惯于中央集权制度的工作人员本身会形成固有的工作态度和思维，各个行政部门之间的关系结构也已固定，这种结构可能对改革以及对采取和培养新的态度、关系和方法产生强烈的保守阻力"②。一批规划者、管理者和企业家成长于旧有中央集权体制下，他们从一开始就习惯在集中式的环境下进行生活和工作实践，特别是如果这种工作方法能够带来一定的利益，那么就更增加了改革的难度。

多布提到，在捷克的"行动纲领"中，让一些无法采用任何其他方式

---

①　Maurice Dobb, *Socialist Planning：Some Problems*，London，Lawrence & Wishart，1970，p. 59.

②　Ibid.，p. 62.

进行管理的人继续担任原有职务，那么后果就是这些人总是会恢复旧有的方法和习惯，导致改革无法顺利进行下去。苏联在战争时期和战争结束后，上级行政部门与生产单位主要是机械的制订计划与执行计划的单向关系，后者几乎没有发挥主动性的余地，也不可能有任何参与的意识，如对制订计划过程中所拟定的生产目标有所反馈，对最高计划部门所需要的基础信息、数据、意见也毫无热情。多布指出，正是这样严格的等级和分层管理造成了官僚化，过度集中往往就会造成这样的局面，"那些在等待命令后才行动的低级人员，往往会失去行动的意志和能力，除非他们被明确告知要做什么来改变业已形成的习惯、态度和想法。他们身处的传统官僚结构中，似乎在很大程度上要对分权化经济改革的'停滞'负责"①。

最后，权力下放要与合理的价格体系结合起来。长期以来，苏联高度集中的价格管理体制下，价格体系一直都处于不平衡状态。尽管苏联当局为了完善价格体系，于 20 世纪 60 年代末和 80 年代初采取了一系列补救措施，但并未收到明显成效。价格与产品效益、资源消耗、国家总体需求与居民需求的平衡程度紧密联系着，如果缺乏灵活性和弹性，将不利于经济体制改革和区域经济发展的需要。苏联的绝大部分产品价格由国家统一定价，价值规律基本上无法起到作用，企业也没有定价权。即使对原有的价格结构体系进行全面调整，也无法反映真实的供求关系，经过一段时间必然会出现新的不平衡。只有将定价权真正交于企

---

① Maurice Dobb, *Socialist Planning：Some Problems*，London，Lawrence & Wishart，1970，p. 62.

业管理，才能做到实际上的价格管理，这是分散能够发挥作用的重要条件。多布认为，斯大林执政时期声称"卖方市场"是经济发展的合理现象，理由是在社会主义生产条件下，需求总是超过供给是很自然的事，反而会使生产者保持警觉，刺激供给量的增长。但是，这种情况造成了一些严重的负面后果，已经越来越多地暴露在消费者身上。由于专业化产品的生产指标是由中央计划机关制定，生产单位只负责消极地完成生产任务，没有根据需求调整供给的动力。多布指出："要想使分散的机制顺利运转，最迫切的是创造这样一种局面：减少储备总量，这样就可以消除计划者由于错误判断或不可预见的原因而产生的时间差。这同样意味着用更接近'买方市场'的东西来取代长期的供应短缺，让消费者能够行使其选择权，这是经济民主的一个重要方面。"[1]也就是说，增强价格的灵活性，改变现有的过于集中的价格管理体制，提高企业经济自主性和实现完全的经济核算制，采取具有较大灵活性的价格管理体制，依靠某种程序自动调节的价格，才能调整生产结构，从而适应社会的需要。

总之，多布强调"可能起决定性作用的不是经济政策本身，而是所涉及的社会目标。换言之，改革走向何方的问题与其说是经济问题，不如说是政治问题，正如我们所试图表明的那样：一方面关注实现民主的程度和工人个人的参与程度，另一方面关心消费者个人的自主性范围，这决定了生产制度运作的方式和目的。在未来的十年里，人们将会看到

---

[1] Maurice Dobb, *Socialist Planning： Some Problems*, London, Lawrence & Wishart, 1970, p. 65.

社会主义世界中一些快速变化的路线和方向"①。

三、现代化国家治理的多维价值

从整体价值论的角度来讲，事物的价值主要分为主体价值、客体价值和协同价值三个方面，纷繁复杂的价值现象构成了人类社会生产发展的重要组成部分。多布认为，从现代化国家治理角度来讲，其多维价值也内含着这三个要素。从主体价值来看，国家治理要充分发挥无产阶级和人民大众的力量，实现最广大人民群众的利益，以人的自由而全面发展为最终指向，也是马克思主义价值观的本质体现；客体价值则要增强国家治理的有效性，全方位提升国家治理能力，在消灭私有制的前提下最大限度地解放和发展生产力，提高国家的整体经济实力，追求人民的自由而全面发展；协同价值则是以社会公平正义作为基本原则，从形式平等走向事实平等。同时还要树立科学可持续的发展观，既保证社会经济发展，又要实现环境正义。

(一)以人为本的主体价值

人类历史的周期性运动始终处在生产方式的连续更迭之中，不仅是技术形式、分工和交换的变化，而且是人与阶级之间不同形式的社会生

---

① Maurice Dobb, *Socialist Planning : Some Problems*, London, Lawrence & Wishart, 1970, pp. 68-69.

产关系。人生活的现实世界是自身创造性活动展开的结果，马克思所理解的资本主义社会有机体中最重要的是资本主义的生产方式及与其相应的一种生产关系和交换关系。在复杂的社会有机体中，现实的人所构成的物质生产力量是一种"普照的光"，从而决定了人们在阶级社会中的地位和作用。

从人类社会历史发展来看，经济所有制性质决定了国家履行职能的内容和目的，作为中介存在的社会阶级结构具有决定性作用。在当代世界中，资本主义私有制与社会主义公有制是两种典型的所有制形式，构成了资产阶级主导与无产阶级主导两种社会结构。在前一种社会系统中，国家自然主要代表资产阶级的利益，国家职能必然以维护资产阶级的财产权为主要内容。即使当代资本主义国家开辟了一些其他阶级和社团组织参与政治活动的渠道，但仍然无法改变资产阶级的利益和价值要求主导着国家职能的发挥。在社会主义国家，由于生产资料公有制占主导地位，普通人民群众是国家、社会的主人，国家职能的发挥自然要定位于尊重、维护和满足人民群众的利益。

在国家治理实践中，多布始终将人民利益诉求的实现作为落脚点，这与他坚持"自下而上"的社会历史观是一脉相承的。作为英国正统的马克思主义学者，多布主张摒弃美化统治阶级的历史观，关注人民大众的生活经历与思想意识。人类社会历史的真正推动力量是下层大众与普通民众，他们是历史发展的主体，这也是马克思主义社会历史观的根本观点。他以马克思的阶级理论和分析方法为前提，注重在国家治理研究中灵活应用历史唯物主义。只有面向大众，走到民众生活当中去，才能加深对国家的认识，明确国家职能的服务对象。

"以人为本"构成了多布理解国家的重要基础。他力图通过经验主义的方法，发掘曾经被人们忽视或者遗忘的人民大众的历史，揭示普通大众的历史地位和作用。多布自上而下的历史观以马克思的历史唯物主义为理论指导，将阶级分析方法作为书写历史的重要手段。因此，当这种历史的概念应用于一种特殊的经济制度上时，应该从生产条件的角度去考虑问题，包括作为生产资料所有权或者非所有权的社会经济要素，以及这些要素对社会集团或者阶级处境和行为的影响。这不仅能明确说明生产关系与交换关系重要性的先后次序，而且对通常只重视市场法则的经济理论来说是一种范围拓展。多布强调："如果历史被看作是一系列的生产方式，在每一时期以剥削占有为特征，那么自然要问的是这种侵占的发生是依靠什么方式，政治、军事、法律、经济？马克思意识到 19 世纪的资本主义社会制度相较于之前的阶级社会，根据经济学家的说法，以亚当·斯密主义的'价值规律'为基础，在一个自由的契约关系统治事务与自由的市场竞争环境中，交换总是等价的。但如果交换总是等价的，或者大部分是等价的，那么超额利润如何出现？"①由此看出，多布"以人为本"的理念是以生产力和生产关系为语境讨论的，论证了人与社会辩证统一的发展关系，说明社会主义的进步正是体现在以人为本的经济、政治和社会的全面发展上。

在多布看来，当代资本主义世界依然存在着鲜明的阶级分化和阶级差别。工人阶级是资本主义社会中最庞大的阶级，是维持社会稳定、实

---

① Maurice Dobb，*Theories of Value and Distribution since Adam Smith*，Cambridge，Cambridge University Press，1973，p. 144.

现经济进步的中坚力量。在现代社会，资本已经成为推动社会发展的根本性力量，同时资本原则的滥用也是造成社会两极分化、贫富差距拉大、社会不和谐的根源。工人在劳动中不是肯定自己，而是否定自己。资本追逐利润的欲望是无限的，它所能解决的仅仅是社会的物质生产问题，对实现社会和谐、消除阶级矛盾无能为力。正是基于这种客观事实，多布强调资产阶级与工人阶级总是处于矛盾对立之中。资本主义全球化的发展，也无法从根本上消除资本主义的基本矛盾，其在新的历史条件下以新的形式不断积累和加深，并在全球范围内进一步加剧。现实中出现的阶级之间与阶级内部的斗争，国家之间与国家内部的斗争，将会引起资本主义持续不断的政治经济危机。

(二)提升国家治理有效性的客体价值

将人民群众作为国家治理的实践主体，以实现人的自由而全面发展为最终旨归，这是国家治理的落脚点，而这一目标指向的实现程度则依赖于国家治理有效性的实现。第二次世界大战之后，无论是资本主义国家还是社会主义国家，国家机构的膨胀和职能的扩大化已经成为治理过程的一种常态，任何理论家都不能否认社会经济各个领域国家作用的与日增强。国家已经不局限于维护秩序和正义的保护性政治职能，还具有广泛的社会公共职能，这是国家政治职能的延续，同时也直接关系到国家治理的效果。也就是说，国家治理的前提是合法性，有效性则为合法性提供了证明，二者是互为补充的存在。任何国家都具有管理职能，这是维系一个社会生存发展的必要条件。

马克思认为，国家不仅仅是阶级统治的代表，还是公共权力的拥有者，"既包括由一切社会的性质产生的各种公共事务的执行，又包括由政府同人民大众相对立而产生的各种特有的职能"①。它作为一种"表面上凌驾于社会之上的力量"，以掌握和行使公共权力的"第三种力量"而存在。国家在公共事务方面的治理成效，直接关系到社会成员对国家统治正当性的认可。从苏联的社会发展中，多布意识到官僚制的国家治理方式已经严重制约了苏联的发展，"波兹南事件"中人民对政府行为效率低下、僵化已经表现出了严重的不满情绪，这不仅没有发挥国家的治理职能，而且严重危害了党的执政稳定。他敦促英共的同志们要"摆脱对斯大林父亲一样的崇拜"，进行对国家未来"必要的重新思考"，"苏联领导人必须面对现实，苏联的国家体制已经到了不得不进行改革和调整的地步了"②。

在斯大林执政的最后几年，苏联的官僚机构已经膨胀到了无法管理的规模，对于经济计划的执行变得十分困难。面对这种国家治理的困难程度，多布强调启动国家治理的结构性改革已经成为一项迫切的政治议题。"斯大林的去世使得'个人崇拜'时期抑制思想和讨论的教条主义成为过去，打开了社会主义国家计划理论与实践的新途径、创新马克思主义的新大门，这是人们所共同希望的。"③多布热衷于参加苏联经济学家之间的辩论，帮助他们理解国家治理向分权改革的重要意义。他反对一些学者将国家置于治理对立面的观点，强调国家主导的"元治理"的重要

---

① 《马克思恩格斯文集》第7卷，431—432页，北京，人民出版社，2009。

② Timothy Shenk, *Maurice Dobb*：*Political Economist*，London，Palgrave Macmillan Press，2013，p. 164.

③ Ibid.，p. 176.

意义。当然，多布对这种国家治理模式的阐述，主要通过计划与市场的关系、集权与分权相结合表现出来。国家需要搭建一个总体的框架，并在战略上具有前瞻性地进行规划和管理，地方和企业也参与到治理过程，不仅能够提高效率，而且会改善治理效果，赢得社会各界的支持和信任。

多布指出，在资本主义国家，国家公共性常常成为阶级性的一种掩饰。基于维护社会公共利益的需要，资产阶级从社会中分化出来，执掌公共权力，从而更好地为自身特殊利益服务。现代资本主义国家以普遍人权作为基本的政治特征，在程序上赋予了公民平等参与国家决策过程的权利。但事实上，这种权利赋予以对私有财产的保护为前提，"从政治上宣布私有财产无效不仅没有废除私有财产，反而以私有财产为前提"①。也就是说，资本主义国家的公共性本身就包含着阶级性。资本主义国家无论怎样表现其公共性职能，实质上仍是一个资产阶级专政的国家。马克思在《资本论》中科学揭露了资本家对工人剩余价值的剥削，工人阶级不仅无法保证自己的物质生活条件，而且产生了精神上的压迫感和不公平感。资本家的目的在于获得超额利润，毫不关心工人阶级的生存状况。

在论述帝国主义的形成中，多布明确说道："不管各国有产阶级在别的问题上态度如何不同，他们似乎都有一种日益增长的和惊人的一致性，自动团结起来，仿佛受了动物本能的冲动那样，不但压制对殖民统治的任何严重威胁，而且抗拒凡是企图实际加强他们的工人的政治和经

---

① 《马克思恩格斯文集》第 1 卷，29 页，北京，人民出版社，2009。

济地位的任何运动。"①在资本主义社会，资本家不仅拥有经济和政治权力，而且在文化上掌握着思想霸权，马克思尖锐地指出："统治阶级的思想在每一时代都是占统治地位的思想。这就是说，一个阶级是社会上占统治地位的物质力量，同时也是社会上占统治地位的精神力量。"②

因此，西方以自由主义为治理理念构成的国家治理模式，完全将国家置于治理的对立面，这样一种"西方中心论"的观点并不适用于一些发展中国家或地区。必须明确的是，多布对国家治理的研究是以当时不发达的社会主义国家为现实背景，是对特定时空及治理困境的一种深刻反思。凯恩斯主义失败后，新自由主义表现出对自由市场的复归，主张国家减少干预范围，这并不符合不发达国家的经济现实，反而会造成严重的社会危机和动荡。当然，多布看到了过度依赖官僚机构的弊端，集权式的国家治理存在着难以克服的内在困境。在国家治理的不同阶段，需要顺应时势的变化，调整权力中心的运作方式。

(三)自然与社会和谐发展的协同价值

从广义内涵来说，空间、时间、自然条件、社会环境等要素，在国家治理主体与客体之间产生直接或间接的作用。从狭义内涵来说，自然与社会是更为现实和基本的条件。从三者的关系来看，国家治理中介为主体和客体构建了一个广阔的实践领域，形成了一个有机互动的国家治理生态体系。在这个体系中，自然与社会的和谐发展体现了国家治理的

---

① ［英］莫里斯·多布：《政治经济学与资本主义》，226 页，北京，生活·读书·新知三联书店，1962。

② 《马克思恩格斯文集》第 1 卷，550 页，北京，人民出版社，2009。

协同价值。随着人类社会的现代化水平越来越高，人们愈发意识到物质财富的增长不是经济社会发展的全部内容，更重要的是自然与社会的和谐发展。国家治理不仅仅以人的自由全面发展为最终旨归，而且应将生态领域纳入社会进步的标尺之中，这关系到人生存与发展的根本条件。

从经济社会运行的角度出发，多布论述了资本主义市场经济容易出现以物为本的发展理念，导致人与自然的矛盾和对立。他认为，资本主义市场根本上来说是一种个人主义模式，各个经济主体通常只关注私人成本。为了在市场竞争中占据更有利的位置，大部分企业利用各种手段提高私人利润，同时着力于降低私人成本。在这种逐利意识的推动之下，个体企业倾向于采取成本"外溢"的方法，加大私人成本对社会成本的负效果，导致社会成本核算的不经济效果。"资本主义不是一种'社会生产'（为社会目的所推动）的制度，而是一种为利润而生产的制度。"①市场主体的目标是利润最大化，而国家治理的目标则是经济进步与发展的最大化，维持社会经济、政治、文化等方面的协调发展。在自由主义市场经济下，市场主体的目标经常与社会目标发生冲突，出现显著的"不经济"现象。

例如，在现实经济发展中，一个工厂实际上承担着两种类型的成本：一种是生产过程中所消耗的生产资料、劳动力等私人成本，一种则是工厂运行期间所产生的对大气、土壤、水源等环境污染所消耗的社会成本。但是，自由市场经济下社会成本难以量化，企业的污染成本没有

① ［英］莫里斯·多布：《政治经济学与资本主义》，97页，北京，生活·读书·新知三联书店，1962。

计入企业的实际成本当中，导致了一些企业肆无忌惮地排放污染。由于企业主通常只关注利润大小，为了节约成本，往往将环境污染成本转嫁到社会环境中，通过提高社会成本从而降低私人成本。市场经济不能起到对环境、生态的保护作用，相反，整个社会却要为市场经济的发展付出环境污染、生态破坏的代价，而且这种成本将对人类社会发展造成不可逆的、持续性的负面影响。

因此，为了避免市场经济运行中所出现的自然与社会发展的矛盾，多布主张国家要积极发挥治理作用，通过注重参与经济运行、制定市场规则、整合不同利益主体之间的诉求与利益关系，通过适当的国家经济计划打破资本、市场对国家的绑架。之所以强调国家的"元治理"地位，是因为多布相信通过人类理性可以实现人与自然的协调与和谐发展，对复杂利益关系进行有目的和有意识的调整。社会主义并不是为了生产而生产，经济发展仅仅是一种手段，目的是创建一个符合人类理想的社会秩序。发展是整个社会结构的变革过程，不仅仅是一个经济问题。马克思主义认为人的发展是与自然发展、社会发展相统一的，社会主义的基本目标既要满足人对物质生活的需要，更要强调发展与生态环境的保护相适应。

马克思主义关于未来共产主义社会的理论构想内含着生态文明。多布认为，生产资料公有制从根本上克服了生态危机产生的原因——资本主义基本矛盾。社会主义社会人与自然是高度统一的，在经济发展、社会管理中有意识地明确公有资源的权利和责任，以自然与社会和谐共行的标准来发展物质生产、处理人与自然之间的关系。资本主义逻辑内含着生产危机的可能性，目前各种各样的全球性生态环境问题，将这种可能性演变为现实存在。美国学者保尔·伯克特指出资本主义造成了两方面的环境危机：一是资本积累危机，基于资本推动下对生产资料的过度需要与自然条件下原材料有限性之间的矛盾；二是人类社会发展的质的危机，来自对物质与生命力的循环的扰乱，这是一种更加根本的危机。① 资本主义经济的整个运行过程、价值体系具有天然的反生态属性。多布强调资本主义造成了生产资料与劳动者的分离，资本家在这一过程中为了利润的最大化对工人和自然进行着双重压迫。由于资本主义生产与人的社会需要背道而驰，自然环境的被破坏也就成了必然。所以，要想从根本上解决生态问题，就必须推翻造成人类社会异化的资本主义制度。马克思所提出的共产主义理想，消灭私有制、建立生产资料公有制，正是对资本主义基本矛盾的克服，消除了异化的根源，因而也就实现了自然与社会的和谐发展。

小　结

通过对市场社会主义改革的辩证理性思考，多布逐步意识到了国家在经济发展中的重要地位。不同国家有着相异的治理范式，西方国家提倡一种政治民主化、经济自由化与治理社会化的模式，具有"多中心""无政府"的特点，这当然与西方理论界自由主义的意识形态息息相关，

---

① Paul Burkett, *Marx and Nature*: *A Red and Green Perspective*, Chicago, Haymarket Books, 2014.

也是高度发达商品经济的现实要求。然而多布并不赞成西方国家的治理模式，认为对国家主体性的抹杀，会造成落后国家浪费社会资源，丧失对国家发展方向的总体把握。

多布认为作为治理主体，国家应该超越其他社会主体，必须控制关乎国家命脉的经济资源、政治资源，成为社会经济秩序建立与发展的关键。国家只有掌握了政治权力，才能提供必要的制度支撑，实现统治阶级的目的和意志。尤其对经济落后国家而言，保持自身的独立性和自主性，对于现代化显得尤为重要。同时，国家不仅要发挥政治职能，还要承担起必要的经济职能，这是国家赖以生存的社会基础。国家作为上层建筑维护市场秩序，微观层面与市场良性互动，充分发挥宏观调控的功能。

因此，对于社会主义国家来说，面对国际上日益强大的资本力量和复杂的国际局势，一方面要加强人民民主专政国体的建设，掌握必要的政治权力、经济权力以及意识形态权力，另一方面要推进国家治理体系与国家治理能力现代化，加强社会自我组织能力和自我发展能力，实现社会经济的长期发展。

第六章

莫里斯·多布辩证理性市场社会主义思想的贡献和评价

　　总体看来，在莫里斯·多布五十余年的学术生涯中，他一直在反思社会主义国家如何实现经济增长的问题。同时，他试图恢复马克思在政治经济学历史领域的合法地位。对于多布来说，马克思的政治经济学思想是沿着古典政治经济学的逻辑线发展起来的，尤其是受到了大卫·李嘉图的影响。他反对一些经济学家（如凯恩斯）的观点，认为他们完全忽视了《资本论》中的科学理论。多布进一步强调说，关于社会主义政治经济有创造性的著作，不仅植根于马克思，而且体现在整个古典政治经济学的传统之中。一些资产阶级学者以政治立场为由，仅仅将多布当作一个为苏联社会主义模式辩护的人，这种看法是非常片面的。实际上，对苏联和东欧社会主义模式的批判和反思始终贯

穿在多布学术生涯的始终。斯大林时期的官僚主义盛行、波兹南事件的
爆发等都在思想和情感上深刻触动着他的思想和认识，使把自由、平等
和民主视为社会主义最重要价值观的多布不得不重新审视什么是社会主
义以及怎样发展社会主义。

一、丰富马克思的劳动价值理论

劳动价值论是马克思主义政治经济学的基础。马克思在继承和发展
古典经济学劳动价值论的基础上，运用历史唯物主义的分析方法，创立
了科学的劳动价值论，从而发现了剩余价值的秘密，揭示了资本主义生
产过程中资本家对工人劳动的剥削本质。长期以来，多布一直坚持并维
护着马克思劳动价值的科学性与合理性。无论琼·罗宾逊、萨缪尔森等
资产阶级学者怎样攻击劳动价值论，多布始终都以严密的逻辑、科学的
态度进行了有力的回击。在对《资本论》科学价值的考察中，多布进一步
丰富了马克思劳动价值论的理论内涵，使其在当代焕发出了新的理论生
命力。

任何一种经济理论都是与现实的社会发展相联系的，劳动价值论在
这方面表现得更为突出。多布认为马克思发现了价格背后的社会关系，
这是他将英国古典经济学关于商品价格形成理论的劳动价值论，改造为
用来分析社会经济结构历史演化理论的关键因素。"马克思对我们的启
示是，在政治、法律、意识形态领域，尤其是经济学的研究，必须运用

阶级关系、社会结构和剥削等概念。"①古典经济学家也经常涉及利润、利息、地租这些经济范畴，但是他们只关心这些形式之间有着怎样的比例关系，而对经济现象的整体方面、本质方面不予注意，这显然是他们观察经济关系的阶级局限性决定的。劳动价值论作为透视资本主义社会结构、了解资本主义社会运行秩序的工具，科学说明了资本主义商品生产是私人劳动和社会劳动矛盾运动的必然产物和最后阶段，深刻揭示了剩余价值的秘密和资产阶级与无产阶级之间对立的经济根源。

西方经济学声称以"中立"的、"客观"的态度研究《资本论》，实质上将资本看作脱离社会关系的纯粹的物，主要理论倾向是否定劳动价值论、剩余价值论等《资本论》的基本观点。典型的代表如凯恩斯声称《资本论》是"一本陈旧的经济学教科书。在我看来，它不仅在科学上是错误的，而且在当代世界毫无益处或没有用处"②，极力宣扬《资本论》已经过时，无法影响当下的社会经济现实。庞巴维克、萨缪尔森等人则认为根本不需要价值概念、剩余价值概念就可以演绎出利润率和竞争价格，试图从否定劳动价值论入手进而贬低《资本论》的学术价值。正是由于《资本论》所论述的问题触犯了主要凭借财产所有权获取收入的资本主义社会统治阶层的既得利益，所以西方主流经济学家对它基本采取用沉默来抵制、用批判来否定的态度。

事实上，面对这样一种不甚"友好"的理论氛围，多布在 20 世纪 30年代就开始自觉地坚持和发展马克思的劳动价值论，批判了瑞典经济学

① Maurice Dobb, Marxism and the Social Sciences, *Monthly Review*, 2001, 53(4), pp. 47-48.

② John Maynard Keynes, *Essays in Persuasion*, London, Norton, 1963, p. 300.

家卡塞尔、米尔达尔等人所谓的"新思潮"。卡塞尔认为价值理论是毫无必要的，一切必须的命题都可以根据经验价格来说明。米尔达尔则声称之前所有经济学家对价值理论的探讨，无论是根据实际成本概念或是效用概念，都代表了一种伦理的和政治问题的偏见，只有摒弃了这种错误的探讨，现代经济才能建立在科学的基础之上。对于多布来说，对《资本论》的理论基础——劳动价值论的捍卫必然面临着双重的任务：一是必须驳倒提倡"经验价格"的"新思潮"，阐明价值理论在政治经济学中的重要地位；二是面对各种非科学或伪科学的价值理论，必须找出其漏洞或谬误所在，从而彰显劳动价值论才是唯一正确、有说服力的价值理论。

多布认为，一种在理论形式上完备的价值理论，表征的是主体和客体之间的关系，是在人类实践和科学发展的基础上能够说明主客体之间的可能性关系，"这是关系到人类的知识所能达到怎样程度的问题"[①]。对任何一门科学知识来说，最初的研究都是始于描述和分类，厘清相互掺杂的事物和概念。根据这种分类，才能够在下一阶段分析、归纳出某种程度的一般性原则来。但是，这种一般性原则可能是在很长的时期内，只能适用于一定类型的情况或局部的问题，并不能使人确定整个体系的全貌。要达到具有高度概括性、规律性的知识框架，实现对经济对象的科学分析和研究，最初所建立的这种一般性原则是非常重要的。多布强调，化学中化学元素的原子量概念和物理学中的牛顿力学定律便代

---

① Maurice Dobb, *Political Economy and Capitalism*: *Some Essays in Economic Tradition*, London, Routledge and Sons, 1937, p. 5.

表了这种一般性原则，标志着人类知识历史发展的里程碑。而在政治经济学领域，在《国富论》未发表之前，经济问题的研究还没有超出其本身的叙述和分类阶段，经过亚当·斯密和大卫·李嘉图更为严格的系统化之后，政治经济学才建立了统一的、用数量分析问题的原理，价值论正是起到了为整个经济体系确定最初的普遍原则的作用。显然，如果取消了价值论的基础地位，那么作为一门科学的政治经济学就无法解释自身，更无法解释世界。

在多布看来，纵观政治经济学史上的各种价值理论，只有劳动价值论才能够执行这种对事物的描述和分类，他进一步从形式和内容两个方面对劳动价值论的科学性进行了论述。

从形式上看，政治经济学可以用一种"方程组"的形式来表示，在这个组内，各个变量之间的关系构成了关于理论的一般说明。其中，最重要的是起"自变量"作用的价值论。这种"自变量"并不是一成不变的，而是说在任何特殊情况下，它都是不依赖于这个方程组内任何其他变量而定义出来的，各个位置数量都是根据这个自变量而来，价值理论作为给定的或者代表常数的数量，具有决定性，而不是被决定的。

显然，经济学说史上存在的各种价值论，都无法逃脱循环论证的怪圈，只有马克思的劳动价值论找出了一种独立的、能够在方程组中起决定性作用的"自变量"，即劳动的二重性。基于对抽象劳动和具体劳动的区分，马克思得出了只有抽象劳动才能创造价值这一结论。由此，多布认为马克思解决了构成价值"自变量"实体的问题，从而完成了从货币向资本范畴的过渡。

从内容上看，一方面，"一种科学的价值理论，不仅要在形式上完整，还要接受现实的评定，力图使其能够尽可能地具有现实性，同时能够达到与我们所要处理的复杂现象相符合的最高度的概括"①。效用价值论者以人的"苦乐心理"为依据，将人类经济活动的动力归结为追求享乐、避免痛苦的心理，价值论也沦为研究物品与人类欲望之间的关系。经济学说史上的各种主观价值论大致类似，都是以一种不具有决定性影响的因素来建构价值理论，经不起实践的推敲和检验。只有马克思在说明劳动是人类财富来源的基础上，指出了劳动力商品的特殊性质。

另一方面，科学的价值理论不仅应该在理论上是一个完善的体系，最重要的是能够科学解释现实经济生活的生产、消费和分配过程，多布认为只有马克思的劳动价值论实现了这一目的。因此，他提出了《资本论》体系中的"近似法规律"。所谓"近似法规律"，是多布借用了物理学中关于抛射规律的逐步求近法来说明《资本论》中马克思对资本主义社会的分析方式。② 他认为所有的理论抽象都只是对现实的近似，仅能达到与人所要处理的复杂现象相符合的最高程度的概括。基于这个前提，多布将《资本论》第一卷运用的分析方法比作第一近似法（the law of first approximation）③，把《资本论》第二卷运用的分析方法称为第二近似法

---

① Maurice Dobb, *Political Economy and Capitalism*：*Some Essays in Economic Tradition*，London，Routledge and Sons，1937，p. 8.

② Ibid.，p. 16.

③ 物理学中的抛射体规律，关于一个抛射体的路线，首先假定在一种真空情况下进行，根据这个假定所做出的计算就是第一近似法。在以后的计算之中，就需要将现实世界中的更复杂的情况，如大气压力、风的抵抗力以及无数"摩擦因素"等加入其中，这就是第二近似法、第三近似法。多布将《资本论》中对资本作最一般和最抽象的分析比作"近似法"。

(the law of second approximation)，而《资本论》第三卷则采用了更进一步的近似法，即第三近似法(the law of third approximation)。这三种方法本质上都是对资本主义社会的抽象分析，区别在于政治、经济概念和范畴的扩大和展开。正是这种研究方法的运用，古典经济学中商品、利润、地租等概念获得了全新的内容和理论生命力。

　　具体来说，一方面，第一近似法是指对资本所做的最一般的和最抽象的分析，在《资本论》第一卷的写作过程中居于主导地位。从商品的价值问题出发，马克思实现了对传统资产阶级经济学的超越。他没有将商品的价值视为一种脱离社会历史性存在的抽象经济范畴，而是将其作为同一的社会单位人类抽象劳动的表现形式。由交换价值向价值的过渡，是对资本主义社会"微观"分析的第一步。马克思提出商品价格是由商品价值决定的，利润是由劳动力价值与商品价值之间的剩余或者差额来决定。资产阶级学者缺乏对商品价值形式的历史性考察，仅仅从交换价值出发，只能局限于对商品价值量的分析，无法触及资本主义生产方式的本质。对于马克思而言，商品价值并不是单纯的经济范畴，只有在社会关系中才能完整地表现出来。

　　另一方面，第二和第三近似法在本质上是第一近似法的深层次推进，是商品或者价值维度的不断展开和实现过程。多布指出，在《资本论》的分析方法中，第二近似法包含了更加丰富和具体的社会联系，是对资本主义现实世界复杂情况的进一步分析。相比"商品"概念，"货币"内含着更多对经济现实的规定性。而在"资本"范畴中，马克思揭示了雇佣劳动、剩余价值、工资等更加广泛的经济现象之间的联系，对资本主义生产总过程进行了更深入的理论研究。由于第二近似法的作用，个别生产价格与实际市场价值不匹配，一般利润率与剩余价值相悖。马克思曾批评约翰·穆勒的生产成本理论没有说明"生产成本"本身，仅仅将其解释为使用劳动而付出的工资，没有对决定利润率本身的原因提出任何说明。通过第三近似法的运用，马克思对利润率和剩余价值进行了正面解释，指出："剩余价值，作为全部预付资本的这样一种观念上的产物，取得了利润这个转化形式。"①这一现实过程由资本家所主导，通过他们的主观意识得到贯彻和实现，本质上由资本主义生产关系的特点所决定。

因此，多布认为马克思把劳动作为社会结构的本质和基础，通过"近似法"的层层推进，说明了资本主义社会商品范畴到资本范畴的过渡，一方面揭示了商品是分析资本主义社会的起点，另一方面表明了这种转变的本质在于由人与人之间一般性的交换关系向以雇佣劳动为基础的资本主义关系的转换。生产劳动是人赖以生存和社会历史展开的物质基础，交往和交换是劳动本质的延伸。它把在时间和空间上彼此分离的社会要素联系起来，从而整合成社会结构，形成特定的社会秩序。

二、深化国家经济发展模式的理性认识

在市场社会主义长期的发展历史中，奥地利学派在 20 世纪 20 年代至 30 年代对生产资料国有制和中央计划为主要特征的传统社会主义经

---

① 《马克思恩格斯文集》第 7 卷，43—44 页，北京，人民出版社，2009。

济是否具有合理性和可行性提出了质疑，由此引发了一场关于社会主义
经济的学术大论战。针对米塞斯、哈耶克等学者对社会主义的抨击，奥
斯卡·兰格提出了"竞争性社会主义"的经济构想，阐述了如何将市场机
制融入社会主义经济发展中；而莫里斯·多布则在其《经济理论和社会
主义经济问题》等著述中，提出了一种与"竞争解决法"不相同的计划经
济模式——通过集中管理的方法来解决生产资源的合理配置问题。这一
方法，即所谓"集中解式"或"中央集中解决法"的经济模式，在他 1969
年所著的《福利经济学和社会主义经济学》一书中，这一思想得到了完整
论述。正是在与兰格的争辩中，多布深化了对国家经济发展模式的理
解。作为社会主义经济学家的杰出代表，兰格和多布都敏锐地捕捉到了
资源配置在国家经济运行中的重要性，并以此为出发点来设计社会主义
发展模式。之所以将兰格和多布进行比较研究，一方面是因为他们的主
要思想成果建筑于同样的历史事实，即当西方资本主义国家在严重的经
济危机中痛苦挣扎时，苏联经济却取得了举世瞩目的成就。作为研究社
会经济理论的经济学家，自然而然地就将苏联作为标准的、真正的社会
主义发展模式。那么基于公有制的社会主义是否合理有效地运行，能否
实现比资本主义更高的经济效率，则是他们所共同关注的问题。同样值
得注意的是，在对社会主义经济模式理论的探索过程中，由于生活实
践、思想观念、价值立场等方面的差异性，多布和兰格却得出了截然不
同的研究结论。深入了解与多布同时代其他经济学家的思想，开展比较
研究，能够更好地理解多布的辩证理性市场社会主义思想。

　　从二者的共同点来看，多布和兰格都称得上是完全的马克思主义
者，对社会主义抱有坚定的理想信念。他们都把各自的家庭背景视为典

型的中产阶级，在劳资冲突中，他们站在"卑微"的无产阶级一边，反对资产阶级对工人的压迫和剥削，并将社会科学，特别是经济学，视为劳动人民争取社会解放的工具。在社会主义经济论战中，无论是社会主义的"反对派"还是"同情派"，进行争论的主要出发点是在学术上对资本主义和社会主义进行比较，回应其他学者对自身观点的批评和质疑。

兰格与多布一样，是西方经济学家少数融汇了西方经济理论与马克思主义经济理论的人。他所设想的"竞争社会主义"模式，有力地回击了米塞斯等人对社会主义制度的攻击，发展了资产阶级"社会主义"经济学关于社会主义经济的理论。尽管这一模式的设计是基于一般均衡理论，采用了非马克思主义经济学的分析方法，此时兰格还没有意识到马克思主义政治经济学的重要性。但20世纪50年代中后期在对计划和市场相结合的进一步思考中，虽然带有很强的"竞争社会主义"经济模式色彩，但是兰格思想的理论和出发点都不同了，在新模式中他将马克思主义的基本原理同波兰的具体实践结合起来分析，突破了计划和市场互相排斥的传统理论框架，兰格不仅科学地阐明了在保持社会主义生产关系实质下，根据各国的具体实践选择不同的发展社会主义道路的思想，而且把对经济运行模式的设计集中在处理计划和市场、集权与分权、行政手段和经济手段的关系上——而这正是设计合理的经济运行模式所要解决的基本问题，显示了他作为一个卓越的马克思主义经济学家观察分析问题的敏锐力和深厚的理论素养。

相比之下，多布目睹了苏联计划经济的成功，使他在学生生涯早期完全站在了传统社会主义的立场上。正因如此，多布认为消费需求不足是资本主义国家产生经济危机的重要原因。在资本主义条件下，分配制度始终倾向于资本家，大部分工人的消费能力严重不足，资本家和工人之间存在着敌对的分配关系。在对《就业、利息和货币通论》的批判中，多布认为凯恩斯没有将资本主义制度看作是一个整合了经济、政治、技术和文化的综合体，所以凯恩斯才会认为马克思的阶级分析方法不过是"令人讨厌的混乱"。用资产阶级政治经济学的论点替资本主义制度服务，以资本家的价值观判断思考问题，是凯恩斯作为职业经济学家的主要立场。同时凯恩斯也不同情工人的日常生活，资本主义国家在他眼里仅仅是一个中立的仲裁者，无法看到政府经济政策的政治局限。对此，多布表示"军费开支大概是资本家乐意接受的政府介入反萧条的唯一形式，而且在资本主义制度下充分就业就是个乌托邦的梦想"①。经济学研究并不仅仅是抽象的理论研究，而是牵涉了不同社会群体、集团和阶级的利益。

近代西方哲学的建立以认识论转向为标志，对主客观世界、人的理性认识能力的进一步认知，对哲学基本问题的明确提出，都体现着西方哲学的重大进步。但这种进步内含着不可克服的矛盾，最终不可避免地走向了独断论和怀疑论。马克思结束了西方哲学家以形而上学认识和解释世界的历史，他在哲学上的革命是将其更加接近现实和实践，重新考察和把握"社会"概念的内涵。多布和兰格都认同马克思的社会哲学，在思想上引导他们走向了社会主义。在学术生涯早期，"他们都是1956年之后'开放马克思主义'的代表人物，并且他们都倾向于扮演这样的角

---

① 程恩富主编、朱奎撰：《马克思主义经济思想史》欧美卷，109页，北京，东方出版社，2006。

色。一方面他们广泛接受其他学者的批评和建议(这在传统马克思主义者中是相当少见的),另一方面是他们对资产阶级文化的态度,在他们看来,资产阶级文化包含了许多对社会主义运动有价值的东西。社会主义文化科学既是对中产阶级文化的反驳,也是对中产阶级文化的延续"[1]。由此来看,多布和兰格一定程度上继承了拉卜里奥拉、葛兰西和卢卡奇的理论传统。第二次世界大战之后,一些经济学家预测资本主义世界的历史将重新上演,大萧条似的经济危机在短暂的平和之后会马上发生。但是十几年后,发达资本主义国家仍然迅速而平稳地进行着资本积累,马克思主义者面临着对整个政治经济学进行重新审视的压力。甚至有学者认为,马克思主义在 1890 年至 1914 年的"黄金时代"之后出现了明显的倒退。但是,"如果说经济学的表现略好于其他学科,那是因为多布、兰格和斯威齐等人付出了非凡的努力。马克思主义传统与政治经济中的非马克思主义倾向的持续斗争,主要归功于他们。从这个意义上说,多布在英伦诸岛所做的远远不止是开创了马克思主义传统"[2]。

随着世界社会主义运动的发展,多布和兰格的社会主义思想均有了明显变化,甚至体现出一定的矛盾性。在社会主义经济核算的论战中,多布既不同意兰格—泰勒—勒纳模式,同时也批判了米塞斯与哈耶克的带有明显"右"倾向的观点。20 世纪 50 年代之前,多布在《政治经济学和资本主义》《资本主义的今天与明天》等著作中,坚持完全的中央计划是社会主义避免资本主义经济危机、消除剥削和两极分化、实现平等的保

---

[1]　Tadeusz Kowalilk, The institutional framework of Dobb's economics, *Cambridge Journal of Economics*, 1978, 2(2), p. 142.

[2]　Ibid. , p. 143.

障。资本主义经济之所以会陷入发展困境，其原因就是经济决策的作出以个人意愿为出发点，整个经济运行依赖于不可预见的经济因素，无法充分利用人力、物力和自然资源。市场的自发性特征是社会主义必须克服的弊端，而中央计划机构在反复的调查研究之后，制订着眼于全国经济发展的计划则完美解决了这一问题。在 20 世纪 50 年代之后，目睹了官僚主义作风对苏联改革的严重阻碍，东欧国家从计划经济向市场经济转轨过程中所遭遇到的各种现实困难，多布认识到全盘否定分散决策完全是一种空想，经济运行必须建筑在价值规律和价格问题之上；中央计划一定程度上能够提高资源配置效率，使部门内部、部门与部门之间经济比例失调的问题不必建筑在边际成本、边际收入等规则基础之上，但在更加微观、具体的经济研究中，必须借助于边际分析等理论工具。

与多布的学术轨迹类似，兰格对社会主义经济运行的理解同样表现了前期和后期之间的差异。在前期，兰格所描述的"竞争社会主义"经济模式以新古典经济学一般均衡理论和福利经济学的价值判断标准为基本分析方法，阐明了运用市场机制实现社会主义计划经济的思想。布鲁斯对此评价道："兰格在理论上的贡献在于：在生产资料的社会主义所有制从而实际消灭了生产货物的市场交换的条件下，中央计划部门仍然能够在已经确立的秩序内应用取得均衡的试错法，这种方法在一定意义上模拟完全竞争市场中的分配机能而不失去决定和控制整个经济发展的能力。"[1]兰格试图在遵循社会主义计划经济总体框架的前提下，利用市场

---

[1] 荣敬本等：《社会主义经济模式问题论著选辑》，60 页，北京，人民出版社，1983。

去弥补中央计划难以发挥作用的地方。在后期（20世纪50年代中期），兰格对马克思主义经济学的理解更加深刻，提出了将集中计划与分散管理相结合的社会主义经济发展模式。他指出，社会主义仍应以科学的计划为特征，但其运行过程中应该考虑不同国家的政治制度、法制建设、民主习俗、社会意识等差异因素，世界上没有一成不变的社会主义运行模式，经济运行的具体形式在不同国家可以不同。随着经济社会的发展，同一国家在不同发展阶段也要不断调整政策以适应生产力的进步。例如，兰格强调充分赋予企业自行制订计划的权力，"经济管理将在整个经济的中央计划和方向的框架内，以工人自治和部分地以合作社自治为基础"①。又如，将市场机制引入社会主义经济，"即建立一种刺激体系，引导人们恰好去做计划要求的事情"，行政手段与经济手段相结合保证计划的实现，但"应当优先利用经济手段"②。

因此，多布和兰格的社会主义思想都表现出了前后期的不一致性，但最终都走向了追求以集中计划为主、分散管理为辅的社会主义发展模式。尤其是中央和企业权力决策层次上的观点基本一致，是"在中央计划局机关和企业的管理之间明确划分职能的早期尝试"③。面对资产阶级学者的攻击，他们将马克思主义经济学与西方微观经济学结合起来，深入思考社会主义经济规律，批判资本主义私有制的根本缺陷，寻找解

---

① ［波兰］奥斯卡·兰格：《社会主义经济理论》，73页，北京，中国社会科学出版社，1981。

② 同上书，124页。

③ ［英］亚历克·诺夫：《可行的社会主义经济学》，70页，北京，中国社会科学出版社，1988。

决现实问题的途径，从而达到为社会主义辩护的目的。从经济思想史的整体发展来看，多布与兰格都并未脱离社会主义计划经济的总体设定，多层次经济决策体系的形成仍然是在中央计划指导之下。在对待市场的态度上，兰格较之多布来说更加开放，但兰格仍然强调市场是计划的补充，是实现中央整体计划的工具。从二者的共同点来讲，他们都对社会主义经济理论做出了非凡的贡献，敏锐地注意到了资源配置的合理性是社会主义优越于资本主义的关键因素，为之后社会主义国家的经济运行体制改革提供了广阔的思路。

从二者的不同点来说，多布对兰格的试错法进行了批驳。多布认为兰格完全误解了资本主义与社会主义的根本差别。自资本主义诞生以来，自由主义便是贯穿于整个资本主义发展时期的根本原则，即使实体经济领域的生产过程危机和金融市场中的资本危机不断发生，依然没有改变西方经济学从孤立的个人出发来解释一切经济现象的哲学传统。自由主义的本质是宣传市场万能论的市场原教旨主义，以私有制为基础，片面夸大市场的自我修复功能，在具体实践中为金融和经济危机的频繁发生埋下了祸根。以马克思对经济社会的分析为出发点，多布格外强调集中计划、协调投资对一国经济发展的重要作用。

在社会主义经济核算的大论战中，兰格试图通过"人为"地模拟市场，借助于竞争、市场、价格等形式来实现社会资源的计划配置，使国家按照市场机制的方式来发挥作用，泰勒、柏格森等人的模拟竞争，勒纳模式中的模拟价格都存在这样的动机和意向。但是在多布看来，这样的设想是将社会主义经济运行机制同资本主义的竞争和市场机制完全等同起来，强调竞争和市场机制是解决社会主义经济问题的根本方式，曲解了社会主义社会的性质及其运行的特点。社会主义与资本主义本质上是完全不同的两种社会经济形态，均衡分析方法论并不是在任何一个国家都适用。他指出："计划条件下难以达到这种均衡状态，根据动荡不定的市场经济来决定生产，听任千百个生产者和消费者的盲目供求来影响投资量，经济也必然是很不稳定的。"①以实践中的苏联为蓝本，多布认为社会主义制度下的经济活动都可以在中央计划机关制定的方案指导下进行，不必借助市场机制。

与多布相比，兰格更加注重社会主义的制度和社会关系，肯定资本主义经济过程中自我调节的重要性，并将这种理念带入了社会主义经济中。兰格深入参与了社会主义经济另一种模式的理论论证中，旨在为社会主义民主提供制度经济基础，市场的大量使用也是为了防止官僚主义的肆意泛滥。他针对波兰十月实践发表的声明同样是出自这种信念，"在决定社会主义社会的组织形式时，首先要考虑的不是经济效率，而是个人自由的保障，经济效率是相当容易达到的"②。无论是作为经济学家还是公民，兰格都积极参与了一场为新体系奠定基础的社会主义运动，因此他与政治联系得更加紧密，但多布从来都不是"改革集团"的先锋人物。兰格呼吁在马克思主义传统中创建一个新的政治经济学分支，而且他在生产关系方面的文章数量远在多布之上。然而，当为社会主义政治经济学奠定理论基础的时候，他却走向了完全的实用主义，试图建立一个没有任何矛盾的社会经济模式。

①　范恒山：《国外 25 种经济模式》，40 页，北京，改革出版社，1993。

②　Tadeusz Kowalilk, The institutional framework of Dobb's economics，*Cambridge Journal of Economics*，1978，2(2)，p. 148.

此外，在哥穆尔卡执政波兰期间，成立了以兰格为领导的经济委员会，试图创新波兰的经济模式。在改革的过程中，由于受到内部保守势力的不断抵抗，加之苏联在外部持续施加压力，波兰重新开始了"重工业—轻工业—农业"的社会主义工业化模式。由于农业歉收、经济失衡，产业结构严重不合理，引发了格但斯克等沿海城市的罢工和流血悲剧。但兰格对此类社会问题漠不关心，这种态度令多布感到十分不满。多布指出，包括兰格在内的整个最优计划经济学派对数学和编程的狂热是毫无意义的，官僚主义才是当前社会主义模式中最重要的问题。多布针对兰格 1976 年的一篇文章《计算机与市场》尖锐地评论道："不可否认，计算机可以极大地帮助和简化中央计划决策的工作。正如兰格自己观察到的，在理论层面上，它无疑为哈耶克的反对意见提供了答案——全面规划仅仅是数千个联立方程求解问题。然而，计算机技术能否解决整个经济问题，甚至问题的主要部分，即发达和复杂工业社会的集中化都会引起人们的怀疑。是否允许对微观经济调整进行相当程度的集中决策，并消除分散的必要性仍然是值得考虑的。那些试图通过媒体对计算机技术作为一种计划工具的神奇品质进行吹捧的人，应该受到更多的怀疑而不是尊重。"[1]"在经济实践中，重视选择和决策的约束往往比拥有一个简单无约束选择的优化公式更重要。"[2]

---

[1] Maurice Dobb, Some Historical Reflections on Planning and the Market, in C Abramsky and B. J. Williams (eds), *Essays in Honour of E. H. Carr*, London, Macmillan, 1974, pp. 331-332.

[2] Maurice Dobb, *Welfare Economics and the Economics of Socialism*, Cambridge, Cambridge University Press, 1969, p. 257.

三、整体把握社会主义经济发展的时代特征

众所周知，英国作为马克思学术研究的主要现实对象，是马克思主义科学理论形成、发展和走向成熟的起源地。在目睹自由主义主导下资本主义社会所出现的种种问题后，大批英国知识分子开始转向社会主义和共产主义，以技术批判、文化批判和社会批判为思想武器，深刻剖析资本主义制度的内部矛盾和种种问题，以重新审视历史事实、设计新的理想型社会、开展微观革命等方式来批判现代主义的意识形态，试图在学术和实践领域对英国社会发展施加影响。以历史的纵向发展为线索，从理论特征上看，英国马克思主义大致经历了三个阶段（20 世纪 30 年代中后期至 80 年代末）："即早期向苏联学习形成的具有理性主义特征的马克思主义、中期的历史主义和 20 世纪下半叶的新马克思主义。"[①]从其思想产生的时代背景来看，一般将 20 世纪 50 年代中期之前的马克思主义研究者称之为"老左派"，而在此之后的则称作"新左派"。

尽管不同学者在理论范式、指导思想、政治倾向上有诸多差异，但其在本质上保持着内在的一致性，存在明显可见的历史传承和内在特质。他们都对现存的资本主义制度强烈不满，认为当今社会所出现的各种问题，如贫富分化、帝国主义、种族歧视、经济危机、生态恶化等社会问题无法在新古典经济学中找到答案，进而开始转向马克思主义寻求解决问题的途径和措施。老左派和新左派在思想上都以马克思的经典思想为基础，高度认同阶级分析和阶级斗争、资本主义基本矛盾、资本积

---

① 乔瑞金：《英国的新马克思主义》，4 页，北京，人民出版社，2013。

累等马克思主义基本原理，在历史、经济、文化、政治学术领域对一切
不合理现象进行了深刻批判。20 世纪 30 年代以后，随着纳粹主义逐步
兴起、西班牙爆发内战，世界形势正在悄然发生着变化。英国知识分子
在社会主义和共产主义的政治、道德感召力之下，提出要彻底改造资本
主义社会，试图在物质生产高度发达的英国实现社会主义的目标。应该
说，"老左派"和"新左派"具有强烈的时代特点，以各种现实问题作为研
究对象，结合英国实际，追求思想方式创新和变革，形成了各种解释模
式，有着清晰的逻辑特征、历史脉络和学术气息，体现出新的认识论和
方法论意义。

　　"老左派"与"新左派"思想家在思想理论上有着千丝万缕的联系，同
时由于历史背景不同，这两个学术团体又各自呈现出鲜明的特色。瑞典
经济学家阿瑟·林德贝克认为二者的重要区别在于，"新左派与老左派
不同，他们对苏联是严厉批判的。实际上，为了确定新、老左派之间的
区别，一种稍稍过于简单的方法就是将它们对苏联的不同态度进行对
比"①。这一点在多布身上表现得尤为明显。多布在加入英国共产党之
后，一方面在政治上和理论上追随着苏共，自觉将苏联马克思主义作为
自身的指导思想。另一方面将其运用到历史、经济的研究领域中，对马
克思阶级斗争理论、经济危机理论、帝国主义理论以及社会主义的发展
模式提出了颇有见地的想法和观点。对于 20 世纪 30 年代初期的多布来
说，苏联马克思主义是获取真理、得到新知识的有效途径，绝不是什么

----

　　①　［瑞典］阿萨·林德贝克：《新左派政治经济学》，96 页，北京，商务印书馆，
1980。

令人不满的教条主义。他传承着近代英国哲学的科学精神和经验主义传统，运用马克思主义所提供的分析社会存在的视角和方法，站在历史唯物主义的高度，将社会进步描绘为一个资本主义向社会主义逐步转变的运动过程。相较于"新左派"对现行社会主义及经济制度弊端的种种尖锐批判，以多布为代表的"老左派"局限于当时的时代条件，无论是在心理情感还是理论倾向上，都比较拥护苏联中央集中规划的经济体制，强调社会主义与自由市场之间存在着不可调和的矛盾。

在《政治经济学与资本主义》一书中，多布说道："当恩格斯说资本主义到社会主义的历史的过渡是从'必然的王国过渡到自由的王国'时，显然他并不把它看作无限制的自由选择的永久王国，可以假定，他的意思是说，在前一个王国内，个人的意志是盲目的，而人们就是市场客观规律的无意识的代理人；而在后一个王国内，人由于集体地掌握着自己命运的工具，就会意识到束缚着他的规律，因此就会自觉地使他的行动与目的相适应。"[①]受早期社会主义经典作家对未来社会设计思想的影响，加之现实中资本主义国家与社会主义国家的强烈对比，多布认为市场所带来的种种不良经济、政治和社会后果与资本主义是同生共存的，如果社会主义拒绝依靠市场实现资源配置，就必须用有意识的计划代替市场这一盲目、自发的调节力量。

以多布、巴兰、斯威齐等为代表的老一辈理论家和思想家，对"新左派"学术观点的形成产生了长期的、深远的影响。尽管"新左派"中的

---

① ［英］莫里斯·多布：《政治经济学与资本主义》，267 页，北京，生活·读书·新知三联书店，1962。

绝大多数学者主张一种民主的、更加分散的社会主义经济体制，但对市场的排斥态度依然没有根本改变。大批英共内部的知识分子自觉延续着"老左派"所开创的道路，以马克思主义为思想指南研究和解决当代英国人所关注的具体问题。但随着马克思主义理论者的探索不断深入，国际形势的不断演变，尤其是 1956 年苏共二十大后的赫鲁晓夫秘密报告及苏联入侵匈牙利事件，使很多英国共产党员对长期追随苏共的英共彻底失望。面对这种情况，即便是被称作最忠诚的马克思主义者、"苏联卫道士"的多布也不得不对苏联马克思主义产生怀疑，开始反思、批判斯大林主义对社会主义建设所造成的伤害。在莫里斯·多布的早期著作，如 20 世纪 60 年代之前所写作的《苏联经济发展史》《资本主义发展之研究》《政治经济学与资本主义》等著作中，多布对于苏联社会主义经济问题表现出强烈的兴趣，其研究覆盖了苏联经济发展的各个方面，对苏联的经济背景、工业建设、农业发展问题、计划经济模式的演变历史做了全面的介绍和分析。

从这些著作中可以发现，多布对苏联在短时间内迅速实现工业化和农业集体化表现出极大的推崇和赞赏，指出斯大林对社会主义基本特征的认识，在理论上坚持了社会主义的发展方向，在经济实践中同样有利于社会主义经济建设。亚非拉落后国家应该以苏联为榜样，走上独立发展的社会主义道路，才能使国家的经济落后状况得到根本改善。但在 1956 年之后，多布访问波兰时目睹了"波兹南事件"的整个过程，强烈影响了他对集权化管理的信念。同时在与波兰经济学家的交流和讨论中，多布意识到了商品经济规律、分散化管理对于一国经济管理的重要意义，在《经济增长和计划》《资本主义发展和计划》等著作中转变了之前的观念，开始反思斯大林模式的缺陷和弊端。总体上看，这种反思是从经济和政治两个方面展开的。

从经济角度来说，多布的经济思想由集中转向分散。由于早年间受传统社会主义理论家的影响，加之苏联社会主义的现实存在，市场的作用并不被多布所看好。实际上，市场制度与广泛的分散管理在本质上是一致的，"我们愈是喜欢分散，我们就愈是应该赞成市场制度"①。苏联革命的胜利使社会主义由理论变为现实，斯大林模式在社会主义国家广泛建立起来。为了在短时间内实现国家工业化和农业集体化，斯大林抛弃了列宁时期初步形成的新经济政策，取消市场规律和商品交换在经济运行中的地位。20 世纪 60 年代后，僵化的计划经济体制弊端尽显，苏东国家陷入重重的经济困境之中。面对社会主义国家经济实践所发生的深刻变化，多布强调不能将马克思主义看作是一种一成不变的教条，应当在解放思想的前提下，提出符合实际发展的新理论。

对比斯大林执政期间的社会主义模式，多布更加推崇列宁的经济思想。在新经济政策时期，列宁推行以经济核算制为核心的"托拉斯制"，吸收劳动者参与社会管理，从而使经济活动在很大程度上受到市场的调节。显然，斯大林对马克思主义的片面化理解引起了多布的不满，尽管他对中央集权的优越性仍然保持着充足信心，但经济活动中的分散管理已经到了不得不重视的地步，这也是多布在不同场合重申列宁经济思想重要性的原因。多布个人传记的作者蒂莫西·申克曾指出，"尽管多布一次又一次地高度称赞列宁，但他却很少提及斯大林。即使是在第一个

---

① ［瑞典］阿萨·林德贝克：《新左派政治经济学》，57 页，北京，商务印书馆，1980。

五年计划期间，他仍然在不断宣传和称赞新经济政策，这种书写历史的倾向在当时是非常危险的"[1]。对列宁经济学理论尤其是新经济政策的回归，一定程度上代表着多布市场社会主义思想由集中向分散的转变。

斯大林领导苏联建设时期，为全世界树立起了社会主义是同计划经济紧密联结在一起的样板。正是在苏联的影响之下，"老左派"普遍坚持社会主义与市场相矛盾的观点，拥护集中管理国家经济发展，以统一的计划替代市场规律，正如保罗·巴兰所指出的，"我们可以发展这样一个社会，在这种社会里，生产是为了使用，是合理地计划好了才进行的；人与人之间的关系是以团结、合作和自由为准绳和归宿的；每个人都在这样的制度和环境之中形成并受到熏陶和教育"，在这种有计划的经济中，最合理地利用资源，"体现着有理性和科学指导的社会主义社会的深思熟虑的判断"[2]。作为同一时代的思想家，多布当然不能摆脱这种根深蒂固的传统社会主义思想，但现实生活的发展使他不得不承认斯大林模式的弊端，因而他提出必须向列宁学习，重视商品货币关系在社会主义中的作用，利用价值规律来调节经济运行。

从政治上来说，多布对英共的政治路线和方向提出了不同意见。早期的英国在理论建设和实践活动方面较为活跃，吸引了大量知识分子的参加。其在理论上坚持马克思主义，创办《共产主义评论》不断宣传共产主义理论。在实践中，始终与大众工会组织联系在一起，建立联合统一

---

[1]　Timothy Shenk, *Maurice Dobb*: *Political Economist*, London, Palgrave Macmillan, 2013, p. 58.

[2]　Paul Baran, *The Political Economy of Growth*, New York, Monthly Review Press, 1968, pp. 17, 42.

战线，积极参与并领导工人罢工运动。同时，在反对帝国主义、绥靖主义、法西斯主义运动中发挥着不可替代的作用。1945 年前后，英共处于组织发展的黄金时期。政治上的坚定性对于多布来说从来都不是一个抽象的理论问题，更是一种生活方式。自从加入共产党以来，他始终保持着乐观和理性的态度来看待英共的发展。他确信，工人阶级为了维护自身权益，必须建立一个能够代表阶级利益的政党。只有通过不断地抗争和罢工，工人阶级才能真正获得领导权。在"总罢工"失败之后，多布并没有停下为工人阶级争取正当权益的脚步。他继续以"自下而上"的叙述方法进行写作，坚持在世界各国进行演讲，同时面对工人阶级开设了一些基础课程。在这些演讲中，多布宣称资本主义已经进入了垂死挣扎的阶段，工人阶级要用先进理论武装自己的头脑，科学地与资本家进行斗争。

20 世纪 60 年代，由于国际局势的变化，大批英国共产党员对长期追随苏共的英共彻底失望，约有五分之一的党员退党，其中也包括一些"老左派"的知识分子，只有霍布斯鲍姆、多布等少数成员依然坚持留在党内。多布和他在英共的同事都认为他们同斯大林主义的受害者、"波兹南事件"的受害者甚至挨饿的群众一样都在承受着痛苦，只不过他们有着自己的方式。在赫鲁晓夫的演讲被公开之后，多布在《工人日报》上发表文章认为，如果知识分子在这个时候离开了英国共产党，那么党最需要的改革倡导者的地位将会被剥夺，但这一言论并没有引起英共的重视。多布认为，共产主义者在某些方面的做法确实不够妥当，但从现实来看，共产党员与其为过去的错误而惩罚自己，不如专注于自己现在所能做的事，来创造一个能赢得合法选举的现代性、群众性政党。在写给普拉格的私人信件中，多布指出苏联入侵匈牙利这一事件，给共产主义在国内和国际上都造成了非常不良的影响，而英共对这些罪行不但没有表达反对，反而一意孤行地热烈支持干涉主义，这为反对派发动群众抵制共产主义创造了现实和舆论环境。

尽管在诸多场合多布都表达了对英共政策路线的不满情绪，但对共产主义的信仰使他依然留在党内。许多英共成员在 20 世纪 30 年代加入，那时共产主义似乎是资本主义的人道替代物，也是法西斯主义的伟大对手。共产主义对多布来说不仅仅是这样，他总是把它看作是布尔什维克的政党，是属于列宁的而不是斯大林的。当他还是个孩子的时候赋予他生命的党，一种他如果没有放弃就有义务去改变它的党。蒂莫西·申克认为，"多布也有他所认为的保持务实的原因：一种联合统一的共产主义战线将是反抗资本主义的必要组成部分，而且即使没有革命，也要将舆论推向左翼。可以肯定的是，现存的英共是一艘有缺陷的船，但无论对多布还是对革命左派来说，重新开始航程都为时已晚，所以历史的安排就是最好的。拒绝党意味着拒绝自己的一部分——在某种程度上，他觉得是自身最好的那一部分"①。

总体上看，多布的整个学术生涯体现了"老左派"和"新左派"两代之间在思想上的连续性，同时在一定程度上呈现出两派之间在政治上和理论上的深刻分歧。"老左派"大部分思想家出生于 20 世纪前后，社会经历、教育背景和研究倾向比较相似，使他们看待历史和政治问题的立场与态度非常接近，多布早期的研究成果充分展现了这种思想特征，即在

---

① Timothy Shenk, *Maurice Dobb*：*Political Economist*，London，Palgrave Macmillan，2013，p. 229.

理论上将马克思主义经典著作中的反市场倾向当作不可更改的教义，主张消灭商品、市场、资本等产生不平等和剥削的根源。在实践上则以苏联为经济发展的模板，将计划经济看作是实现社会主义的最好形式。而在此之后的 20 世纪 50 年代末至 60 年代初，以 E. P. 汤普森为代表的"新左派"成长起来，涌现出一大批高质量的理论成果，开始批判、清算斯大林对马克思主义的教条式诠释与建构，多布后期的经济思想就反映出了这种变化。他主张树立一种比较科学的马克思主义观，重新界定中央与地方、政府与市场之间的关系，弱化政府机构对企业和市场的行政管制。从这个角度来看，多布扮演了新旧两派承上启下的角色：一方面坚持唯物史观的基本立场，将工人阶级界定为"一种'客观'进步的角色加以思考"①，在理论上论证高效的社会主义生产方式替代枯朽资本主义的必然性，初步构建起一个综合的、历史分析的马克思主义传统的基本原则。另一方面，在不断的社会与经济变革中，多布越来越清醒地看到英国传统左派在思想理念和政治表现方面的不足和缺陷，力图实现马克思主义理论的英国本土化，为社会主义谋求新的发展道路。正是在这样的探索当中，多布在新老两派之间筑起了一架有效的沟通桥梁。

四、科学阐释资本主义的辩证发展规律

马克思主义科学理论体系的形成和建构，始终以资本主义社会发展

---

① Gerard Mccann, *Theory and History: the Political Thought of E. P. Thompson*, London, Ashgate Publishing, 1997, p. 17.

为主要关注点，尤其是他关于社会转型方面的思想对英国马克思主义研究产生了巨大影响。全景式地回顾资本主义起源的历史逻辑，充分揭示这一社会形态发生、发展、运行的本质规律和发展阶段具有重要的研究意义。第二次世界大战以后，围绕西欧封建制度衰落、资本主义起源的问题，在西方马克思主义学者阵营内部引发了关于"过渡"问题大讨论，即"多布—斯威齐之争"与"布伦纳之争"。

"多布—斯威齐之争"是指 19 世纪 50 年代由多布《资本主义发展之研究》一书所引起的围绕封建主义向资本主义过渡相关问题的大讨论，《资本主义发展之研究》一书是多布学术生涯的巅峰之作，是马克思主义史上第一部系统研究资本主义过渡问题的著作，具体地历史地解决了从封建主义到资本主义过渡的问题。对之后英国马克思主义的代表人物，如汤普森、安德森等正处于思想发展期的年青一代马克思主义历史学家的影响非常深远。

这场旷日持久的争论提供了各种各样的观点，方法纷繁复杂，为西欧资本主义的兴起这段历史提供了翔实的历史资料和多重分析方法。所以，它在马克思主义理论界产生了强烈的关注和反响，促进了马克思主义阵营与非马克思主义阵营之间的交流和沟通，有力地推动了"英国新左派"学术组织的发展，成为当时英国学术界研究的主题。正是在与斯威齐的争辩当中，多布深化了对资本主义发展的认识，而这也为其辩证理性市场社会主义思想打开了经济发展的维度。

关于"多布—斯威齐之争"，国外学者已多有评论，重溯这段影响巨大的思想史，双方争锋的焦点主要集中于以下几个方面：封建制度的定义、本质及其衰落的原因；从 13 世纪中期至 17 世纪三百余年的历史时期属于何种社会性质；资本主义的起源和资本原始积累的形式等。

首先，关于封建制度的定义、本质及其衰落原因的分析。斯威齐并不赞同多布对封建主义的定义和理解，他认为区分两种制度的关键在于生产的目的是"使用"（production for use），还是为了"交易"（production for trade），尽管封建制度不完全等同于自然经济，但本质上其"生产组织形式仍是庄园经济""市场的存在主要满足本地居民需要""长途贸易并不是生产的主要目的"①。封建社会的生产首先注重的是产品的使用价值，而且由于社会对产品的需要变化不大，因而产品的数量也是事先计划好的。斯威齐认同封建制度体现着低效性和不稳定性，封建领主和农奴之间相互斗争的情形也时常出现，但其本质上是保守且抵制改变的。

斯威齐坚定地相信只有通过扩大商业贸易规模，尤其是长途贸易的发展，才能从根本上产生推动社会转型的动力。生产目的性由使用价值到交换价值的转变，从根本上动摇了传统农奴制的社会结构。实际上，斯威齐对封建主义瓦解原因的解释是对亨利·皮雷纳商业化模式某种程度上的继承：商业活动的迅猛发展催生了现代城市和资产阶级的产生，伴随着市场的扩大以及经济生活商业化程度的提高，城市经济能力的释放为资本主义的兴起和发展提供了强大的原始动力。斯威齐将解构封建制度的原因归结于外部力量的冲击作用，尤其是长距离的贸易活动不仅为统治阶级提供了更加丰富的产品，为了满足奢侈消费的需要，其必须提高劳动生产率；而且在新兴商业活动的刺激下，农奴有了更强的自主

---

① Paul M. Sweezy et al, *The Transition from Feudalism to Capitalism*, *Science & Society*, 1950(14), p. 136.

选择性，城市成为商业贸易的主要集散点，这样一来就导致了封建制度的逐步瓦解，一种新型的生产关系和生产组织形式即资本主义制度的建立。

相比之下，多布充分运用了历史唯物主义，从经济关系出发来下定义，深度挖掘封建制度的本质内涵，这显然比斯威齐的观点更加深刻。多布认为无论是给封建制度还是资本主义制度下定义，就等于我们已经选择了事实分类原则，也就是说如何根据原始资料划分历史的过程，并把什么样的史实同结果编排在显著的位置。事前的分类是将来分析工作的基础，由叙述事实的阶段转入分析阶段，所选择的定义对于分析结果是有决定性影响的。因此多布主张以历史事实为客观依据，尤其关注经济关系在历史发展中的决定性作用。

关于封建制度定义的讨论在英国早已有之，且彼此之间常有矛盾之处。当时西欧社会学术界各个学科之间也处于相对"自我封闭"的状态，经济学家、历史学家多从自身学科角度出发探讨问题，因而他们对于封建制度的定义必然无法令人满意。多布主张打破学科之间相互隔阂的状态，跨学科地审视历史发展。为此，多布在他呕心沥血二十多年的著作《资本主义发展之研究》中对如何定义封建制度进行了回答："我们现在对于封建制度所用的定义，是要指出它包含着哪种生产方式。如此，封建制度与农奴制度合二为一了；在这种制度下，生产者慑于强制力，对封建领主要履行超经济的强制义务，可能是以徭役的方式，可能是以货币的方式，也可能是以一种'礼物'的方式。"①简言之，多布将封建主义定义为一种生产方式，这种对转型问题的理解相对传统观点来说是一大进步，是对马克思唯物史观的沿袭。

多布阐释的资本主义是一种历史性的存在，仅仅是某个特殊历史阶段的历史产物。他认为马克思分析社会历史发展的方法具有科学性和有效性，原因在于"坚持社会规律的历史相对性。社会分析应该集中在某一特定形式社会的特殊特征上，而不是试图抽象出一切社会形式共同的某些方面，并在这些假设下建立普遍适用的原则"②。从某种意义上说，资本主义发展史深化了多布对价值规律、市场作用、国家力量等市场社会主义核心要素的理解和认识。将生产方式作为历史变迁的核心要素，是多布剖析封建主义和资本主义的关键所在。以这种视角来看待历史发展，意味着要深入到社会存在的本质，探讨封建领主与农奴之间的社会经济关系，不能停留在封建关系的表面。因此，他将封建制度与农奴制等同起来，其共同点在于直接生产者都受制于强制的超经济义务，生产没有自发性和主动性。

另一方面，关于封建主义的衰落原因亦是双方争论的焦点。基于将封建主义定义为一种生产方式的理解，多布认为封建主义崩溃的原因在于内部的基本构成关系，即封建领主和农奴之间的关系。在《资本主义发展之研究》中多布着重考察了西欧的封建领主制，这个时期农奴的地位是非常低下的，仅仅被当作领主致富的工具。封建统治阶级为了满足

① Maurice Dobb, *Studies in the Development of Capitalism*, London, Routledge & Kegan Paul, 1972, pp. 35-36.

② Maurice Dobb, Marxism and the Social Sciences, *Monthly Review*, 2001, p. 48.

奢侈品、战争等活动的花费，一再加大对农奴的剥削程度。"这时，封建生产者就进行了花样翻新的剥削。首先是以分赐采邑的方法，增加家臣数量，以充实领主的军事力量……此外还有战争掠夺，三番两次的'十字军'东征，都是封建制度的额外负担。"[①]封建秩序下不断的战争和自然灾害，降低了生产能力，而对于直接生产者的要求却在日益增加。

　　然而在当时的历史条件下，落后的生产技术和简陋的生产工具根本无力实现较高的生产效率，再加之无法激发农奴的生产积极性，封建领主和农奴之间的阶级矛盾逐步激化。持续高压的结果，导致农奴不堪重负，集体逃离庄园前往城镇或开辟新的殖民地，封建制度赖以维系的血液枯竭了，农村土地的荒芜和劳动力的缺失引起了 14 世纪至 15 世纪封建社会一系列的危机。由徭役劳动向雇佣劳动或者公田出租的过渡，是封建主义崩溃的主要标志。因此，多布对封建制度瓦解原因的阐释是以封建生产方式的低效性与封建领主和农奴之间的剥削关系为核心的，着眼点在于封建制度的内部社会结构。

　　其次，双方对 13 世纪至 17 世纪这段历史时期西欧国家的社会性质也争执不休，都铎王朝和斯图亚特王朝属于何种性质是最受争议的问题。多布、希尔和希尔顿都认为，"15 世纪和 16 世纪早期的英国主要是封建主义的，而资产阶级只是在内战期间才在社会国家中成为统治力量"[②]。这种认识根源于多布对社会形态的定义，即以生产方式作为最

---

　　①　　Maurice Dobb，*Studies in the Development of Capitalism*，London，Routledge & Kegan Paul，1972，p.43.

　　②　　[美]丹尼斯·德沃金：《文化马克思主义在战后英国：历史学、新左派和文化研究的起源》，45 页，北京，人民出版社，2008。

核心的标准。尽管市场的扩大化和长途贸易的增长极大刺激了商业资本的发展，并在一定程度上用于生产投资。但考察这段历史就会发现，此时的商业资本与资本主义生产并没有想象中联系得那么紧密，新兴商人资产阶级所关心的并不是削减生产开支、组织生产劳动，而是试图操纵市场、赚取差价，谋求最大利润。事实上，这些商人一旦取得了特权之后，便与封建势力相妥协了。

多布认为，新的贵族阶层为了维护固有利益，成为了故步自封而不是革命的力量，其造成的影响和培植的制度不仅没有促进资本主义生产方式的形成，反而起到了阻碍作用。商业资本与封建主义并不是水火不容的，货币、贸易、城镇甚至所谓的"商业革命"都不是外在于封建制度的，相反这些要素一直存在于封建社会生活的方方面面，虽然在一定程度上推进了封建主义的没落和资本主义的出现，但根本上说并没有起到决定性的力量。因此，在这个阶段的社会仍是以封建生产方式为基础的，资本主义生产方式远远没有确立，商人阶级与资本主义的联系依靠旧有生产关系，社会的性质仍是封建主义。

斯威齐则依然停留在社会形态的表面现象，他认为："我们通常把从一种社会制度向另外一种社会制度转型的过程理解为两种制度直接对抗并一争高下的状态，但是我们如果也以此来理解封建主义向资本主义的转型，则可能会犯一个严重的错误。"①他认为在这两种社会形态之间存在一个过渡阶段，其中占主导地位的既不是封建主义因素亦不是资本

———————————

① Paul M. Sweezy et al, The Transition from Feudalism to Capitalism, *Science & Society*, 1950(14), p. 150.

主义因素，可以将它称之为"前资本主义商品生产"，15 世纪到 16 世纪的西欧社会就处在这个特殊的过渡阶段。很明显，斯威齐的解释仍是以商业化模式为根本的理论来源，他将商品贸易的成长视为瓦解封建制度的根本动力，一再强调商品生产与封建主义是水火不容的，而资本主义就是商贸活动萌芽、扩大、发展的最终产物。在这个阶段没有处于支配地位的生产关系，封建残余、商品贸易和雇佣劳动并存。但遗憾的是，斯威齐并没有对上述独特阶段提供更多的阐释，而且他认为"前资本主义生产"不能与封建主义、社会主义、资本主义相提并论，无法作为一种社会制度给出定义，它存在的意义是：足以削弱和瓦解封建制度，但却无法独立发展出新的社会系统，历史赋予这个阶段的重任是为 17、18 世纪即将出现的资本主义奠定良好的社会和经济基础。[①]

最后，是资本主义起源的问题。马克思在对早期商业资本主义作评价时，指出其与资本主义生产方式只是单纯形式上的联系，它的目的在于获得更大的价格差额和市场需要。多布论证资本主义起源时引用了马克思《资本论》中的观点——资本主义的发展是遵循着两条路线前进的：第一条是"真正的革命方式"，即一部分直接生产者在积累了相当大一部分资本之后，转向了商业领域，在这个过程中逐渐摆脱了行会的限制，以资本主义的方式从事生产；第二条路线则是现有的商人阶级直接掌握生产，开始了向资本主义生产方式的过渡。虽然在反封建的道路上起过巨大作用，但随着历史的推进，商人阶级逐渐成为资本主义发展的绊脚

---

　　① 　Paul M. Sweezy et al，The Transition from Feudalism to Capitalism，*Science & Society*，1950(14)，p. 153.

石，最终随着资本主义生产方式的高度发达而趋于没落。这两条路线在工业资本的发展中并不是严格区分开的，而是复杂地交织在一起。但明显的趋势和方向是，资本在逐渐控制生产。

多布认为真正的资本主义起源在于第一条路线，封建主义衰落和资本主义崛起都植根于小商品生产的解放，其后果就是"改变了小生产方式对封建领主关系的依赖，并最终使小生产者从封建剥削关系中解脱出来。于是，资本主义的诞生应从小生产方式开始算起（它确保了行动的独立性以及从其中发展出来的社会分化）"①。

斯威齐不同意多布的观点，他重新审视了经典著作中关于"真正的革命方式"的论述，马克思曾经描述过封建生产方式的过渡——"生产者变成商人和资本家"，但没有突出强调过手工业生产者在资本主义起源中所起的作用。斯威齐认为生产者是由商人和雇佣劳动的雇主身份开始的，并非小生产者。他将资本主义定义为一种通过市场交换获取利润的系统，而这种交换扩大是通过基于国际贸易的劳动分工，甚至"如果有几个小组织创办的企业以利润最大化为目的，那么可以说这就是最基本的资本主义性质的生产和阶级关系"②。因此，真正革命的方式是资本主义企业全新生产关系和组织形式的创设，这种方式与旧制度毫无关系，具有革命性的意义。

总之，多布和斯威齐争辩的焦点在于如何认识封建主义向资本主义

---

① Maurice Dobb, in R. H. Hilton(ed.), *The Transition from Feudalism to Capitalism*, London, Verso, 1976, p. 59.

② Paul M. Sweezy and Charles Bettelheim, *On the Transition to Socialism*, New York, Monthly Review Press, 1971, p. 4.

转型的首要动力，是源于制度内部的地主和农民之间的阶级斗争，抑或是在这层关系之外的商业贸易？斯威齐深受比利时历史学家皮雷纳的影响，仅仅强调了商业和贸易，是以封建"奢侈花费"引起的长途贸易为特点，食物和制成品的中短距离贸易，因此创造了城镇和乡村里的劳动分工。封建制度的衰落，是通过交换关系扩大的推动，形成封建制度之外的逻辑——"为使用而生产"造成的。由此看出，斯威齐没有指出资本主义的历史特殊性，回避了资本主义以私有制为基础所形成的内在矛盾。多布则深入到了制度内部，以阶级斗争为核心探讨小生产者与生活资料所有权相分离的过程，以此来解释转型的动力。由于超经济的剥削压迫，地主和农民之间的阶级斗争日益强烈，导致农奴集体逃离领主的庄园，仅剩的小部分农奴数量太少而不能维持旧有的生产规模。商业贸易的增长，迫使封建统治阶级调整策略——减轻劳力剥削、给予佃农租赁土地等，这些措施都导致了乡村居民关系的改变。小生产者从封建束缚中解放出来，为了维持生计而被迫为市场生产，在雇佣劳动的基础上积累资本并不断增加生产资料的投资，逐渐成长为资产阶级。

"多布—斯威齐"之争唤起了英国学者对封建主义和资本主义的重新关注，同时也导致了一种新的观察历史的方式，它所处理和解释的问题是对于一种社会形态应该如何定义以及真正的社会发展动力是什么。然而就在这场争论方兴未艾之时，20世纪70年代一场涉及马克思主义者与非马克思主义者的辩论迅速引起了众多学者的关注，这场辩论的核心人物便是著名历史学家罗伯特·布伦纳。

1976年，布伦纳在《过去和现在》杂志上发表《前工业欧洲农村的阶级结构和经济发展》一文，这篇文章批判了当时颇为流行的历史解释模式：马尔萨斯的人口学与商业化模式。他不仅指出这两种模式无法解释为什么相同的因素在不同国家产生了完全相异的结果，而且提出了一种全新的替代性理论——社会财产关系。布伦纳的观点随之受到了不同学者的批判，这个辩论过程后来结集为《布伦纳之争》出版。此后，布伦纳陆续书写了一系列著作来完善自己的观点，对沃勒斯坦、斯威齐等新斯密主义者的批判进行了回应。"布伦纳之争"是 20 世纪 70 年代极为重要的一场学术争论，被看作是"多布—斯威齐之争"的重要延续，重新开启了探讨历史唯物主义的政治经济学维度，具有重要的理论和实践意义。

布伦纳深受多布、希尔顿等人的影响，将资本主义兴起的原因置于社会内部，批判了商业化和人口学模式，并在一定程度上更加突出了阶级斗争的观点。布伦纳认为："阶级斗争的结果，即就财产关系的再确认或者说就结构的毁灭和新结构的建立，是理解中世纪欧洲和早期欧洲长期经济发展问题，或更广义地说就是封建主义向资本主义过渡问题的关键。"[1]直接生产者与剥削者之间的阶级关系是封建制度衰落和资本主义兴起的关键因素，"社会财产关系"的建立是确保各方再生产顺利进行的条件。

社会财产关系产生了各自不同的运动规律，导致了与封建主义完全不同的新社会机制的产生。与多布认为资本主义起源于城市相反，布伦纳认为一个地区的资本主义发展与其能容纳的农奴对封建领主的斗争程度有关，尤其是农村地区的社会和阶级结构。布伦纳沿袭了多布着重历

---

① Robert Brenner，Agrarian Class Structure and Economic Development in Pre-Industrial Europe，*Past and Present*，1976(70)，pp. 30-75.

史史料的分析方法，一方面比较 14 世纪 50 年代西欧和东欧资本主义的
发展历程，另一方面则强调欧洲不同国家之间的差异性，将资本主义在
英国和法国截然不同的发展情况相对比。相比东欧来说，西欧的乡村组
织和居民贸易更普遍和具有活力，封建领主对农奴的控制力并不强，也
没有足够的经济实力来垄断土地财产。如此看来，欧洲封建主义解体产
生了不同后果的原因就在于阶级关系和阶级斗争不同形势的差异性，农
民反抗封建领主并将自己从封建束缚中解放出来的能力，对于封建主义
向资本主义的转换至关重要。

　　在分析了阶级结构的重要性之后，布伦纳转而比较英法两国资本主
义发展路径的不同。西欧农奴制解体后，相当一部分农奴摆脱了封建束
缚，获得了人身自由，但资本主义为何首先在英国起源？布伦纳认为阶
级关系是解释这一问题的关键所在。封建社会的英国，司法和军事权力
分散在地方封建领主手中，特权和武力的分化给予地方领主极大的权
力，使他们得以管辖和剥削下属农民。到了 16 世纪，在都铎王朝的统
治下，英国成为欧洲诸国中封建成分最少、最为统一、中央集权最为明
显的国家。因此，英国的统治阶级对地方武力掌控较弱，难以用武力榨
取农民阶层的收入盈余，更多的是依赖土地所有权、地租、工资劳动等
因素所提供的经济机制来剥削农民，同时也为全国性市场的出现提供了
便利。简言之，过去的农奴关系已经消失，土地由佃户负责耕作。对于
英国庄园主来说，唯一致富的方式是降低成本、提高劳动生产率。相
反，法国通过国家力量限制地主对农民的限制，农民的小土地所有制仍
然保存下来。在法国绝对专制的君主体制下，"调高土地收益最简单的
办法不是增加对土地的投入以及引进新技术，而是通过提高地租的方式

'进一步压榨'佃户"①。相比之下英国庄园主却一直保有鼓励佃户设法
通过提高劳动生产率来降低成本的倾向，正是这种农业结构的转化，使
得英国成为第一个资本主义国家。

布伦纳的观点引来了各种不同的批判之声。人口历史学家伊曼纽尔·
勒·洛伊·拉杜里批判布伦纳在谈论"榨取剩余价值"的阶级和"统治"阶
级的时候混淆了经济和政治因素，似乎这两个阶级就是一回事。马克思
主义历史学家盖伊·博伊斯强烈反对布伦纳提出的"政治马克思主义"的
"能动论"，认为该观点完全忽略了经济因素。上述博伊斯对布伦纳观点
的批判似乎在希尔顿主编的论文集导论中得到了进一步加强。他用一种
外交辞令表达了其与布伦纳的不同意见，同时也呈现了以博伊斯和布伦
纳为代表的马克思主义阵营内部不同派别之间论争的焦点问题，即生产
力和生产关系权重之争、整体的生产模式与阶级斗争之争，以及经济因
素与政治因素之争。希尔顿尽管在阶级斗争史研究领域颇有建树，但似
乎也倾向于认为布伦纳的观点太过于偏重这个政治性的方向。

马克思在研究封建制度衰落和资本主义起源的过程中坚持以历史唯
物主义为出发点，综合考虑了生产力、生产关系、商业贸易、阶级斗争
等社会发展因素，后来的理论家对社会转型问题的论述都带有浓厚的马
克思主义学说色彩。封建主义向资本主义过渡是人类社会发展史上重要
的转折点，因此吸引了众多理论家的关注，包括亚当·斯密、马克斯·
韦伯等众多思想家。正是马克思学说所留下的丰厚思想遗产，才诞生了

---

① Robert Brenner, Agrarian Class Structure and Economic Development in Pre-Industrial Europe, *Past and Present*, 1976(70), pp. 30-75.

"多布—斯威齐之争"与"布伦纳之争"这两场对西方思想史影响深远的大讨论。

回顾这段历史，有两个问题值得我们深思：第一个问题是社会发展的一般理论与特殊理论之间的关系。历史的发展是分为不同阶段的，每一段历史时期都独具特色。在马克思的一些著作中，也会出现历史实证分析与一般社会理论之间的矛盾。在这两场争辩中经常会出现诸如"经济因素""生产力"等词汇，然而这些定义是否适合每一个社会转型阶段，还是仅仅适用于封建主义向资本主义过渡。第二个问题是如何处理科学实证与理论分析之间的关系。社会科学理论不断趋近于真理，但知识范围却是无限的。对于历史的发展我们无法用科学实验来解决，它的真理性只能通过现实中存在的史实来确认和分析。因此，这场辩论带给我们的不仅是翔实的历史资料和科学的分析方法，更重要的是探索社会发展规律、寻求真理的切实尝试。

结　语

　　从历史发展角度来看，市场社会主义的历史发展
经历了两大时期，第一个时期是 20 世纪 30 年代到 70
年代，可以称之为传统市场社会主义，整个经济仍是
计划经济，市场机制只起有限的调节作用，从狄金
森、巴罗内意识到社会主义经济中需要保留价值，到
兰格、泰勒、勒纳的竞争解决方案，都属于一种对计
划经济的改良模式。第二个时期是 20 世纪 80 年代中
后期产生的，主张市场机制在社会主义经济中发挥基
础性作用的理论和主张，可以称之为当代市场社会主
义。这两个时期社会制度背景和实质内容不尽相同，
关于所有制、市场与计划的作用范围有着很大差异。
传统社会主义试图革新经济体制，在公有制的基础和
计划经济的基础之上，运用市场的方式提高资源配置

效率，而当代市场社会主义主张充分运用市场手段，以对资本权力的约束为切入口，以公有制的形式实现平等分配、经济民主，最终消除剥削，全面体现社会主义价值目标，从而实现对资本主义的超越。

莫里斯·多布是 20 世纪市场社会主义者的杰出代表。他继承了马克思主义的主要理论观点和方法，坚持运用历史唯物主义和辩证唯物主义解释经济发展问题，显示出了辩证理性的思想特征。他坚持以发展的眼光谋划发展，将生产力问题作为社会前进的首要动力。在肯定资本主义提高了社会生产力的同时，揭示了其必然走向灭亡的历史命运，并论证了未来社会必将走向社会主义和共产主义；始终以科学理性的思维探索社会运行与发展模式，将物质生产、所有制作为社会形态演变的根本因素，这是对资产阶级学者脱离生产、抽象谈论交换环节的一种超越；将整体性原则贯彻始终，拒绝教条、静止地看待经济运行，用动态的视角审视国家这一主体的历史变迁，丰富和发展了马克思的国家学说；坚持以人为本的价值导向，从个体完善与发展出发，以人民物质生活水平与精神境界的提高为最终目标。总体看来，多布辩证理性市场社会主义思想显示出了前瞻性与科学性，为社会主义的合理有序发展提供了一个清晰的方向。

第一，多布市场社会主义思想表现出了辩证理性的哲学特征。多布生活在一个时代转向、经济变革的年代，学术涉猎较为广泛，强调跨学科的研究方法。虽然在多布整个学术生涯中，他对资本主义、社会主义经济发展表现出了多种多样的理解方式，甚至有相当大的不同，但是其市场社会主义思想辩证理性的哲学特点正是通过这种差别的方式得到不断展现。面对时代的变迁，多布始终以一种发展的眼光审视世界，将自身理论建构在实践基础上，批判资产阶级经济学形而上的独断论色彩。他不认为社会经济发展只有一种模式，而是应该根据各国的发展阶段和实际状况，具体问题具体分析，科学理性制定国家战略，实现可持续的良性发展。

第二，多布辩证理性市场社会主义理论体系中蕴含着丰富的国家治理思想。面对现代国家治理实践表现出的复杂性，多布认为不能在主观上照搬西方国家的发展逻辑，要有所区分地看待计划、市场、资本等经济范畴，坚持马克思主义基本立场，全面思考国家治理体系和治理能力问题。多布对国家治理的分析，建立在对资本主义现实社会的批判之上，目的是为社会主义国家发展提供新的思路和建议。

第三，多布辩证理性市场社会主义思想是通过考察苏联和东欧社会主义国家实践发展所展开的理论探索，对于当前中国特色社会主义建设具有重要的理论价值和实践意义。党的十九大报告明确提出中国特色社会主义已经进入了新时代，要继续深化改革，创新发展。多布关于社会主义的发展思想，说明了新时期坚持生产资料公有制、保证社会主义发展方向的重要性，为无产阶级专政提供了理论依据。他所提出的政治统治与社会管理相结合、计划与市场相结合，为我国构建新的国家政治与社会关系、创新发展模式提供了有益的思想成果。

总之，对多布辩证理性社会主义思想的深入探索与研究，具有非常重要的理论意义与现实意义，可以为社会主义国家市场经济改革与实践提供宝贵的经验，对于进一步处理好政府与市场的关系、实现社会主义市场经济又好又快的发展有着十分重要的理论指导与借鉴作用。

参考文献

一、英文文献:

1. Alexander Baykov, Soviet Economy and the War by Maurice Dobb, *The Economic History Review*, New Series, 1942, 9(34).

2. Abram Bergson, Soviet Economic Development since 1917, *The Economic Journal*, 1950(237): 122.

3. Robert Brenner, Agrarian Class Structure and Economic Development in Pre-Industrial Europe, *Past and Present*, 1976(70).

4. Robert Brenner, The Origins of Capitalist Development: A Critique of Neo-Smithian Marxism, *New Left Review*, 1977, 104 (25-92).

5. John Costello, *Mask of Treachery*: *Spies*, *Lies*, Buggery & Betrayal, 1988.

6. Maurice Dobb, *Russian Economic Development since the Revolution*, London, Routledge & Kegan Paul, 1928.

7. Maurice Dobb, The Significance of the Five Year Plan, *The Slavonic and East European Review*, 1931, 10(28).

8. Maurice Dobb, *On Marxism Today*, London, Hogarth Press, 1932.

9. Maurice Dobb, Economic Theory and the Problems of a Socialist E-conomy, *The Economic Journal*, 1933, 43(172).

10. Maurice Dobb, *Political Economy and Capitalism: Some Essays in Economic Tradition*, London, Routledge and Sons, 1937.

11. Maurice Dobb, *Some Aspects of Economic Development*, Delhi, Ranjit Printers and Publishers, 1951.

12. Maurice Dobb, *Planning and Capitalism*, London, The Workers' Educational Trade Union Committee, 1955.

13. Maurice Dobb, *On Economic Theory and Socialism: Collected Papers*, London, Routledge & Kegan Paul, 1956.

14. Maurice Dobb, *Capitalism Yesterday and Today*, New York, Monthly Review Press, 1962.

15. Maurice Dobb, *Papers on Capitalism*, *Development and Planning*, London, Routledge &Kegan Paul, 1967.

16. Maurice Dobb, *Welfare Economics and the Economics of Socialism*, Cambridge, Cambridge University Press, 1969.

17. Maurice Dobb, *Socialist Planning: Some Problems*, London, Lawrence & Wishart, 1970.

18. Maurice Dobb, *Studies in the Development of Capitalism*, London, Routledge & Kegan Paul, 1972.

19. Maurice Dobb, *Theories of Value and Distribution since Adam Smith*, Cambridge, Cambridge University Press, 1973.

20. Maurice Dobb, Some Historical Reflections on Planning and the Market, in C Abramsky & B. J. Williams (eds.), *Essays in Honour of E. H. Carr*, London, Macmillan, 1974.

21. Maurice Dobb, *Marxism and the Social Sciences*, New York, Monthly Review Press, 2001.

22. Evan F. M. Durbin, *Problems of Economic Planning*, London, Routledge & Kegan Paul, 1949.

23. Andre Gunder Frank, *Capitalism and Underdevelopment in Latin America*, New York, Monthly Review Press, 1969.

24. Friedrich Hayek, *Collectivist Economic Planning: Critical Studies on the Possibilities of Socialism*, London, Routledge & Kegan Paul, 1935.

25. Martin Jacques Hobsbawn, Eric John Ernest (1917-2012), *Oxford Dictionary of National Biography*, 2016.

26. Robert J. Holton, Marxist theories of social change and the transition from feudalism to capitalism, *Theory & Society*, 1981, 10(6).

27. John Maynard Keynes, *Essays in Persuasion*, London, Norton, 1963.

28. Harvey. J. Kaye, *British Marxist Historians: An Introductory Analysis*, New York, Polity Press, 1984.

29. Tadeusz Kowalilk, The Institutional Framework of Dobb's Economics, *Cambridge Journal of Economics*, 1978, 2(2).

30. Oskar Lange, On the Economic Theory of Socialism: Part II, *The Review of Economic Studies*, 1937, 4(2): 123-142.

31. T. E. Cliffe Leslie, *Essays in Political Economy*, London, Long-mans, Green & Co, 1888.

32. Achille Luchaire, *Social France at the Time of Philip Augustus*, London, Harper & Row, 1967.

33. Ernest Mandel, *Marxist Economic Theory*, New York, Pathfinder Press, 1970, Vol. 2.

34. John Mclloroy, The Establishment of Intellectual Orthodoxy and the Stalinization of British Communism 1928—1933, *Past & Present*, 2006, 192 (187-226).

35. Paul Mattick, Book Review: Theories of Value and Distribution since Adam Smith: Ideology and Economic Theory by Maurice Dobb, *Science & Society*, 1974, 38(2).

36. Ronald L. Meek, *Maurice Herbert Dobb*, 1900-1976, London, Oxford University Press, 1978.

37. Gerard Mccann, *Theory and History: the Political Thought of E. P. Thompson*, London, Ashgate Publishing, 1997.

38. Baran Paul, *The Political Economy of Growth*, New York, Monthly Review Press, 1968.

39. Burkett Paul, *Marx and Nature: A Red and Green Perspective*, Chicago, Haymarket Books, 2014.

40. Brian Pollitt (ed.), Maurice Dobb, *Development of Socialist Economic Thought: Selected Essays*, London, Lawrence & Wishart, 2008, p. 155.

41. Joan Robinson, Soviet Economy and the War by Maurice Dobb, *The Economic Journal*, 1941, 51(204): 489.

42. Francis Seton, Soviet Economic Development since 1917 by Maurice Dobb, *The Economic History Review*, *New Series*, 1948, 47(4).

43. Anwar Shaikh, Political Economy and Capitalism: Notes on Dobb's Theory of Crisis, *Cambridge Journal of Economics*, 1978, 2(2): 233-251.

44. Andrei Shleifer and Robert Vishny, The Politics of Market Socialism, *Journal of Economic Perspectives*, 1994, 8(2): 165-176.

45. Timothy Shenk, *Maurice Dobb: Political Economist*, London, Palgrave Macmillan Press, 2013.

46. David L. Sills (ed.), *International Encyclopedia of the Social Sciences*, London, the Macmillan Company & the Free Press, 1968, Vol. 18.

47. George Soros, *The Crisis of Global Capitalism*, New York, Public Affairs, 1999.

48. Paul Sweezy et al, *The Transition from Feudalism to Capitalism*, London, Verso, 1978.

49. Paul M. Sweezy & Charles Bettelheim, *On the Transition to Socialism*, New York, Monthly Review Press, 1971.

50. Immanuel Wallerstein, From Feudalism to Capitalism: Transition or Transitions, *Social Forces*, 1976, 55(2): 273-283.

51. Ellen Wood, *The Origin of Capitalism*, New York, Monthly Re-

view Press，1999.

二、中文文献：

1. 列宁专题文集. 北京：人民出版社，2009.

2. 马克思恩格斯文集(1—10卷). 北京：人民出版社，2009.

3. 马克思恩格斯选集. 北京：人民出版社，1995.

4. 斯大林全集. 北京：人民出版社，2009.

5. ［奥］罗宾逊·伊特韦尔. 现代经济学导论. 陈彪如译. 北京：商务印书馆，1982.

6. ［奥］约瑟夫·熊彼特. 经济分析史(第1卷). 朱泱等译，北京：商务印书馆，2010.

7. ［比］埃内斯特·曼德尔. 关于过渡社会的理论. 王绍兰、高德平译，北京：人民出版社，1982.

8. ［比］厄尔奈斯特·曼德尔. 晚期资本主义. 马清文译，哈尔滨：黑龙江人民出版社，1983.

9. ［比］亨利·皮朗. 中世纪欧洲经济社会史. 乐文译，上海：上海人民出版社，1984.

10. ［波］W. 布鲁斯、［波］K. 拉斯基. 从马克思到市场：社会主义对经济体制的求索. 银温泉译，上海：格致出版社，2010.

11. ［波］奥斯卡·兰格. 社会主义经济理论. 王宏昌译，北京：中国社会科学出版社，1981.

12. ［德］卡尔·考茨基. 爱尔福特纲领解说. 陈冬野译，北京：生活·读书·新知三联书店，1963.

13. ［德］马克斯·韦伯. 社会科学方法论. 李秋零等译，北京：中国人民大学出版社，2014.

14. ［德］尤尔根·哈贝马斯. 交往行为理论. 曹卫东译，上海：上海人民出版社，2001.

15. ［德］于尔根·科卡. 资本主义简史. 徐庆译，上海：文汇出版社，2017.

16. ［法］路易·阿尔都塞. 保卫马克思. 顾良译，北京：商务印书馆，2006.

17. ［法］路易·阿尔都塞. 哲学与政治：阿尔都塞读本. 陈越编译，长春：吉林人民出版社，2010.

18. ［法］米歇尔·博德. 资本主义史. 吴艾美等译，北京：东方出版社，1986.

19. ［法］让·鲍德里亚. 生产之镜. 仰海峰译，北京：中央编译出版社，2005.

20. ［法］让·鲍德里亚. 消费社会. 刘成富、全志刚译，南京：南京大学出版社，2001.

21. ［美］阿拉斯戴尔·麦金太尔. 德性之后. 龚群、戴扬毅译，北京：中国社会科学出版社，1995.

22. ［美］阿瑟·奥肯. 平等效率：重大的抉择. 王奔洲译，北京：华夏出版社，1987.

23. ［美］埃里克·布莱恩约弗森，安德鲁·麦卡菲. 第二次机器革命. 蒋永军译，北京：中信出版社，2014.

24. ［美］比尔·邓恩. 全球政治经济学. 邓元兵等译，北京：新华出版社，2015.

25. [美]丹尼尔·豪斯曼. 经济学的哲学. 丁建峰译，上海：上海人民出版社，2007.

26. [美]丹尼斯·德沃金. 文化马克思主义在战后英国：历史学、新左派和文化研究的起源，李凤丹译. 北京：人民出版社，2008.

27. [美]道格拉斯·C. 诺思. 经济史中的结构与变迁. 陈郁等译，上海：上海三联书店、上海人民出版社，1994.

28. [美]福山. 历史的终结及最后之人. 黄胜强、许铭原译，北京：中国社会科学出版社，2003.

29. [美]理查德·波斯纳. 资本主义民主的危机. 李晟译，北京：北京大学出版社，2014.

30. [美]理查德·罗蒂. 后哲学文化. 黄勇译，上海：上海译文出版社，1992.

31. [美]罗伯特·海尔布隆纳. 资本主义的本质与逻辑. 马林梅译，北京：东方出版社，2013.

32. [美]诺姆·乔姆斯基. 新自由主义和全球秩序. 徐海铭等译，南京：江苏人民出版社，2010.

33. [美]塞缪尔·弗莱施哈克尔. 分配正义简史. 吴万伟译，南京：江苏人民出版社，2010.

34. [美]亚历山大·格申克龙. 经济落后的历史透视. 张凤林译，北京：商务印书馆，2009.

35. [美]约翰·罗默. 社会主义的未来. 余文烈等译，重庆：重庆出版社，1997.

36. [美]约翰·尼古拉斯. 美国社会主义传统. 陈慧平译，北京：社会科学文献出版社，2013.

37. ［瑞典］阿萨·林德贝克. 新左派政治经济学. 张自庄、赵人伟译，北京：商务印书馆，1980.

38. ［匈］阿格尼丝·赫勒. 现代性理论. 李瑞华译，北京：商务印书馆，2005.

39. ［英］戴维·麦克莱伦. 马克思传. 王珍译，北京：中国人民大学出版社，2016.

40. ［英］胡安·J. 林茨. 民主转型和巩固的问题. 南欧、南美和后共产主义欧洲. 孙龙等译，杭州：浙江人民出版社，2008.

41. ［英］基思·詹金斯. 论"历史是什么"——从卡尔和埃尔顿到罗蒂和怀特. 江政宽译，上海：商务印书馆，2007.

42. ［英］杰弗里·巴勒克拉夫. 当代史学主要趋势. 杨豫译，北京：北京大学出版社，2006.

43. ［英］拉斐尔·塞缪尔. 英国共产主义的失落. 陈志刚等译，北京：社会科学文献出版社，2010.

44. ［英］雷蒙德·威廉斯. 希望的源泉：文化、民主、社会主义. 祁阿红等译，南京：译林出版社，2014.

45. ［英］马克·布劳格. 凯恩斯以后的 100 位著名经济学家. 冯炳昆、李宝鸿译，北京：商务印书馆，2003.

46. ［英］迈克尔·肯尼. 第一代英国新左派. 李永新等译，南京：江苏人民出版社，2010.

47. ［英］梅格纳德·德赛. 马克思的复仇. 汪澄清译，北京：中国人民大学出版社，2016.

48. ［英］莫里斯·多布. 苏联经济发展史. 张子美译，北京：商务印书馆，1950.

49. ［英］莫里斯·多布. 苏联的计划制度. 丁敬译，北京：科学技术出版社，1951.

50. ［英］莫里斯·多布. 苏联经济发展史. 张子美译，北京：商务印书馆，1950.

51. ［英］莫里斯·多布. 苏联经济新论. 梁纯夫译，北京：生活·读书·新知三联书店，1949.

52. ［英］莫里斯·多布. 政治经济学与资本主义. 松园、高行译，北京：生活·读书·新知三联出版社，1962.

53. ［英］莫里斯·多布. 资本主义发展之研究. 滕茂桐译，北京：新民书店，1951.

54. ［英］佩里·安德森. 绝对主义国家的系谱. 刘北成、龚晓庄译，上海：上海人民出版社，2001.

55. ［英］琼·罗宾逊. 经济哲学. 安佳译，北京：商务印书馆，2015.

56. ［英］锡德尼·维伯等. 资本主义文明的衰亡. 秋水译，上海：上海人民出版社，2005.

57. ［英］亚力克·诺夫. 可行的社会主义经济. 唐雪葆译，北京：中国社会科学出版社，1988.

58. 白洋等. 计划与市场：社会主义市场经济的思考. 广州：广东高等教育出版社，1992.

59. 程恩富主编、朱奎撰. 马克思主义经济思想史（欧美卷），北京：东方出版社，2006.

60. 范恒山. 国外 25 种经济模式. 北京：改革出版社，1993.

61. 顾海良，张雷声. 20 世纪国外马克思主义经济思想史. 北京：经济科学出版社，2006.

62. 姜国权. 市场社会主义劳动产权理论研究. 北京：首都师范大学出版社，2009.

63. 景维民，田卫民等. 经济转型中的市场社会主义：国外马克思主义的分析与实践检验. 北京：经济管理出版社，2009.

64. 景跃进、张小劲. 政治学原理. 北京：中国人民大学出版社，2009.

65. 吕薇洲. 市场社会主义论. 郑州：河南人民出版社，2002.

66. 齐世荣. 当代世界史资料选辑（第一分册）. 北京：北京师范学院出版社，1990.

67. 乔瑞金. 英国的新马克思主义. 北京：人民出版社，2013.

68. 荣敬本等. 社会主义经济模式问题论著选辑，北京：人民出版社，1983.

69. 苏联共产党第二十二次代表大会主要文件. 北京：人民出版社，1961.

70. 孙春梅. 我国社会主义市场经济简论. 北京：国家行政学院出版社，2014.

71. 孙开铺.《资本论》与社会主义市场经济. 北京：中国财政经济出版社，1994.

72. 孙尚清等. 苏联报刊关于利别尔曼建议的讨论文集. 北京：生活·读书·新知三联书店，1963.

73. 唐正东. 从斯密到马克思. 南京：江苏人民出版社，2009.

74. 外国经济学说研究会编. 现代国外经济学论文选 第三辑. 北京：商务印书馆，1982.

75. 汪强. 对社会主义市场经济的哲学审视. 北京：中国言实出版社，2015.

76. 吴宇晖. 市场社会主义——世纪之交的回眸. 北京：经济科学出版社，2000.

77. 徐桂华. 通向社会主义市场经济之路：转型中国的政治经济学. 上海：格致出版社、上海人民出版社，2014.

78. 杨帆. 社会主义市场经济理论. 长春：吉林出版集团有限责任公司，2013.

79. 张一兵，周嘉昕. 资本主义理解史. 南京：江苏人民出版社，2009.

80. 张宇. 市场社会主义反思. 北京：北京出版社，1999.

81. 张志忠. 当代西方市场社会主义思潮：模式、理论与评价. 呼和浩特：内蒙古大学出版社，2006.

82. 赵乃斌、朱晓中. 东欧经济大转轨. 北京：中国经济出版社，1995.

83. 赵效民、贾履让. 社会主义市场模式研究. 北京：经济管理出版社，1991.

84. 陈新. 西方马克思主义史家的历史认识. 江海学刊，2008(04).

85. 陈治国. 论 21 世纪以来国外马克思主义意识形态理论的"三重奏". 山东社会科学，2019(11).

86. 程恩富. 构建"以市场调节为基础、以国家调节为主导"的新型调节机制. 财经研究，1990(12).

87. 初庆东. 英国马克思主义史学家群体的史学观念与实践——以英国

共产党历史学家小组为中心. 史学理论研究，2019(02).

88. 董国强. 马克思主义史学理论的多维向度与发展空间. 中国图书评论，2006(03).

89. 段忠桥. 国外马克思主义者关于市场社会主义的争论. 马克思主义与现实，2006(03).

90. 方珏. 英国马克思主义哲学的历史进程及其个性. 哲学动态，2008(04).

91. 冯留建. 马克思主义国家理论与中国国家治理现代化. 马克思主义研究，2014(03).

92. 何萍. 20 世纪以来马克思政治经济学研究的多维度开展——马克思《1844 年经济学哲学手稿》、《资本论》新解. 天津社会科学，2017(01).

93. 侯廷智. 探索社会主义市场经济规律的两个基本理论问题——纪念我国经济体制改革 30 周年的思考. 西南大学学报(社会科学版)，2008(05).

94. 金瑶梅. 论当代西方市场社会主义对中国社会主义市场经济的启示. 当代世界与社会主义，2016(03).

95. 李崇富. 马克思主义国家观和国家认同问题. 中国社会科学，2013(09).

96. 李凤丹. 继承与发展——英国马克思主义历史学与马克思主义历史学的关系阐释. 江汉大学学报(社会科学版)，2016(05).

97. 李江静. 新形势下建构马克思主义意识形态话语权的着力点. 马克思主义研究，2017(01).

98. 李萍，安康. 马克思主义经济学视阈中的城乡、市场与政府观. 当代经济研究，2010(06).

99. 李松龄. 发展马克思主义必须坚持和发展劳动价值论. 经济问题，2018(09).

100. 林建华. 世界革命视域下共产国际的实践逻辑. 中国社会科学，2014(08).

101. 刘志丹. 30 年来我国英国马克思主义史学派研究：逻辑、问题与反思. 贵州社会科学，2014(10).

102. 鲁克俭. 近年来国外学者对马克思主义史学理论的思想史梳理. 教学与研究，2008(07).

103. 乔瑞金，李瑞艳. 英国新马克思主义的哲学探索. 现代哲学，2007(05).

104. 乔瑞金. 马克思技术批判思想的精神实质简析——兼论西方马克思主义对马克思技术批判思想的一般认识. 哲学研究，2001(10).

105. 乔瑞金. 我们为什么需要研究英国的新马克思主义？. 马克思主义与现实，2011(6).

106. 乔瑞金. 现代性批判的错置与重思. 中国社会科学，2016(2).

107. 乔瑞金. 英国新左派的社会主义政治至善思想. 中国社会科学，2014(9).

108. 汤建龙. 近 20 年来国内学界关于"英国马克思主义"研究的若干问题评析. 教学与研究，2012(09).

109. 王庆丰.《资本论》的再现——詹姆逊对《资本论》的解读. 学术交流，2014(07).

110. 王韶兴. 社会主义国家政党政治百年探索. 中国社会科学，2017(07).

111. 王伟光. 当代中国马克思主义的最新理论成果——习近平新时代中国特色社会主义思想学习体会. 中国社会科学，2017(12).

112. 项久雨. 论西方市场社会主义的价值维度. 马克思主义研究，2004(03).

113. 肖琼 杨晓鸿. 从"共同文化"到"文化社会主义"英国：马克思主义的文化政治解放之途. 学术论坛，2016(04).

114. 熊光清. 詹姆斯·扬克实用的市场社会主义理论述评. 科学社会主义，2008(04).

115. 徐浩. 弘扬马克思主义的历史科学——英国马克思主义史学辨析. 学习与探索，1993(06).

116. 徐家林，孙莉. 计划与自由：哈耶克社会主义批判理论的再批判. 国外社会科学，2017(03).

117. 薛稷. 21世纪以来国外马克思主义空间批判理论的发展格局、理论形态与当代反思. 南京社会科学，2019(8).

118. 杨继国，袁仁书. 政治经济学研究对象的"难题"新解——兼论"中国特色社会主义政治经济学"研究对象. 厦门大学学报(哲学社会科学版)，2018(04).

119. 余文烈. 市场社会主义在世界社会主义运动中的历史地位. 科学社会主义，2008(05).

120. 郁建兴. 论全球化时代的马克思主义国家理论. 中国社会科学，2007(02).

121. 袁东明. 莫里斯·多布及其对马克思主义经济学的贡献. 经济学动

态，2003(3).

122. 张金才. 市场社会主义与社会主义市场经济. 社会主义研究，2002(01).

123. 张亮. "英国马克思主义"的历史、理论道路与理论成就. 马克思主义研究，2012(07).

124. 张亮. 20 世纪 70 年代"英国马克思主义"国家理论的多元发展. 天津社会科学，2016(04).

125. 张亮. 从苏联马克思主义到文化马克思主义——英国马克思主义理论传统的战后形成. 人文杂志，2009(02).

126. 张亮. 马克思的理论创新道路及其当代效应. 哲学研究，2019(01).

127. 张早林. 工厂关系的计划化、社会化和世界化——意大利自主论马克思主义"工厂社会"思想的三个发展环节. 山东社会科学，2018(07).

128. 赵传珍，刘同舫. 英国文化马克思主义：人道主义与结构主义之辩. 哲学动态，2011(09).

后　记

　　社会主义与市场经济如何有效结合是一个世界性难题，始终贯穿于 18 世纪以来的现代文明史之中。如果说马克思是以 19 世纪西欧社会尤其是英国发达资本主义为批判对象，那么莫里斯·多布则在 20 世纪冷战的历史境遇下，解读资本主义所出现的新变化与新情况。他聚焦于资本主义批判与苏联社会主义发展经验，着力把握资本主义向社会主义转向的时代特征、内在机制和发展规律，对市场社会主义理论及其在现实中的应用做了有意义的探索。客观来讲，仅凭本书很难完全涵盖多布市场社会主义思想的理论贡献，但通过阅读与整理文献、梳理理论脉络、书稿撰写等步骤的积累与渐进，本书力图对多布市场社会社会主义思想的学术思想史意义与现实价值进行初步的总结与阐释。

本书是在笔者的博士学位论文基础上修改而成的,其中的基本理念、研究框架、研究结论几经修改,终于即将付梓成书。能够进入英国马克思主义领域从事相关研究,必须要感谢我的恩师乔瑞金教授。自硕士阶段起我就求学于乔老师门下,至今已近九载。在此期间,导师在学术上帮助我找到了研究方向,端正了学术态度,也指引我培养了科研理想。科研生活漫长且枯燥,我曾不知多少次萌生过放弃的念头,而每每乔老师的悉心指导、谆谆教诲让我又坚定了信心,并日益感受到人文社会科学研究的魅力所在。正是在一次次和乔老师的讨论中,在对研究内容的准确把握、对文章框架的认真梳理,以及对于文字的细致打磨过程中,我的研究思路逐渐清晰、研究内容也逐渐丰富和深入,为本书的撰写打下了坚实的基础。乔老师严谨的治学之道、广阔的人生格局、乐观的生活态度深刻地影响着我,并将使我受益终生。师恩深重,在此向恩师表达最诚挚的谢意。

本书的写作与修改同样要感谢薛稷教授,其对国外马克思主义的整体把握,使我受益匪浅。感谢郭晓晨博士,每每在我试图偷懒时,不遗余力、义正言辞地劝导我回归学术生活。感谢李春涛副教授,为本书的修改提出了许多建设性意见。感谢毛振阳副教授,为本书的出版解决了一些程序上的问题。

感谢长久以来在我求学路上默默支持我的父母,他们不计回报,全心付出,恩泽之情,永不敢忘。

特别感谢北京师范大学出版社的编辑为本书出版付出的所有努力。

毛姆曾说,"培养阅读的习惯就是为你自己构建一座避难所,让你得以逃离人世间几乎所有痛苦与不幸",这句话在疫情期间尤为显得珍贵。此书的写作与修改,正是笔者在疫情封闭家中所完成的。生活节奏的突然改变不免会使人产生焦躁情绪,然而文字的力量能够让人暂时抽离现实生活,得以在思想世界中毫无限制地徜徉。愿疫情早日结束,山河无恙,人间皆安。

吴凯

2022 年 4 月 25 日于太原

图书在版编目（CIP）数据

多布辩证理性市场社会主义思想研究/吴凯著. —北京：北京师范
大学出版社，2022.4
　（英国新马克思主义哲学研究丛书）
　ISBN 978-7-303-27813-8

Ⅰ.①多…　Ⅱ.①吴…　Ⅲ.①社会主义－研究　Ⅳ.①D091.6

中国版本图书馆 CIP 数据核字（2022）第 028739 号

营 销 中 心 电 话　010-58805385
北京师范大学出版社
主题出版与重大项目策划部　http://xueda.bnup.com

DUOBU BIANZHENG LIXING SHICHANG SHEHUIZHUYI
SIXIANGYANJIU
出版发行：北京师范大学出版社　www.bnup.com
　　　　　北京市西城区新街口外大街 12-3 号
　　　　　邮政编码：100088
印　　刷：鸿博昊天科技有限公司
经　　销：全国新华书店
开　　本：787 mm×1092 mm　1/16
印　　张：20.5
字　　数：280 千字
版　　次：2022 年 4 月第 1 版
印　　次：2022 年 4 月第 1 次印刷
定　　价：98.00 元

策划编辑：祁传华　郭　珍　　　责任编辑：张瑞军　祁传华
美术编辑：王齐云　　　　　　　　装帧设计：王齐云
责任校对：陈　民　　　　　　　　责任印制：赵　龙